黑龙江省野生植物

乌裕尔河湿地卷（上）

尚 晨　孔晓蕾 / 主编

哈尔滨工业大学出版社

内容简介

本书共收载黑龙江省乌裕尔河湿地保护区内的163种野生植物,按照《中国植物志》收录顺序编排。该书拍摄了每种野生植物的全株、根、茎、叶、花、果等不同部位的照片,并标注了中文名、拉丁学名和别名,对每种植物都从植物学特征、生物学特征及其实用价值等方面进行了详细描述,建立了图文并茂的黑龙江省乌裕尔河湿地野生植物种质资源档案,对黑龙江乃至全国野生植物资源的保护开发利用具有重要的学术参考价值。

本书适合植物学、草原学、植物分类学等专业的大中专师生作为野外实习参考用书,也可作为草业、医药、园艺、农林、生态专业研究人士以及广大植物花卉爱好者认知和鉴别野生植物的快捷、直观指引书籍。

图书在版编目(CIP)数据

黑龙江省野生植物. 乌裕尔河湿地卷. 上/尚晨,孔晓蕾主编. —哈尔滨:哈尔滨工业大学出版社,2021.3

ISBN 978-7-5603-9363-6

Ⅰ.①黑… Ⅱ.①尚… ②孔… Ⅲ.①沼泽化地-野生植物-介绍-富裕 Ⅳ.①Q948.523.5

中国版本图书馆CIP数据核字(2021)第029639号

责任编辑	杨秀华
封面设计	刘长友
出版发行	哈尔滨工业大学出版社
社　　址	哈尔滨市南岗区复华四道街10号 邮编 150006
传　　真	0451-86414749
网　　址	http://hitpress.hit.edu.cn
印　　刷	哈尔滨市石桥印务有限公司
开　　本	787mm×1092mm 1/16 印张 24.25 字数 543 千字
版　　次	2021年3月第1版　2021年3月第1次印刷
书　　号	ISBN 978-7-5603-9363-6
定　　价	200.00元

(如因印刷质量问题影响阅读,我社负责调换)

编委会

主　　编：尚　晨　孔晓蕾

副 主 编：李佶恺　杨　帆　张海玲　董继法

特邀编辑：赵利清　张月学

编　　委：张庆利　陈积山　张　强　邸桂丽
　　　　　高　超　康昕彤　刘慧莹　刘杰淋
　　　　　王建丽

主 摄 影：马德义　陶　娟　孔庆山

摄　　影：金芦花女子摄影协会全体会员

参编单位：黑龙江省农业科学院草业研究所
　　　　　黑龙江省富裕县老年大学
　　　　　黑龙江省富裕县职业教育中心学校
　　　　　金芦花女子摄影协会

序

　　翻开这本精美的图书，一股花香扑鼻而来，一幅幅湿地植物图片，美丽动人，栩栩如生，无不尽情地展示着独一无二的生命奇迹，仿佛置身于乌裕尔河湿地，徜徉在那片生机盎然的土地上。

　　湿地（Wetland），是生物多样性的摇篮，无数的动植物物种依靠湿地而生存，湿地养育了不同种类的植物和动物（例如：鸟类、哺乳类、爬行类、两栖类、鱼类和无脊椎等动物），它是动植物遗传物质的重要储存地。

　　湿地生态系统的生产者，是湿地植物；湿地生态系统的消费者，是哺乳类、两栖类和爬行类以及各种水生动物；湿地生态系统的分解者，则是湿地微生物。湿地植物不但是湿地生物系统的重要组成部分，更是湿地得以生成、保持、繁衍、稳定的物质基础之一。湿地中的植物、微生物，通过湿地生物地球化学过程的转换，影响环境中的水文和化学过程，对天然水化学特性的改变，污染物的迁移，都会起到非常重要的作用。

　　随着人类活动的频繁增多，特别是生产生活对湿地自然生态环境的干扰，不可避免地会造成部分湿地植物种类的减少，一些濒危植物遗憾地遭遇灭绝。考察湿地环境及植物生态，采集湿地植物标本，拍摄湿地植物照片，都是研究、保护、利用湿地植物，科学评价研究湿地自然生态的重要工作，其科学价值毋庸置疑。黑龙江省农业科学院草业研究所走专群结合的道路，对乌裕尔河湿地植物进行实地科学考察，并编辑出版《黑龙江省野生植物乌裕尔河湿地卷》，是一件具有重大科研价值、艺术价值、历史价值的大事，为中国寒地植物"造像"开了先河，更为科研工作者的研究，热爱植物的读者，留下一份宝贵的资料。

　　地处中国北方高寒地区的乌裕尔河湿地自然保护区，野生植物资源丰富，具有明显的寒地地域特性。《黑龙江省野生植物乌裕尔河湿地卷》一书，搜集、整理了317种野生植物，并对每一种野生植物的原生境植株进行了实地拍摄，对其科、属、种、根、茎、叶、花、果、种子及其生长环境、特征特性和饲、药、观赏等利用价值，进行了详细描述，这对有效保存湿地植物，引起人们对湿地植物保护的重视，普及生物多样性知识，都具有重要意义。其中民间传说故事的编入，对调动读者的阅读兴趣,也起到了积极的作用,为黑龙江省湿地野生植物资源的保护与研究奠定了基础。

在《黑龙江省野生植物乌裕尔河湿地卷》的湿地高等植物中,拍摄和描述了多种濒危植物,有的是渐危或稀有植物,如在第一批和第二批分别被列为国家二级保护植物的野大豆、绥草、黄耆等在本书中都能看到。"据统计,其中有22种植物在《中国植物志》上分布区域没有黑龙江省的记载,有10种植物在《中国植物志》上未收录,有10种植物在《中国植物志》上没有图片,特别是植物根系图片的载入和描述,填补了植物图片根系及其描述的空白,这是具有开创性的收获和贡献。

令我十分高兴的是,黑龙江省农业科学院草业研究所的领导和同行们,认真贯彻落实中央关于科研改革的精神,将北方寒地野生植物研究与"院县合作共建"项目相结合,特别是与金芦花女子摄影协会、富裕县职业教育中心学校合作,考察、采集、拍摄乌裕尔河湿地植物,出版了这本《黑龙江省野生植物乌裕尔河湿地卷》,填补了北方寒地野生湿地植物图书的空白,更是对我国野生植物资源研究的一大贡献。让我由衷赞佩的是,金芦花女子摄影协会的老年朋友,她们人老心不老,人退心不退,满怀对家乡、对湿地的热爱,对科研工作的支持,参与并完成了湿地植物的拍摄任务。富裕县职业技术中心学校的领导和老师们全程参与湿地植物标本的采集和拍摄,并建立湿地植物标本馆,可见他们的敬业精神,并为实用人才培养确立目标和方向。他们的高尚情操、优秀品质、奉献精神是我们学习的榜样。作为科研战线上的一员,我要对他们真诚地说一声,谢谢!

在《黑龙江省野生植物乌裕尔河湿地卷》一书即将付梓之际,编者让我来作序,我感到十分荣幸。我衷心地希望黑龙江省的野生植物研究,在黑龙江省农业科学院草业研究所领导和各位专家的努力下,在合作单位的支持配合下,取得更多更大的成绩;希望乌裕尔河湿地自然保护区,看护好这份大自然馈赠给我们的礼物,黑龙江省农业科学院草业研究所的科研人员继续做好抢救、保护、研究工作,为我们的子孙后代,留下一处宝贵的湿地资源。

2017年8月于呼和浩特

前 言

黑龙江省农业科学院草业研究所，拥有全省最大的植物基因资源保存库。该库建于1986年，曾经是全国10个农作物种质资源保存库之一，库内现存国编号农作物种质资源11 396份，省编号植物资源3万余份(这些资源为黑龙江省农作物及牧草育种做出突出贡献)。2014年草业研究所承建了农业部寒带作物基因资源与种质创制黑龙江科学观测实验站，该站是"农业部作物基因资源与种质创制工程学科群"重点实验室的重要组成部分，也是主要的试验示范与成果转化基地；承担着黑龙江省植物种质资源的收集、保存、评价、利用，植物新种质与材料的创制，植物基因挖掘与利用，以及与物联网和信息共享平台建设等方面的研究工作。同年，草业研究所与富裕县结成"院县共建"单位，在"院县共建"期间，将寒地野生资源考察列为"院县共建"项目之一。在省委组织部下派的科技副县长杨帆的协调下，以乌裕尔河湿地植物为研究对象，同富裕县金芦花女子摄影协会、富裕县职业技术教育中心学校合作，历时三年，深入湿地考察、拍摄、采集80余次，拍摄湿地植物317种。在形成湿地考察报告的同时，大家一致认为，应将这些美丽的湿地植物图片，编辑出版一本具有科研价值、艺术价值、历史价值的《黑龙江省野生植物乌裕尔河湿地卷》图书，奉献给热爱湿地植物的学者、读者、游人、学生和青少年儿童。该书为植物分类专业图书，兼顾科普知识，让读者对常见的湿地植物一目了然，让难得一见的湿地植物露出"庐山真面目"，并了解它们的各种用途，满足不同人群对湿地植物知识的渴求。

在考察和拍摄过程中，黑龙江省农业科学院草业研究所副所长孔晓蕾、寒地种质资源研究中心主任尚晨，带领张海玲、李佶恺、康昕彤、张强等科研人员，与聘请的中国农业科学院草原研究所、内蒙古大学国内知名植物分类专家赵利清教授组成的科研团队，同富裕县金芦花女子摄影协会、富裕县职业技术教育中心学校共同深入湿地进行考察和拍摄，团队成员克服酷热、雨淋、泥泞、蚊虫叮咬（用防蚊香水、地方土办法香油等方法驱蚊都不管用，最后还是利用天然植物苦卖菜自制的防蚊虫药膏效果最好）等困难，完成了对乌裕尔河湿地植物的初步普查。提交给湿地保护区考察报告一份，采集各类植物标本1 000余份，收集整理植物标本500余份，

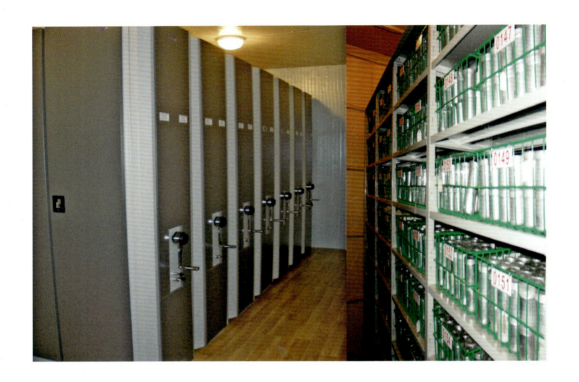

拍摄植物图片 20 000 余张，并建议乌裕尔河湿地保护区，设立乌裕尔河湿地生态环境展示馆，得到了富裕县政府的肯定与支持，批准湿地保护区设立了乌裕尔河湿地环境展示馆。副县长韩春玲，在湿地植物拍摄启动仪式上，代表县政府高度肯定了项目的科学价值和历史意义，并对参与这项工作的专家、金芦花女子摄影协会的会员、职业技术教育中心学校的师生表示感谢。

在历时三年的植物图片拍摄过程中更令我们感动与骄傲的是，富裕县老年大学副校长、金芦花女子摄影协会顾问孔庆山、摄影班教师马德义、女子摄影协会主席陶娟及金芦花女子摄影协会的众多会员们（她们中间年龄最大的 76 岁，平均年龄 59 岁），为拍摄湿地植物付出了艰辛的劳动，更对湿地植物产生了深厚的感情。夏天的湿地，草浪滚滚，繁花似锦。为了拍到理想的照片，会员们四点钟就到达湿地。跋涉在湿地的泥水里，仔细寻找拍摄的植物。别看遍地都是植物，可要找到未曾拍摄过的植物，的确是相当难的一件事。找到植株、花朵、果穗，并挖出根，力求拍到植物全株。她们不怕苦，不怕累，还自豪地说："能在花甲之年，用摄影为社会做贡献，将美丽的植物形象留给后人，值得庆幸与骄傲，再苦再累也值了。" 她们在讲述拍摄过程时这样描述："春天，当湿地里还是一片枯黄，扒开荒草仔细寻觅，你就会惊喜地发现，那些'早起'的植物，不但发芽长叶了，还开出了艳丽的花朵。

早春植物大多体型较小，花朵更小。拍摄到的一种植物，株高不过七八厘米，蓝色的小花跟小米粒差不多。然而，小花特别美丽，蓝色的花瓣犹如锦缎般地闪耀着光泽。黄色的金灿灿的花蕊，在阳光的照耀下特别鲜艳。这种早开的、隐藏在荒草中的小花，也许从未有人见过，起码是很少有人见过，真是'养在深闺'人未识啊！"后经专家鉴定，小花名叫"远志 Polygala tenuifolia Willd"，属多年生草本植物，主根粗壮，韧皮部肉质，还具有安神益智、祛痰、消肿等药用功效呢。植物图片的拍摄，既是这些老年人生命价值在晚年的一次精彩绽放，更是"院县共建"又一难得的丰硕"成果"。

富裕县职业技术教育中心学校校长张庆利，派出熟悉植物分类的董继法老师，参与这个项目的拍摄及标本采集，为此学校建立了"乌裕尔河湿地植物标本馆"。这也是"院校共建"取得的一项可喜科研成果。

全书利用1 543张图片，展示了317种植物，其中有22种植物在《中国植物志》上分布区域没有黑龙江省的记载，有10种植物在《中国植物志》上未收录，有10种植物在《中国植物志》上没有图片，特别是植物根系图片的载入与描述，填补了植物图片中根系图片的空白；同时，通过文字描述出学名、别名、植物学特征、生物学特性和利用价值等，是科研部门与群众团体相结合，科研与艺术相结合，摄影

与植物研究相结合的成果。我们将植物的原生状态，花、茎、叶、根等局部细节，用微距摄影技术，表现出植物的局部形态，用文字描述出植物的形态与特征，供研究湿地植物的学者、热爱湿地的游人、中小学生使用。

在本书即将出版之际，特向黑龙江省农业科学院草业研究所、富裕县委县政府及各级职能部门、中国黑龙江乌裕尔河自然保护区、富裕县老年大学、富裕县金芦花女子摄影协会、富裕县职业技术教育中心学校、中国农业科学院草原研究所和内蒙古大学的领导、专家一并表示感谢！

然而，因编者水平有限，书中难免存在疏漏和不足之处，敬请读者批评指正。

作　者

2020 年 5 月

乌裕尔河湿地概况

　　湿地的概念是在1971年《拉姆萨尔公约》中形成的，1983—2000年间，湿地生态旅游作为生态旅游的一种形式才逐步形成，湿地景观和湿地动植物已经成为湿地生态旅游的重要旅游资源。

——乌裕尔河湿地——

　　湿地是指陆地和水域的交汇处，水位接近或处于地表面。湿地与森林、海洋并称全球三大生态系统，其中湿地又被称为"地球之肾"，不仅具有特殊的生态功能，还有良好的旅游发展前景。湿地在世界各地分布广泛。据"世界自然保育监察中心"估计，湿地占全球陆地面积的6%，总面积约为5.7亿公顷（1公顷=10 000平方米），其中2%为湖泊、30%为泥塘、26%为泥沼、20%为沼泽、15%为泛滥平原、其他占7%。加拿大湿地面积居世界首位，约有1.27亿公顷，占全世界湿地面积的24%；中国湿地面积约3 848万公顷，占全世界湿地面积的6.75%，居世界第四位、亚洲第一位。黑龙江省湿地是全国湿地资源比较丰富的省份之一，拥有天然湿地556万公顷，湿地面积居全国第四位，湿地生态系统中生存着大量动植物，很多湿地被列为自然保护区。其中乌裕尔河湿地是在1990年由黑龙江省齐齐哈尔市富裕县政府率先建立了"大克钦县级自然保护区",后经东北林业大学的相关专家对该保护区进行了补充调查,2005年4月黑龙江省林业厅向黑龙江省人民政府提出建立乌裕尔河省级自然保护区的请示。于2006年3月黑龙江省人民政府批准建立了省级自然保护区,定名黑龙江乌裕尔河自然保护区,在富裕县成立了乌裕尔河省级自然保护区的保护管理机构;2010年齐齐哈尔市人民政府向黑龙江省人民政府呈报了《关于将黑龙江乌裕尔河自然保护区晋升为国家级自然保护区的请示》,2013年6月经国务院批准,黑龙江乌裕尔河自然保护区晋升为国家级自然保护区。保护区总面积为51 123公顷。地理坐标为东经124°10′19″~125°02′45″,北纬47°30′00″~47°50′35″。在地貌成因上,该地主要受河流和风力双重影响。由于嫩江和乌裕尔河的冲击作用及北半球流体右偏,嫩江主河道西移在本区留下许多自然阶地和众多沙丘漫岗等风成地貌穿插分布,使本区雕塑堆砌成以波状起伏、丘岗错落、河道溪流纵横、湖泊泡沼密布的低平原区河湖相冲积地貌为主的复杂微地貌类型。乌裕尔河保护区主要土壤是草甸沼泽土,其次是潜育草甸土和碳酸盐草甸土,约占该区面积的60%,分布较为集中成片,风沙土、黑钙土、盐土、碱土的面积不足40%,其分布广而零散。气候为温带湿润大陆性季风气候。乌裕尔河自然保护区年平均降水量为427.4 mm,最少只有284 mm,降水最多一般在7月,该月平均降水量138 mm,最多时达273 mm,最少时只有21 mm。降水最少月份一般在1月,该月平均降水量为1.3 mm,最多近10 mm,最少时降水量为0。该地区年平均气温3.1 ℃,最低气温出现在1月,平均气温-19.2 ℃,极端最低气温-39.5 ℃。最高气温出现在7月,平均气温22.8 ℃,平均最高气温27.8 ℃,极端最高气温39.9 ℃。正常年份,初霜在9月下旬,终霜在5月上旬,平均无霜期为130 d左右。初雪在11月上旬,终雪在3月末,降雪期为150 d左右。雪量,平均在20~30 cm,积雪日期为120 d左右,最大可出现50 cm以上积雪。区内冻土一般在11月15日左右开始稳定冻结。冻土日最短年份为182 d,最长年份为216 d。冻土深度,最深在1.8 m,最小深度为1.2 m,年平均深度为1.5 m。乌裕尔河国家级自然保护区湿地,属嫩江水系,地表水体主要是乌裕尔河,平均河水深1.3 m,水流平缓,水资源补给为大气降水。地表水pH值7.0,矿化度1.2 g/L。地下水pH值6.9,矿化度1.1 g/L。乌裕尔河自然保护区,据调查有脊椎动物365种,占黑龙江省脊椎动物总种数的63%;有兽类37种,占黑龙江省兽类总种数的43%;有鸟类265种,占黑龙江省鸟类总种数的74%,其中国家一级保护鸟类7种,二级保护鸟类32种。一级保护鸟类分别是:东方白鹳、黑鹳、金雕、丹顶鹤、白鹤、白头鹤、大鸨,还有灰鹤、白鹭、绿头鸭、豆雁等。鱼类51种,有鲫鱼、葛氏鲈塘鳢、鲶鱼、鲤鱼等。两栖类有中华蟾蜍、东北小鲵、东北雨蛙等。爬行类有鳖。兽类有东方田鼠、东北兔、赤狐、狼等。乌裕尔河国家级自然保护区,植物种类丰富多样，具有北方寒地植物的特性。据不完全统计，有维管束植物500多种。植物种类有87科221属401种。其中，蕨类植物3科6属13种；裸子植物1科2属3种；被子植物有83科213属385种。乌裕尔河国家级自然保护区是乌裕尔河流域重要生态系统，具有涵养水源、保持水土等生态功能。同时为鱼类、两栖类、水鸟提供栖息地和迁徙停歇地。

乌裕尔河自然保护区内的湿地生态系统，是很少受到人类外部干扰的自然生态系统，在规划的核心区内，基本没有居民点和生产点，其内的生态系统一直按照其自身规律演替和发展。

黑龙江乌裕尔河自然保护区湿地是由发源于小兴安岭西侧的乌裕尔河命名的。乌裕尔河位于黑龙江省西部，是嫩江左岸较大的无尾河流，为黑龙江省内最大的内陆河。金代在乌裕尔河流域设置蒲峪路（今克东、克山一带），因而称"蒲峪路河"。元代称"忽兰叶河"。《清一统志》称"呼雨哩""呼裕尔河"，又称"乌雨尔""瑚裕尔""乌羽尔河"等，均为女真语"涝洼地"之意。中华人民共和国成立后在有关资料和图籍中，并用乌裕尔河和呼裕尔河，现统称为乌裕尔河。乌裕尔河全长587千米，流域面积23 110平方千米。乌裕尔河自源地流向西北，至北安城南折转向西南，经北安、克东、克山、拜泉、依安、富裕等6县，于富裕县雅州附近折而南流，尾闾逐渐消失在齐齐哈尔市以东、林甸县西北的大片苇甸、湿地之中，变成潜伏状的广阔沼泽地。它原为流经齐齐哈尔市境内嫩江的一条支流，近一两百年由于河口淤塞，成为一条内陆河，上游属上溪性河流特征，有明显的河床，下游河水排泄不畅，失去河床，河水四溢，形成广阔无垠的沼泽。著名的扎龙自然保护区，就是湿地的一部分。

乌裕尔河还有一个美丽的传说。相传很早很早以前，有一条泥鳅精厌倦了小河沟里的生活，想要变成一条龙，就找到土地老商量，怎样才能成为一条龙。土地老说："你要想成龙，必须到大江大海里去，在这样的小河沟里，永远也不会成龙的。"泥鳅精一听，非常高兴，急忙询问，到大江大海去怎么走。土地老对泥鳅精说："别的江河都太远，嫩江离这里最近，你就到嫩江里去吧。"泥鳅精一听嫩江不远，就说："那就到嫩江去吧。"土地老说："这里到嫩江虽然不远，可是没有河道相通，你必须在一夜之间，拱出一条河来，鸡叫前到达才能成龙。否则，你就会被龙王碎尸万段。"泥鳅精说："那不成问题，从日落到天亮，我肯定能拱到嫩江。"土地老说："好吧，拱到了你就成龙，拱不到你就死定了！"泥鳅精说："好。"泥鳅精的力气确实很大，不大一会儿，就拱出去几十里。土地老一看拱得这么快，就想办法捉弄它。拱到二克山附近时，土地老劝说道："咱俩到二克山溜达溜达，看看那里的

风景呗！"泥鳅精也想去看看，可又怕耽误时间，就对土地老说："我得抓紧时间赶路，你自己去吧，恕我失陪了。"于是，继续朝前拱去。当拱到蒲峪路城附近时，听见城内欢声笑语，鼓乐齐鸣。土地老又劝说泥鳅精，一同进城去看看。这时泥鳅精也累得上气不接下气了，更忍不住好奇心，就停下来一同进了城里。只见扭秧歌的、踩高跷的、划旱船的、耍猴的，还有一伙人，围在一起边喝茶边听大鼓书的，城里非常热闹。不知不觉的夜就深了，人们都回家睡觉去了。这时泥鳅精才想起打赌的事，一看时间这么晚了，就更着急了。心想，要坏了我的大事，便急急忙忙地又朝前拱去。土地老在心里合计，照这样的拱法，天亮前非拱到不可啊。于是，又使出一个计来。对泥鳅精说："这天也太黑了，我去拿一盏灯来，给你照着前边的路吧。"泥鳅精信以为真，还一个劲地感谢土地老呢。它跟着土地老手里举着的灯，左转弯右转弯的，在草甸子上画起圈来。尽管这样多绕了一些路，多费了一些时间，可快到五更天时，眼瞅着就到江边了。土地老本来是跟泥鳅精开玩笑的，要是泥鳅精真的成了龙，自己是负不起责任的，想到这里，竟被吓出一身冷汗。他眼珠一转，有了。便就近借来一只大公鸡，抱在怀里用手一拍，公鸡"咯儿—咯儿"地便叫了起来。泥鳅精一听，鸡叫了，以为天亮了，想到要被龙王碎尸万段，便慌慌张张地逃跑了。从此，泥鳅精拱过的地方，就形成了一条弯弯曲曲的河，当时就叫泥鳅河。后来，住在这里的满族人，觉得泥鳅河这个名字不太好听，就用满语给起了现在的名字——乌裕尔河。

乌裕尔河是中国第二大（第一大内陆河为新疆的塔里木河）、黑龙江省第一大内陆河。乌裕尔河下游即今塔哈河，因受晚白垩纪开始形成的松嫩凹陷大湖盆继续沉降的吸引，以及嫩江河道西移的影响，河道遂由今富裕县城东南，折而向南注入湖盆而与塔哈河分离，成为独立于嫩江水系的一条内陆河。正常年份，乌裕尔河与嫩江之间有分水高地相隔，无地表水联系。但乌裕尔河出现高水位时，则有部分洪水溢出河床，借塔哈河道进入嫩江；其下游芦苇沼泽地带的洪水，又通过杜尔伯特连环湖流入嫩江，遂形成了乌裕尔河同嫩江藕断丝连的奇妙关系。近一两百年，由于河口淤塞，上游有明显河床，下游河水排泄不畅，经克山、依安进入富裕县境内后，河水脱离河床的束缚，形成数十条细流，演化为湿地地貌，依次形成乌裕尔河湿地、扎龙湿地、大庆湿地。位于富裕县境内的乌裕尔河湿地，辖区面积1 500万亩（1亩≈666.67平方米）。有维管束植物500多种，包括野生大豆、黄芪、甘草、绥草等珍稀野生湿地植物资源；湿地植物作为湿地生态系统的重要组成部分，对全球生态平衡发挥着重要作用。湿地植被具有明显的减缓水流、消减风浪的作用。因为湿地植物的茎和叶可以减缓水流，从而有利于促进泥沙等颗粒物的沉积，最终减少湿地被淹没的程度和洪水发生的频率。湿地植物根系和地下茎的生长，又可以增加沉积物的稳定性，在洪水来临时保持沉积物的稳定并防止其他物质的流失，为土壤有机物质和水生有机物质提供来源。湿地中的植物、微生物和细菌等，通过湿地生物地球化学过程的转换、影响环境的水文和化学过程，对天然水化学特性的改变和污染物的迁移，起到了非常重要的作用。例如，湿地中常见的芦苇对水体污染物的吸收、代谢、分解、积累等，减轻了水体的富营养化，使湿地水体得到净化，进而形成对外界水域污染的过滤屏障，对防止临近水体的富营养化具有重要意义。研究、了解、普及湿地植物知识，对保护湿地，利用湿地，满足不同人群对湿地植物知识的渴求，都具有十分重要的意义。同时，宣传保护好乌裕尔河自然保护区内的湿地生态系统，对保护湿地物种资源，同样具有重要意义。

目 录

1. 泽泻 *Alisma plantago-aquatica* L. ⋯⋯ 1
2. 野慈姑 *Sagittaria trifolia* L. ⋯⋯ 3
3. 反枝苋 *Amaranthus retroflexus* L. ⋯⋯ 5
4. 北美苋 *Amaranthus blitoides* S. Watson ⋯⋯ 7
5. 菖蒲 *Acorus calamus* L. ⋯⋯ 9
6. 萝藦 *Metaplexis japonica* （Thunb.） Makino ⋯⋯ 11
7. 地梢瓜 *Cynanchum thesioides* （Freyn） K. Schum. ⋯⋯ 14
8. 紫花合掌消 *Cynanchum amplexicaule* （Sieb.et Zucc.） Hemsl. var. *castaneu* Makino ⋯⋯ 16
9. 角蒿 *Incarvillea sinensis* Lam. ⋯⋯ 18
10. 鹤虱 *Lappula myosotis* Moench ⋯⋯ 21
11. 大果琉璃草 *Cynoglossum divaricatum* Stephan ex Lehmann ⋯⋯ 23
12. 附地菜 *Trigonotis peduncularis* （Trev.） Benth. ex Baker et Moore ⋯⋯ 25
13. 花蔺 *Butomus umbellatus* L. ⋯⋯ 27
14. 桔梗 *Platycodon grandiflorus* （Jacq.） A. DC. ⋯⋯ 29
15. 狭叶沙参 *Adenophora gmelinii* （Spreng.） Fisch. ⋯⋯ 31
16. 石竹 *Dianthus chinensis* L. ⋯⋯ 34
17. 缫瓣繁缕 *Stellaria radians* L. ⋯⋯ 37
18. 拟漆姑 *Spergularia marina* （Linnaeus） Grisebach ⋯⋯ 39
19. 草原石头花 *Gypsophila davurica* Turcz. ex Fenzl ⋯⋯ 41
20. 繁缕 *Stellaria media* （L.） Villars ⋯⋯ 44
21. 狗筋麦瓶草 *Silene vulgaris* （Moench.） Garcke. ⋯⋯ 46
22. 蔓茎蝇子草 *Silene repens* Patr. ⋯⋯ 49
23. 女娄菜 *Silene aprica* Turcz. ex Fisch. et Mey. ⋯⋯ 51
24. 金鱼藻 *Ceratophyllum demersum* L. ⋯⋯ 53
25. 滨藜 *Atriplex patens* （Litv.） Iljin ⋯⋯ 55
26. 尖头叶藜 *Chenopodium acuminatum* Willd. ⋯⋯ 57
27. 狭叶尖头叶藜 *Chenopodium acuminatum* Willd. subsp. *virgatum* （Thunb.） Kitam. ⋯⋯ 59
28. 灰绿藜 *Chenopodium glaucum* L. ⋯⋯ 61
29. 小藜 *Chenopodium ficifolium* Smith ⋯⋯ 63
30. 藜 *Chenopodium album* L. ⋯⋯ 65
31. 无翅猪毛菜 *Salsola komarovii* Iljin ⋯⋯ 67
32. 猪毛菜 *Salsola collina* Pall. ⋯⋯ 69
33. 兴安虫实 *Corispermum chinganicum* Iljin ⋯⋯ 71
34. 地肤 *Kochia scoparia* （L.） Schrad. ⋯⋯ 73

35. 角果碱蓬 *Suaeda corniculata*（C. A. Mey.）Bunge ·················· 75
36. 轴藜 *Axyris amaranthoides* L. ·················· 77
37. 鸭跖草 *Commelina communis* L. ·················· 79
38. 线叶菊 *Filifolium sibiricum*（L.）Kitam. ·················· 82
39. 猫儿菊 *Hypochaeris ciliata*（Thunb.）Makino. ·················· 84
40. 华北鸦葱 *Scorzonera albicaulis* Bunge ·················· 86
41. 屋根草 *Crepis tectorum* L. ·················· 88
42. 林泽兰 *Eupatorium lindleyanum* DC. ·················· 90
43. 全叶马兰 *Aster pekinensis*（Hance）F. H. Chen. ·················· 92
44. 旋覆花 *Inula japonica* Thunb. ·················· 94
45. 女菀 *Turczaninowia fastigiata*（Fisch.）DC. ·················· 96
46. 毛连菜 *Picris hieracioides* L. ·················· 98
47. 紫菀 *Aster tataricus* L. f. ·················· 100
48. 草地风毛菊 *Saussurea amara*（L.）DC. ·················· 102
49. 翅果菊 *Lactuca indica* L. ·················· 104
50. 多裂翅果菊 *Pterocypsela laciniata*（Houtt.）Shih ·················· 106
51. 狗舌草 *Tephroseris kirilowii*（Turcz. ex DC.）Holub ·················· 108
52. 三肋果 *Tripleurospermum limosum*（Maxim.）Pobed. ·················· 110
53. 小花鬼针草 *Bidens parviflora* Willd. ·················· 112
54. 牛蒡 *Arctium lappa* L. ·················· 114
55. 小蓬草 *Erigeron canadensis* L. ·················· 117
56. 大刺儿菜 *Cirsium setosum*（Willd.）Besser ex M. Bieb. ·················· 119
57. 烟管蓟 *Cirsium pendulum* Fisch. ex DC. ·················· 121
58. 苍耳 *Xanthium strumarium* L. ·················· 123
59. 飞廉 *Carduus nutans* L. ·················· 125
60. 黄花婆罗门参 *Tragopogon orientalis* L. ·················· 128
61. 长叶火绒草 *Leontopodium junpeianum* Kitam. ·················· 130
62. 漏芦 *Rhaponticum uniflorum*（L.）DC ·················· 132
63. 山莴苣 *Lactuca sibirica*（L.）Benth. ex Maxim. ·················· 134
64. 短瓣蓍 *Achillea ptarmicoides* Maxim. ·················· 137
65. 麻花头 *Klasea centauroides*（L.）Cass. ·················· 139
66. 多花麻花头 *Klasea centauroides* subsp. *polycephala*（Iljin）L. Martins ·················· 141
67. 大籽蒿 *Artemisia sieversiana* Ehrhart ex Willd. ·················· 143
68. 艾 *Artemisia argyi* Lévl. et Van. ·················· 146
69. 沙蒿 *Artemisia desertorum* Spreng. ·················· 149
70. 蒙古蒿 *Artemisia mongolica*（Fisch. ex Bess.）Nakai ·················· 152

71. 碱蒿 *Artemisia anethifolia* Web. ex Stechm 155
72. 猪毛蒿 *Artemisia scoparia* Waldst. et Kit. 157
73. 矮蒿 *Artemisia lancea* Van. 161
74. 黄花蒿 *Artemisia annua* L. 163
75. 柳叶蒿 *Artemisia integrifolia* L. 165
76. 冷蒿 *Artemisia frigida* Willd. 168
77. 长裂苦苣菜 *Sonchus brachyotus* DC. 170
78. 东北蒲公英 *Taraxacum ohwianum* Kitam. 172
79. 亚洲蒲公英 *Taraxacum asiaticum* Dahlst. 174
80. 华蒲公英 *Taraxacum sinicum* Kitag. 176
81. 芥叶蒲公英 *Taraxacum brassicaefolium* Kitag. 178
82. 抱茎小苦荬 *Ixeridium sonchifolium* （Maxim.） Shih 180
83. 窄叶小苦荬 *Ixeridium graminerum* （Fisch.） Tzvel. 182
84. 中华苦荬菜 *Ixeris chinensis* （Thunb.） Nakai. 184
85. 圆叶牵牛 *Ipomoea purpurea* Lam. 186
86. 田旋花 *Convolvulus arvensis* L. 189
87. 藤长苗 *Calystegia pellita* （Ledeb.） G. Don 191
88. 菟丝子 *Cuscuta chinensis* Lam. 193
89. 金灯藤 *Cuscuta japonica* Choisy. 196
90. 费菜 *Phedimus aizoon* （Linnaeus） 't Hart 199
91. 赤瓟 *Thladiantha dubia* Bunge 201
92. 扁秆荆三棱 *Bolboschoenus planiculmis* （F. Schmidt） T. V. Egorova. 204
93. 东北藨草 *Scirpus radicans* Schk. 206
94. 水葱 *Schoenoplectus tabernaemontani* （C. C. Gmelin） Palla 208
95. 中间型荸荠 *Heleocharis intersita* Zinserl. 210
96. 寸草 *Carex duriuscula* C. A. Mey. 212
97. 陌上菅 *Carex thunbergii* Steud. 214
98. 狭囊薹草 *Carex cruenta* Nees 216
99. 离穗薹草 *Carex eremopyroides* V. Krecz. 218
100. 灰脉薹草 *Carex appendiculata* （Trautv.） Kukenth. 220
101. 丛薹草 *Carex caespitosa* L. 222
102. 翼果薹草 *Carex neurocarpa* Maxim. 224
103. 葶苈 *Draba nemorosa* L. 226
104. 荠 *Capsella bursa-pastoris* （L.） Medic. 228
105. 山菥蓂 *Thlaspi cochleariforme* de Candolle 231
106. 诸葛菜 *Orychophragmus violaceus* （Linnaeus） O. E. Schulz 233

107. 山芥叶蔊菜 *Rorippa barbareifolia* (DC.) Kitag. ... 235
108. 播娘蒿 *Descurainia sophia* (L.) Webb ex Prantl ... 237
109. 独行菜 *Lepidium apetalum* Willd. ... 239
110. 密花独行菜 *Lepidium densiflorum* Schrader ... 241
111. 垂果南芥 *Arabis pendula* L. ... 243
112. 铁苋菜 *Acalypha australis* L. ... 245
113. 乳浆大戟 *Euphorbia esula* L. ... 247
114. 狼毒大戟 *Euphorbia fischeriana* Steud. ... 249
115. 荇菜 *Nymphoides peltata* (S. G. Gmelin) Kuntze. ... 251
116. 牻牛儿苗 *Erodium stephanianum* Willd. ... 254
117. 鼠掌老鹳草 *Geranium sibiricum* L. ... 256
118. 虎尾草 *Chloris virgata* Sw. ... 259
119. 薄鞘隐子草 *Cleistogenes festucacea* Honda ... 261
120. 糙隐子草 *Cleistogenes squarrosa* (Trin.) Keng ... 263
121. 金色狗尾草 *Setaria pumila* (Poiret) Roemer & Schultes ... 265
122. 狗尾草 *Setaria viridis* (L.) Beauv. ... 267
123. 菰 *Zizania latifolia* (Griseb.) Stapf ... 270
124. 东北拂子茅 *Calamagrostis kengii* T. F. Wang ... 272
125. 假苇拂子茅 *Calamagrostis pseudophragmites* (Hall. F.) Koel. ... 274
126. 拂子茅 *Calamagrostis epigeios* (L.) Roth ... 276
127. 野黍 *Eriochloa villosa* (Thunb.) Kunth ... 279
128. 冰草 *Agropyron cristatum* (L.) Gaertn. ... 281
129. 披碱草 *Elymus dahuricus* Turcz. ... 283
130. 圆柱披碱草 *Elymus dahuricus* var. *cylindricus* Franchet ... 285
131. 老芒麦 *Elymus sibiricus* L. ... 287
132. 肥披碱草 *Elymus excelsus* Turcz. ... 290
133. 纤毛披碱草 *Elymus ciliaris* (Trinius ex Bunge) Tzvelev ... 293
134. 大牛鞭草 *Hemarthria altissima* (Poir.) Stapf et C. E. Hubb. ... 295
135. 芒颖大麦草 *Hordeum jubatum* L. ... 297
136. 短芒大麦草 *Hordeum brevisubulatum* (Trin.) Link. ... 299
137. 光稃香草 *Anthoxanthum glabrum* (Trinius) Veldkamp ... 301
138. 虉草 *Phalaris arundinacea* L. ... 303
139. 硬质早熟禾 *Poa sphondylodes* Trin. ... 305
140. 渐尖早熟禾 *Poa attenuata* Trin. ... 307
141. 草地早熟禾 *Poa pratensis* L. ... 310
142. 散穗早熟禾 *Poa subfastigiata* Trin. ... 313

143. 洽草 *Koeleria macrantha* （Ledebour） Schultes ·········· 315
144. 茵草 *Beckmannia syzigachne* （Steud.） Fern. ·········· 317
145. 鹤甫碱茅 *Puccinellia hauptiana* （Trin.） Krecz. ·········· 319
146. 朝鲜碱茅 *Puccinellia chinampoensis* Ohwi ·········· 321
147. 星星草 *Puccinellia tenuiflora* （Turcz.） Scribn. et Merr. ·········· 324
148. 羊草 *Leymus chinensis* （Trin.） Tzvel. ·········· 326
149. 小叶章 *Deyeuxia angustifolia* （Kom.） Y. L. Chang. ·········· 329
150. 大油芒 *Spodiopogon sibiricus* Trin. ·········· 331
151. 偃麦草 *Elytrigia repens* （L.） Nevski ·········· 333
152. 芦苇 *Phragmites australis* （Cav.） Trin. ex Steud. ·········· 335
153. 长芒稗 *Echinochloa caudata* Roshev. ·········· 338
154. 稗 *Echinochloa crus-galli* （L.） P. Beauv. ·········· 341
155. 无芒稗 *Echinochloa crus-galli* var. *mitis* （Pursh） Petermann ·········· 344
156. 狐尾藻 *Myriophyllum verticillatum* L. ·········· 346
157. 粗根鸢尾 *Iris tigridia* Bunge ·········· 348
158. 囊花鸢尾 *Iris ventricosa* Pall. ·········· 350
159. 燕子花 *Iris laevigata* Fisch. ·········· 352
160. 溪荪 *Iris sanguinea* Donn ex Horn. ·········· 354
161. 野鸢尾 *Iris dichotoma* Pall. ·········· 356
162. 乳头灯心草 *Juncus papillosus* Franch et Sav. ·········· 358
163. 细灯心草 *Juncus gracillimus* V. Krecz. et Gontsch. ·········· 361

参考文献 ·········· 363

泽 泻

学　　名：*Alisma plantago-aquatica* L.
别　　名：水泽、如意花。
采集地点：乌裕尔河中游草甸草原,北纬47°51′,东经124°52′,土壤主要为草甸沼泽土,其次是潜育草甸土和碳酸盐草甸土,气候为温带湿润大陆性季风气候。年平均降水量为427.4 mm,最少只有284 mm,降水最多的月份一般在7月,最少的月份一般在1月。年平均气温3.1 ℃,最低气温出现在1月,平均气温-19.2 ℃,极端最低气温-39.5 ℃。最高气温出现在7月,平均气温22.8 ℃,平均最高气温27.8 ℃,极端最高气温39.9 ℃。平均无霜期为130 d左右,降雪期为150 d左右。雪量平均20～30 cm,积雪日期为120 d左右,最大可出现50 cm以上积雪。冻土日期最短年份为182 d,最长年份为216 d。冻土深度,最大深度为1.8 m,最小深度为1.2 m,年平均深度为1.5 m。

植物学特征：

泽泻为被子植物门 Angiospermae、单子叶植物纲 Monocotyledoneae、沼生目 Helobiae、泽泻亚目 Alismatineae、泽泻科 Alismataceae、泽泻属 Alisma。泽泻为多年生水生或沼生草本植物,具有以下植物学特征:

根茎:泽泻的块茎直径为1～3.5 cm或更大。

叶:泽泻的叶通常多数,沉水叶条形或披针形;挺水叶宽披针形、椭圆形至卵形。叶长1～11 cm,宽1.3～7 cm,先端渐尖,稀急尖,基部宽楔形、浅心形,叶脉通常5条,叶柄长1.5～30 cm,基部渐宽,边缘膜质。

花:泽泻的花葶高78～100 cm,或更高;花序长15～50 cm,或更长,具3～8轮分枝,每轮分枝3～9枚。花两性,花梗长1～3.5 cm;外轮花被片广卵形,长2.5～3.5 mm,宽2～3 mm,通常具7脉,边缘膜质,内轮花被片近圆形,远大于外轮,边缘具不规则粗齿,白色,粉红色或浅紫色;心皮17～23枚,排列整齐,花柱直立,长7～15 mm,长于心皮,柱头短,约为花柱的1/9～1/5;花丝长1.5～1.7 mm,基部宽约0.5 mm,花药长约1 mm,椭圆形,黄色或淡绿色;花托平凸,高约0.3 mm,近圆形。

泽泻——全株　　　　泽泻——根

果： 泽泻的瘦果椭圆形或近矩圆形，长约 2.5 mm，宽约 1.5 mm，背部具 1～2 条不明显浅沟，下部平，果喙自腹侧伸出，喙基部凸起，膜质。种子紫褐色，具凸起。花果期 5～10 月。

泽泻——花

生物学特征：

泽泻产于我国黑龙江、吉林、辽宁、内蒙古、河北、山西、陕西、新疆、云南等省区。生于湖泊、河湾、溪流、水塘的浅水带，沼泽、沟渠及低洼湿地亦有生长。俄罗斯、日本、欧洲、北美洲、大洋洲等均有分布。

药用价值：

常与东方泽泻 *A. orientale* (Samuel.) Juz. 混杂入药，主治肾炎水肿、肾盂肾炎、肠炎泄泻、小便不利等症。

园林价值：

泽泻的本种花较大，花期较长，用于花卉观赏。

泽泻——茎

泽泻——叶

野 慈 姑

学　　名：*Sagittaria trifolia* L.
别　　名：慈姑、剪刀草、狭叶慈姑、三脚剪、水芋。
采集地点：乌裕尔河中游草甸草原，北纬47°51′，东经124°52′，土壤主要为草甸沼泽土，其次是潜育草甸土和碳酸盐草甸土，气候为温带湿润大陆性季风气候。年平均降水量为427.4 mm，最少只有284 mm，降水最多的月份一般在7月，最少的月份一般在1月。年平均气温3.1 ℃，最低气温出现在1月，平均气温–19.2 ℃，极端最低气温–39.5 ℃。最高气温出现在7月，平均气温22.8 ℃，平均最高气温27.8 ℃，极端最高气温39.9 ℃。平均无霜期为130 d左右，降雪期为150 d左右。雪量平均20～30 cm，积雪日期为120 d左右，最大可出现50 cm以上积雪。冻土日期最短年份为182 d，最长年份为216 d。冻土深度，最大深度为1.8 m，最小深度为1.2 m，年平均深度为1.5 m。

植物学特征：

野慈姑为被子植物门Angiospermae、单子叶植物纲Monocotyledoneae、沼生目Helobiae、泽泻亚目Alismatineae、泽泻科Alismataceae、慈姑属Sagittaria。野慈姑为多年生水生或沼生草本植物，具有以下植物学特征：

根：野慈姑的根为须根系，根系粗细差别较大，根系表皮薄，呈白色。

茎：野慈姑的植株高达70 cm多，根状茎横走，较粗壮，末端膨大或否。

叶：野慈姑的叶挺水叶箭形，叶片长短、宽窄变异很大，通常顶裂片短于侧裂片，比值约1:1.1～1:1.5，有时侧裂片更长，顶裂片与侧裂片之间缢缩，或否；叶柄基部渐宽，鞘状，边缘膜质，具横脉，或不明显。

花：野慈姑的花葶直立，挺水，高(15～)20～70 cm，或更高，通常粗壮。花序总状或圆锥状，长5～20 cm，有时更长，具分枝1～2枚，具花多轮，每轮2～3花；苞片3枚，基部多少合生，先端尖。花单性；花背片反折，外轮花被片椭圆形或广卵形，长3～5 mm，宽2.5～3.5 mm；内轮花被片白色或淡黄色，长6～10 mm，宽5～7 mm，基部收缩，雌花通常1～3轮，花梗短粗，心皮多数，两侧压扁，花柱自腹侧斜上；雄花多轮，花梗斜举，长0.5～1.5 cm，雄蕊多数，花药黄色，长1～1.5(～2)mm，花丝长短不一，约0.5～3 mm，通常外轮短，向里渐长。

野慈姑——全株

果：野慈姑的瘦果两侧压扁，长约4 mm，宽约3 mm，倒卵形；具翅，背翅多少不整齐；果喙短，自腹侧斜上。

种子：种子褐色，花果期5～10月。

野慈姑——根　　　　　　野慈姑——茎　　　　　　野慈姑——叶

野慈姑——花　　　　　　野慈姑——果

生物学特征：

野慈姑生于湖泊、池塘、沼泽、沟渠、水田等水域。主要产于我国东北、华北、西北、华东、华南、四川、贵州、云南等省区，除西藏等地区未见到标本外，几乎全国各地均有分布。

园林价值：

野慈姑可作为观赏植物。

反 枝 苋

学　　名：*Amaranthus retroflexus* L.
别　　名：野苋菜、苋菜、西风谷。
采集地点：乌裕尔河中游草甸草原,北纬47°51′,东经124°52′,土壤主要为草甸沼泽土,其次是潜育草甸土和碳酸盐草甸土,气候为温带湿润大陆性季风气候。年平均降水量为427.4 mm,最少只有284 mm,降水最多的月份一般在7月,最少的月份一般在1月。年平均气温3.1 ℃,最低气温出现在1月,平均气温-19.2 ℃,极端最低气温-39.5 ℃。最高气温出现在7月,平均气温22.8 ℃,平均最高气温27.8 ℃,极端最高气温39.9 ℃。平均无霜期为130 d左右,降雪期为150 d左右。雪量平均20~30 cm,积雪日期为120 d左右,最大可出现50 cm以上积雪。冻土日期最短年份为 182 d,最长年份为216 d。冻土深度,最大深度为1.8 m,最小深度为1.2 m,年平均深度为1.5 m。

植物学特征：

反枝苋为被子植物门Angiospermae、双子叶植物纲Dicotyledoneae、原始花被亚纲Archichlamydeae、中央种子目 Centrospermae、苋科 Amaranthaceae、苋属 Amaranthus、五被组 Sect. Amaranthus。反枝苋为一年生草本植物,具有以下植物学特征：

根：反枝苋根为直根系,主根粗壮,圆柱形,呈红色;侧根较细,呈白色。

茎：反枝苋的株高20~80 cm,有时达1 m多。茎直立,粗壮,单一或分枝,淡绿色,有时具带紫色条纹,稍具钝棱,密生短柔毛。

叶：反枝苋的叶片菱状卵形或椭圆状卵形,长5~12 cm,宽2~5 cm,顶端锐尖或尖凹,有小凸尖,基部楔形,全缘或波状缘,两面及边缘有柔毛,下面毛较密;叶柄长1.5~5.5 cm,淡绿色,有时淡紫色,有柔毛。

花：反枝苋的圆锥花序顶生及腋生,直立,直径2~4 cm,由多数穗状花序形成,顶生花穗较侧生者长;苞片及小苞片钻形,长4~6 mm,白色,背面有1龙骨状突起,伸出顶端成白色尖芒;花被片矩圆形或矩圆状倒卵形,长2~2.5 mm,薄膜质,白色,有1淡绿色细中脉,顶端急尖或尖凹,具凸尖;雄蕊比花被片稍长;柱头3,有时2;花期7~8月。

果：反枝苋的胞果扁卵形,长约1.5 mm,环状横裂,薄膜质,淡绿色,包裹在宿存花被片内,果期8~9月。

种子：反枝苋的种子近球形,直径1 mm,

反枝苋——全株

棕色或黑色，边缘钝。

反枝苋——根　　　　反枝苋——茎　　　　反枝苋——叶　　　　反枝苋——果

生物学特征：

产于我国黑龙江、吉林、辽宁、内蒙古、河北、山东、山西、河南、陕西、甘肃、宁夏、新疆。生在田园内、农地旁、人家附近的草地上，有时生在瓦房上。原产美洲热带，现广泛传播并归化于世界各地。反枝苋喜湿润环境，亦耐旱，反枝苋适应性极强，到处都能生长，为棉花和玉米地旱作作物地及菜园、果园、荒地和路旁常见杂草，局部地区危害重。不耐阴，在密植田或高秆作物中生长发育不好。种子发芽适温15～30 ℃，土层内出苗，深度0～5 cm。黑龙江5月上旬出苗，一直持续到7月下旬，7月初开始开花，7月末至8月初，种子陆续成熟，成熟种子无休眠期。

药用价值：

反枝苋性凉，味甘，具有清热明目、通利二便、收敛消肿、解毒治痢、抗炎止血等功效。可治疗尿血、内痔出血、扁桃腺炎、急性肠炎等症。种子作青葙子入药；全草药用，治腹泻、痢疾、痔疮肿痛出血等症。

食用价值：

反枝苋含有丰富的铁、钙、胡萝卜素和维生素C，对青少年的生长发育和成人的身体健康都有帮助。反枝苋中没有草酸，多含的钙质很容易被人体吸收，而丰富的铁可以合成细胞中的血红蛋白，有造血和携带氧气的作用，被誉为"补血菜"。苋菜中含有多种氨基酸，尤其含赖氨酸，是人体所必需的，而玉米、小麦、大米等谷物中含量较少，因此常吃反枝苋对人体健康很有益处。反枝苋的嫩茎叶为野菜，因反枝苋性寒凉，故脾虚便溏者慎用，且不宜与鳖同食。

饲用价值：

反枝苋的嫩茎叶为野菜，可作家畜饲料。

北 美 苋

学　　名：*Amaranthus blitoides* S. Watson

采集地点：乌裕尔河中游草甸草原，北纬47°51′，东经124°52′，土壤主要为草甸沼泽土，其次是潜育草甸土和碳酸盐草甸土，气候为温带湿润大陆性季风气候。年平均降水量为427.4 mm，最少只有284 mm，降水最多的月份一般在7月，最少的月份一般在1月。年平均气温3.1 ℃，最低气温出现在1月，平均气温−19.2 ℃，极端最低气温−39.5 ℃。最高气温出现在7月，平均气温22.8 ℃，平均最高气温27.8 ℃，极端最高气温39.9 ℃。平均无霜期为130 d左右，降雪期为150 d左右。雪量平均20～30 cm，积雪日期为120 d左右，最大可出现50 cm以上积雪。冻土日期最短年份为182 d，最长年份为216 d。冻土深度，最大深度为1.8 m，最小深度为1.2 m，年平均深度为1.5 m。

植物学特征：

北美苋为被子植物门Angiospermae、双子叶植物纲Dicotyledoneae、原始花被亚纲Archichlamydeae、中央种子目Centrospermae、苋科Amaranthaceae、苋属Amaranthus、三被组Sect. Blitopsis。北美苋为一年生草本植物，具有以下植物学特征：

根：有少数分枝，侧根短而少，上部偏红色，下部呈白色。

茎：高15～50 cm；茎大部分伏卧，从基部分枝，绿白色，全体无毛或近无毛。

叶：叶片密生，倒卵形、匙形至矩圆状倒披针形，长5～25 mm，宽3～10 mm，顶端圆钝或急尖，具细凸尖，尖长达1 mm，基部楔形，全缘；叶柄长5～15 mm。

花：花成腋生花簇，比叶柄短，有少数花；苞片及小苞片披针形，长3 mm，顶端急

北美苋——全株

尖,具尖芒;花被片4,有时5,卵状披针形至矩圆披针形,长1～2.5 mm,绿色,顶端稍渐尖,具尖芒;柱头3,顶端卷曲;花期8～9月。

果:胞果椭圆形,长2 mm,环状横裂,上面带淡红色,近平滑,比最长花被片短,果期9～10月。

种子:种子卵形,直径约1.5 mm,黑色,稍有光泽。

北美苋——根

北美苋——茎

北美苋——叶

生物学特征:

产于我国辽宁(旅顺、大连),由北美引进。生在田野、路旁杂草地上。

菖 蒲

学　　名：*Acorus calamus* L.

别　　名：臭蒲(《唐本草注》),泥菖蒲(《本草纲目》《植物名实图考》),香蒲(上海、浙江、福建),野菖蒲(浙江),臭菖蒲(上海),溪菖蒲、野枇杷、石菖蒲、山菖蒲、水剑草、凌水挡、十香和(福建),白菖蒲(各地),水菖蒲(《滇南本草》),剑叶菖蒲、大叶菖蒲、土菖蒲(四川),家菖蒲(云南曲靖),剑菖蒲、大菖蒲(湖北),臭草(北方各省)。

采集地点：乌裕尔河中游草甸草原,北纬47°51′,东经124°52′,土壤主要为草甸沼泽土,其次是潜育草甸土和碳酸盐草甸土,气候为温带湿润大陆性季风气候。年平均降水量为427.4 mm,最少只有284 mm,降水最多的月份一般在7月,最少的月份一般在1月。年平均气温3.1 ℃,最低气温出现在1月,平均气温-19.2 ℃,极端最低气温-39.5 ℃。最高气温出现在7月,平均气温22.8 ℃,平均最高气温27.8 ℃,极端最高气温39.9 ℃。平均无霜期为130 d左右,降雪期为150 d左右。雪量平均20~30 cm,积雪日期为120 d左右,最大可出现50 cm以上积雪。冻土日期最短年份为182 d,最长年份为216 d。冻土深度,最大深度为1.8 m,最小深度为1.2 m,年平均深度为1.5 m。

植物学特征：

菖蒲为被子植物门Angiospermae、单子叶植物纲Monocotyledoneae、天南星目Arales、天南星科Araceae、菖蒲族Trib. Acoreae、菖蒲属Acorus。菖蒲为多年生草本植物,具有以下植物学特征:

根：菖蒲的根为须根,肉质根多数,长5~6 cm,具毛发状。

茎：菖蒲的根茎横走,稍扁,分枝,直径5~10 mm,外皮黄褐色,芳香。

叶：菖蒲的叶基生,基部两侧膜质叶鞘宽4~5 mm,向上渐狭,至叶长1/3处渐行消失、脱落。叶片剑状线形,长90~100(~150)cm,中部宽1~2(~3)cm,基部宽、对褶,中部以上渐狭,草质,绿色,光亮;中肋在两面均明显隆起,侧脉3~5对,平行,纤弱,大都伸延至叶尖。

花：菖蒲的花序柄三棱形,长(15~)40~50 cm;叶状佛焰苞剑状线形,长30~40 cm;肉穗花序斜向上或近直立,狭锥状圆柱形,长4.5~6.5(~8)cm,直径6~12 mm。花黄绿色,花被片长约2.5 mm,宽约1 mm;花丝长2.5 mm,宽

菖蒲——全株

菖蒲——根

约 1 mm；子房长圆柱形，长 3 mm，粗 1.25 mm。

果：菖蒲的浆果长圆形，红色。

生物学特征：

菖蒲全国各省区均产。生于海拔 2 600 m 以下的水边、沼泽湿地或湖泊浮岛上，也常有栽培。南北两半球的温带、亚热带都有分布。最适宜生长的温度 20～25 ℃，10 ℃ 以下停止生长。冬季以地下茎潜入泥中越冬。喜冷凉湿润气候，阴湿环境，耐寒，忌干旱。

菖蒲——肉穗花序

药用价值：

菖蒲味辛，苦，性温，能开窍化痰，辟秽杀虫。主治痰涎壅闭、神识不清、慢性气管炎；痢疾、肠炎、腹胀腹痛、食欲不振、风寒湿痹，外用敷疮疥。兽医用全草治牛臌胀病、肚胀病、百叶胃病、胀胆病、发疯狂、泻血痢、炭疽病、伤寒等。

园林价值：

菖蒲是园林绿化中，常用的水生植物，其丰富的品种，较高的观赏价值，在园林绿化中，得以充分应用。菖蒲叶丛翠绿，端庄秀丽，具有香气，适宜水景岸边及水体绿化，也可盆栽观赏或作布景用。叶、花序还可以作插花材料。园林丛植于湖、塘岸边，或点缀于庭园水景和临水假山一隅，有良好的观赏价值。

植物文化：

菖蒲先百草于寒冬刚尽时觉醒，因而得名。菖蒲"不假日色，不资寸土""耐苦寒，安淡泊"，生野外则生机盎然，富有而滋润，着厅堂则亭亭玉立，飘逸而俊秀，自古以来就深得人们的喜爱。

先民崇拜该草类，把菖蒲当作神草。《本草·菖蒲》载曰："典术云：尧时天降精于庭为韭，感百阴之气为菖蒲，故曰：尧韭。方士隐为水剑，因叶形也。"人们在崇拜的同时，还赋予菖蒲以人格化，把农历四月十四日定为菖蒲的生日，"四月十四，菖蒲生日，修剪根叶，积海水以滋养之，则青翠易生，尤堪清目。"正由于菖蒲神性，加之具有较高的观赏价值，数千年来，一直是中国观赏植物和盆景植物中重要的一种。

古人莳养菖蒲的方法更为绝妙："以砂栽之，至春剪洗，愈剪愈细，甚者根长二三分，叶长寸许。"菖蒲是代表端午节气的花，端午节有家家户户门上插菖蒲、艾叶之俗，可以辟邪驱痛。利用它直线的叶片，表现出初夏的清凉感觉。

萝 藦

学　　名：*Metaplexis japonica* (Thunb.) Makino

别　　名：芄兰(《诗疏》)，斫合子(《本草纲目拾遗》)，白环藤、羊婆奶、婆婆鍼落线包(河北)，羊角、天浆壳、蔓藤草、奶合藤、土古藤、浆罐头、奶浆藤(华北)，斑风藤(湖南)，老鸹瓢(辽宁)，哈喇瓢、鹤光瓢(东北)，洋飘飘(江苏)，天将果、千层须、飞来鹤、乳浆藤、鹤瓢棵、野薰菜、赖瓜瓢、老人瓢(华东)。

采集地点：乌裕尔河中游草甸草原，北纬47°51′，东经124°52′，土壤主要为草甸沼泽土，其次是潜育草甸土和碳酸盐草甸土，气候为温带湿润大陆性季风气候。年平均降水量为427.4 mm，最少只有284 mm，降水最多的月份一般在7月，最少的月份一般在1月。年平均气温3.1 ℃，最低气温出现在1月，平均气温-19.2 ℃，极端最低气温-39.5 ℃。最高气温出现在7月，平均气温22.8 ℃，平均最高气温27.8 ℃，极端最高气温39.9 ℃。平均无霜期为130 d左右，降雪期为150 d左右。雪量平均20～30 cm，积雪日期为120 d左右，最大可出现50 cm以上积雪。冻土日期最短年份为182 d，最长年份为216 d。冻土深度，最大深度为1.8 m，最小深度为1.2 m，年平均深度为1.5 m。

萝藦——全株

萝藦——根

植物学特征：

萝藦为被子植物门 Angiospermae、双子叶植物纲 Dicotyledoneae、合瓣花亚纲 Sympetalae、捩花目 Contortae、萝藦科 Asclepiadaceae、马利筋亚科 Subfam. Asclepiadoideae、马利筋族 Trib. Asclepiadeae、萝藦属 Metaplexis。萝藦为多年生草质藤本植物，具有以下植物学特征：

根：萝藦的根为直根系，少须毛。

茎：萝藦的茎长达 8 m，具乳汁；茎圆柱状，下部木质化，上部较柔韧，表面淡绿色，有纵条纹，幼时密被短柔毛，老时被毛渐脱落。

叶：萝藦的叶膜质，卵状心形，长 5～12 cm，宽 4～7 cm，顶端短渐尖，基部心形，叶耳圆，长 1～2 cm，两叶耳展开或紧接，叶面绿色，叶背粉绿色，两面无毛，或幼时被微毛，老时被毛脱落；侧脉每边 10～12 条，在叶背略明显；叶柄长，长 3～6 cm，顶端具丛生腺体。

花：萝藦的花为总状式聚伞花序，腋生或腋外生，具长总花梗；总花梗长 6～12 cm，被短柔毛；花梗长 8 mm，被短柔毛，着花通常 13～15 朵；小苞片膜质，披针形，长 3 mm，顶端渐尖；花蕾圆锥状，顶端尖；花萼裂片披针形，长 5～7 mm，宽 2 mm，外面被微毛；花冠白色，有淡紫红色斑纹，近辐状，花冠筒短，花冠裂片披针形，张开，顶端反折，基部向左覆盖，内面被柔毛；副花冠环状，着生于合蕊冠上，短 5 裂，裂片兜状；雄蕊连生成圆锥状，并包围雌蕊在其中，花药顶端具白色膜片；花粉块卵圆形，下垂；子房无毛，柱头延伸成 1 长喙，顶端 2 裂；花期 7～8 月。

果：蓇葖叉生，纺锤形，平滑无毛，长 8～9 cm，直径 2 cm，顶端急尖，基部膨大。

种子：萝藦的种子扁平，卵圆形，长 5 mm，宽 3 mm，有膜质边缘，褐色，顶端具白色绢质种毛；种毛长 1.5 cm，果期 9～12 月。

生物学特征：

分布于我国东北、华北、华东和甘肃、陕西、贵州、河南和湖北等省区。生长于林边荒地、山脚、河边、路旁灌木丛中。日本、朝鲜和俄罗斯也有分布。

萝藦——茎

萝藦——果

萝藦——叶

萝藦——花

药用价值：

萝藦全株可药用：果可治劳伤、虚弱、腰腿疼痛、缺奶、白带、咳嗽等；根可治跌打、蛇咬、疔疮、瘰疬、阳痿；茎叶可治小儿疳积、疔肿；种毛可止血；乳汁可除瘊子。萝藦的名字首次见于《唐本草》，后李时珍收载于《本草纲目》蔓草类，谓：子同叶主治"虚劳，补益精气……；捣子傅金疮，生肤止血，捣叶傅肿毒；取汁傅丹毒赤肿，及蛇虫毒……"。7～8月采集全草，鲜用或晒干；除去杂质，洗净，润透，切段，干燥。取根、全草3～5钱，果壳2～4钱，外用适量，捣烂敷患处。

植物文化：

萝藦的果实黄绿色，果梗处浑圆，果身椭圆，头部尖尖，呈流线型，极似一个拉长了的棉桃，外皮可见疣状斑点，如星散落，形状可爱好玩。用它的果实，可以玩拾子游戏，可以在地头下五子棋。不过，掐它的果实的时候，注意别让它的白汁染在衣服上，不然会很难洗掉。民间有些别称，就是依据它的果实形状而起的。《救荒本草》中称它为"婆婆针线扎儿"；《袖珍方》中称它为"婆婆针线袋儿"；《本草纲目》中称它为"婆婆针线包儿"。或许，古代先民就是依据萝藦的果实形状，来仿制针线包的吧！萝藦果实老熟后，会从中间纵裂开，褐色扁平卵状种子，附着在狭翅上，借助风力，它们的白绒便像蒲公英种子那样飞往四面八方，所到之处静候时机成熟，便会有新的萝藦幼苗萌生。种子飞走后，果壳呈瓢状，所以有些地方称萝藦为哈利瓢、老鸹瓢、墙瓢、雀瓢。

地 梢 瓜

学　　名：*Cynanchum thesioides* (Freyn) K. Schum.
别　　名：瓜蒌、地梢花、女青、羊角、奶瓜。
采集地点：乌裕尔河中游草甸草原，北纬47°51′，东经124°52′，土壤主要为草甸沼泽土，其次是潜育草甸土和碳酸盐草甸土，气候为温带湿润大陆性季风气候。年平均降水量为427.4 mm，最少只有284 mm，降水最多的月份一般在7月，最少的月份一般在1月。年平均气温3.1 ℃，最低气温出现在1月，平均气温–19.2 ℃，极端最低气温–39.5 ℃。最高气温出现在7月，平均气温22.8 ℃，平均最高气温27.8 ℃，极端最高气温39.9 ℃。平均无霜期为130 d左右，降雪期为150 d左右。雪量平均20～30 cm，积雪日期为120 d左右，最大可出现50 cm以上积雪。冻土日期最短年份为182 d，最长年份为216 d。冻土深度，最大深度为1.8 m，最小深度为1.2 m，年平均深度为1.5 m。

植物学特征：

地梢瓜为被子植物门 Angiospermae、双子叶植物纲 Dicotyledoneae、合瓣花亚纲 Sympetalae、捩花目 Contortae、萝藦科 Asclepiadaceae、马利筋亚科 Subfam. Asclepiadoideae、马利筋族 Trib. Asclepiadeae、鹅绒藤属 Cynanchum、地梢瓜组 Sect. Rhodostegiella。地梢瓜为直立半灌木植物，具有以下植物学特征：

根：地梢瓜为直根系，主根粗壮，伸长，少分枝和须根。

茎：地梢瓜的地下茎单轴横生，地上茎多自基部分枝，铺散或倾斜，密被白色短硬毛。

叶：地梢瓜的叶对生或近对生，线形，先端尖，基部楔形，全缘，向背面反卷，两面被短硬毛，中脉在背面明显隆起，近无柄；长3～5 cm，宽2～5 mm。

地梢瓜——全株

地梢瓜——根

地梢瓜——茎

花：地梢瓜的伞形聚伞花序腋生，密被短硬毛；花萼外面被柔毛，5深裂，裂片披针形，先端尖；花冠绿白色，5深裂，裂片椭圆状披针形，先端钝，外面疏被短硬毛；副花冠杯状，5深裂，裂片三角状披针形，渐尖，高过药隔的膜片，柱头扁平；花期5～8月。

果：地梢瓜的蓇葖果单生，狭卵状纺锤形，被短硬毛，先端渐尖，中部膨大，长5～6 cm，直径2 cm，果期8～10月。

种子：种子卵形，扁平，暗褐色，长8 mm；顶端具白色绢质种毛，长2 cm。

地梢瓜——叶　　　　地梢瓜——花　　　　地梢瓜——果

生物学特征：

地梢瓜为旱生植物，在我国北方从典型草原到草原化荒漠的草场植被中均可生长。主要生长在沙质土和沙砾质土壤上，在沙壤土上也可生长。生长于海拔200～2 000 m的山坡、沙丘或干旱山谷、荒地、田边等处。地梢瓜产于我国黑龙江、吉林、辽宁、内蒙古、河北、河南、山东、山西、陕西、宁夏、甘肃、新疆和江苏等省区。分布于朝鲜、蒙古和俄罗斯。

药用价值：

地梢瓜全草及果实可入药。夏秋采，切段晒干生用。性甘，味平。可补肺气，清热降火，生津止渴，消炎止痛等。益气，通乳，用于体虚乳汁不下。外用治瘊子。夏、秋采全草及果实，加工、洗净、晒干。

饲用价值：

地梢瓜茎较纤细而且木质化程度很低，质地柔软，有利牲畜采食。地梢瓜青鲜时为骆驼、山羊和绵羊所喜食，这几种动物尤喜食其幼嫩的蓇葖果，干枯后，叶脱落，适口性稍差。

食用价值：

地梢瓜幼果可食，种毛可作填充料。

其他：

全株含橡胶1.5%，树脂3.6%，可作工业原料。

紫花合掌消

学　　名：*Cynanchum amplexicaule* (Sieb.et Zucc.) Hemsl. var. *castaneu* Makino

别　　名：合掌消(《植物名实图考》),合掌草、合掌硝、硬皮草(湖南)、甜胆草、土胆草(湖南、江西)。

采集地点：乌裕尔河中游草甸草原,北纬47°51′,东经124°52′,土壤主要为草甸沼泽土,其次是潜育草甸土和碳酸盐草甸土,气候为温带湿润大陆性季风气候。年平均降水量为427.4 mm,最少只有284 mm,降水最多的月份一般在7月,最少的月份一般在1月。年平均气温3.1 ℃,最低气温出现在1月,平均气温-19.2 ℃,极端最低气温-39.5 ℃。最高气温出现在7月,平均气温22.8 ℃,平均最高气温27.8 ℃,极端最高气温39.9 ℃。平均无霜期为130 d左右,降雪期为150 d左右。雪量平均20~30 cm,积雪日期为120 d左右,最大可出现50 cm以上积雪。冻土日期最短年份为182 d,最长年份为216 d。冻土深度,最大深度为1.8 m,最小深度为1.2 m,年平均深度为1.5 m。

植物学特征：

紫花合掌消为被子植物门 Angiospermae、双子叶植物纲 Dicotyledoneae、合瓣花亚纲 Sympetalae、捩花目 Contortae、萝藦科 Asclepiadaceae、马利筋亚科 Subfam. Asclepiadoideae、马利筋族 Trib. Asclepiadeae、鹅绒藤属 Cynanchum、催吐白前组 Sect. Vincetoxicum、合掌消 Cynanchum amplexicaule。紫花合掌消为直立多年生草本植物,具有以下植物学特征：

根：紫花合掌消的根肉质,须根多数。

茎：紫花合掌消的株高50~100 cm,全株流白色乳液。根状茎短,茎直立,分枝,

紫花合掌消——全株

紫花合掌消——根

紫花合掌消——茎

紫花合掌消——叶

紫花合掌消——花

紫花合掌消——果

无毛。

叶：紫花合掌消的叶薄纸质，无柄，对生，倒卵状椭圆形，先端急尖，基部下延近抱茎，上部叶小，下部叶大，小者长1.5～2.5 cm，宽7～10 mm，大者长4～6 cm，宽2～4 cm，全缘，背面叶脉明细，边缘稍向下反卷，两面无毛。

花：紫花合掌消的多歧聚伞花序顶生或腋生；花萼5裂，花冠暗紫或紫色，辐状5裂；副花冠5裂，扁平，有肉质小片；花粉块每室1个，下垂；花期5～9月。

果：紫花合掌消的蓇葖果单生，圆柱状狭披针形。种子端有白绢质种毛，果期7月以后。

生物学特征：

紫花合掌消产于我国黑龙江、辽宁、吉林、内蒙古、河北、河南、山东、陕西、江苏、江西、湖北、湖南和广西等省区。朝鲜和日本也有分布。生长于海拔100～1 000 m的山坡草地或田边、湿草地及沙滩草丛中。

药用价值：

紫花合掌消的全草供药用，可消肿退毒，祛风行气。水煎服治跌打损伤，四肢风湿；口嚼服治蛇头疮；煮鸡蛋服治鹅掌风。根味甜而不苦，故有"甜胆草"之称。

角 蒿

学　　名：*Incarvillea sinensis* Lam.

别　　名：莪蒿、萝蒿、蒿(《救荒本草》)，冰耙草(四川大金)，大一枝蒿(陕西)，羊角蒿(辽宁)，羊角透骨草(山东)，羊角草(河北)。

采集地点：乌裕尔河中游草甸草原，北纬47°51′，东经124°52′，土壤主要为草甸沼泽土，其次是潜育草甸土和碳酸盐草甸土，气候为温带湿润大陆性季风气候。年平均降水量为427.4 mm，最少只有284 mm，降水最多的月份一般在7月，最少的月份一般在1月。年平均气温3.1 ℃，最低气温出现在1月，平均气温-19.2 ℃，极端最低气温-39.5 ℃。最高气温出现在7月，平均气温22.8 ℃，平均最高气温27.8 ℃，极端最高气温39.9 ℃。平均无霜期为130 d左右，降雪期为150 d左右。雪量平均20～30 cm，积雪日期为120 d左右，最大可出现50 cm以上积雪。冻土日期最短年份为182 d，最长年份为216 d。冻土深度，最大深度为1.8 m，最小深度为1.2 m，年平均深度为1.5 m。

植物学特征：

角蒿为被子植物门 Angiospermae、双子叶植物纲 Dicotyledoneae、合瓣花亚纲 Sympetalae、管状花目 Tubiflorae、紫葳科 Bignoniaceae、硬骨凌霄族 Trib. Tecomeae、角蒿属 Incarvillea、角蒿亚属 Subgen. Incarvillea。角蒿为一年生至多年生草本植物，具有以下植物学特征：

根：角蒿的根为直根系，根近木质而分枝，须根多。

茎：角蒿的茎具分枝，高达35～100 cm。

叶：角蒿的叶互生，不聚生于茎的基部，2～3回羽状细裂，形态多变异，长4～6 cm，小叶不规则细裂，末回裂片线状披针形，具细齿或全缘。

角蒿——全株

角蒿——根

角蒿——茎

角蒿——叶

花：角蒿的花为顶生总状花序，疏散，长达 20 cm；花梗长 1～5 mm；小苞片绿色，线形，长 3～5 mm；花萼钟状，绿色带紫红色，长和宽均约 5 mm，萼齿钻状，萼齿间皱褶 2 浅裂；花冠淡玫瑰色或粉红色，有时带紫色，钟状漏斗形，基部收缩成细筒，长约 4 cm，直径粗 2.5 cm，花冠裂片圆形；雄蕊 4，2 强，着生于花冠筒近基部，花药成对靠合；花柱淡黄色；花期 5～9 月。

果：角蒿的蒴果为淡绿色，细圆柱形，顶端尾状渐尖，长 3.5～5.5(～10)cm，粗约 5 mm，果期 10～11 月。

种子：种子扁圆形，细小，直径约 2 mm，四周具透明的膜质翅，顶端具缺刻。

角蒿——果

角蒿——花蕾   角蒿——花

生物学特征：

角蒿主产于我国东北、河北、河南、山东、山西、陕西、宁夏、青海、内蒙古、甘肃西部、四川北部、云南西北部、西藏东南部。生于山坡、田野，海拔500～2 500(～3 850)m。角蒿喜湿润、耐寒、怕涝，抗病能力强。对土壤要求不严，黏土、沙质壤土均可栽培。也可利用沟旁、荒地、河畔、四边地种植。

饲用价值：

角蒿嫩叶期畜禽均可食用。

药用价值：

角蒿全草可入药，属药食兼用植物。角蒿富含生物碱，味辛；苦；性寒，小毒，可祛风湿；解毒；杀虫。对风湿痹痛；跌打损伤；口疮；齿龈溃烂；耳疮；湿疹；疥癣；阴道滴虫病有疗效。

园林价值：

角蒿通过种子繁殖可以作为观赏花卉，但必须加强管理。同时使用多效唑和矮壮素可增加花量，提高观赏价值。

其他：

角蒿是构成野生花卉多样化的重要组成部分。同时也是研究和培育花卉新品种的重要种质资源。

鹤 虱

学　　名：*Lappula myosotis* Moench
别　　名：鹄虱、鬼虱、北鹤虱。
采集地点：乌裕尔河中游草甸草原,北纬47°51′,东经124°52′,土壤主要为草甸沼泽土,其次是潜育草甸土和碳酸盐草甸土,气候为温带湿润大陆性季风气候。年平均降水量为427.4 mm,最少只有284 mm,降水最多的月份一般在7月,最少的月份一般在1月。年平均气温3.1 ℃,最低气温出现在1月,平均气温-19.2 ℃,极端最低气温-39.5 ℃。最高气温出现在7月,平均气温22.8 ℃,平均最高气温27.8 ℃,极端最高气温39.9 ℃。平均无霜期为130 d左右,降雪期为150 d左右。雪量平均20～30 cm,积雪日期为120 d左右,最大可出现50 cm以上积雪。冻土日期最短年份为182 d,最长年份为216 d。冻土深度,最大深度为1.8 m,最小深度为1.2 m,年平均深度为1.5 m。

植物学特征：

鹤虱为被子植物门 Angiospermae、双子叶植物纲 Dicotyledoneae、合瓣花亚纲 Sympetalae、管状花目 Tubiflorae、紫草科 Boraginaceae、紫草亚科 Subfam. Boraginoideae、齿缘草族 Trib. Eritrichieae、鹤虱属 Lappula、鹤虱组 Sect. Lappula、鹤虱亚组 Subsect. Lappula。鹤虱为一年生或两年生草本植物,具有以下植物学特征：

根：鹤虱的根为直根系,主根圆锥形,有根毛。

茎：鹤虱的茎直立,高30～60 cm,中部以上多分枝,密被白色短糙毛。

叶：鹤虱的基生叶长圆状匙形,全缘,先端钝,基部渐狭成长柄,长达7 cm(包括叶柄),宽3～9 mm,两面密被有白色基盘的长糙毛；茎生叶较短而狭,披针形或线形,扁平或沿中肋纵折,先端尖,基部渐狭,无叶柄。

花：鹤虱的花序在花期短,果期伸长,长10～17 cm；苞片线形,较果实稍长；花梗果期伸长,长约3 mm,直立而被毛；花萼5深裂,几达基部,裂片线形,急尖,有毛,花期长2～3 mm,果期增大呈狭披针形,长约5 mm,星状开展或反折；花冠淡蓝色,漏斗状至钟状,长约4 mm,檐部直径3～4 mm,裂片长圆状卵形,喉部附属物梯形。

果：鹤虱的小坚果卵状,长3～4 mm,背面狭卵形或长圆状披针形,通常有颗粒状疣突,稀平滑或沿中线龙骨状突起上有小棘突,边缘有2行近等长的锚状刺,内行刺长1.5～2 mm,基部不连合,外行刺较内行刺稍短或近等长,通常直立,小坚果腹面通常具棘状突起或有小疣状突起；花柱伸出小坚果但不超过小坚果上方之刺,花果期6～9月。

鹤虱——全株

鹤虱——花　　　　鹤虱——叶

鹤虱——根　　　　鹤虱——果

生物学特征：

鹤虱产自我国华北、西北、内蒙古西部等省区。生于草地、山坡草地等处。欧洲中部和东部、北美洲、阿富汗、巴基斯坦、俄罗斯也有分布。

药用价值：

鹤虱在东北、宁夏及新疆以本种植物的果实入药，有消炎杀虫之功效。

大果琉璃草

学　　名：*Cynoglossum divaricatum* Stephan ex Lehmann
别　　名：展枝倒提壶、大赖毛子。
采集地点：乌裕尔河中游草甸草原，北纬47°51′，东经124°52′，土壤主要为草甸沼泽土，其次是潜育草甸土和碳酸盐草甸土，气候为温带湿润大陆性季风气候。年平均降水量为427.4 mm，最少只有284 mm，降水最多的月份一般在7月，最少的月份一般在1月。年平均气温3.1 ℃，最低气温出现在1月，平均气温-19.2 ℃，极端最低气温-39.5 ℃。最高气温出现在7月，平均气温22.8 ℃，平均最高气温27.8 ℃，极端最高气温39.9 ℃。平均无霜期为130 d左右，降雪期为150 d左右。雪量平均20～30 cm，积雪日期为120 d左右，最大可出现50 cm以上积雪。冻土日期最短年份为182 d，最长年份为216 d。冻土深度，最大深度为1.8 m，最小深度为1.2 m，年平均深度为1.5 m。

植物学特征：

大果琉璃草为被子植物门 Angiospermae、双子叶植物纲 Dicotyledoneae、合瓣花亚纲 Sympetalae、管状花目 Tubiflorae、紫草科 Boraginaceae、紫草亚科 Subfam. Boraginoideae、琉璃草族 Trib. Cynoglosseae、琉璃草属 Cynoglossum。大果琉璃草为多年生草本植物，具有以下植物学特征：

根：根为直根系，主根明显，红褐色，发育强盛，主根上生出少许侧根。

茎：株高25～100 cm，茎直立，中空，具肋棱，由上部分枝，分枝开展，被向下贴伏的柔毛。

叶：基生叶和茎下部叶长圆状披针形或披针形，长7～15 cm，宽2～4 cm，先端钝或渐尖，基部渐狭成柄，灰绿色，上下面均密生贴伏的短柔毛；茎中部及上部叶无柄，狭披针形，被灰色短柔毛。

花：花序顶生及腋生，长约10 cm，花稀疏，集为疏松的圆锥状花序；苞片狭披针形或线形；花梗细弱，长3～10 mm，花后伸长，果期长2～4 cm，下弯，密被贴伏柔毛；花萼长2～3 mm，外面密生短柔毛，裂片卵形或卵状披针形，果期几乎不增大，向下反折；花冠蓝紫色，长约3 mm，檐部直径3～5 mm，深裂至下1/3，裂片卵圆形，先端微凹，喉部有5个梯形附属物，附属物长约0.5 mm；花药卵球形，长约0.6 mm，着生花冠筒中部以上；花柱肥厚，扁平；花期

大果琉璃草——全株

6～7月。

果：小坚果卵形，长4.5～6 mm，宽约5 mm，密生锚状刺，背面平，腹面中部以上有卵圆形的着生面，果实8月成熟。

大果琉璃草——根

大果琉璃草——花

大果琉璃草——茎

大果琉璃草——果

生物学特征：

主产于我国新疆、甘肃、陕西以及华北和东北。蒙古及俄罗斯西伯利亚也有分布。多生海拔525～2 500 m干山坡、草地、沙丘、石滩及路边。

药用价值：

根入药，味淡，性寒，用于清热解毒，主治扁桃体炎及疮疖痈肿。

植物文化：

大果琉璃草的别名展枝倒提壶，不仅仅是说它的花长得像壶，而且还因为它通宣利肺，有中医治疗法则中"提壶（中医术语，指肺气得宣）"的作用，因而得名。

附 地 菜

学　　名：*Trigonotis peduncularis* (Trev.) Benth. ex Baker et Moore

别　　名：地胡椒（贵州）。

采集地点：乌裕尔河中游草甸草原，北纬47°51′，东经124°52′，土壤主要为草甸沼泽土，其次是潜育草甸土和碳酸盐草甸土，气候为温带湿润大陆性季风气候。年平均降水量为427.4 mm，最少只有284 mm，降水最多的月份一般在7月，最少的月份一般在1月。年平均气温3.1 ℃，最低气温出现在1月，平均气温-19.2 ℃，极端最低气温-39.5 ℃。最高气温出现在7月，平均气温22.8 ℃，平均最高气温27.8 ℃，极端最高气温39.9 ℃。平均无霜期为130 d左右，降雪期为150 d左右。雪量平均20～30 cm，积雪日期为120 d左右，最大可出现50 cm以上积雪。冻土日期最短年份为182 d，最长年份为216 d。冻土深度，最大深度为1.8 m，最小深度为1.2 m，年平均深度为1.5 m。

植物学特征：

附地菜为被子植物门 Angiospermae、双子叶植物纲 Dicotyledoneae、合瓣花亚纲 Sympetalae、管状花目 Tubiflorae、紫草科 Boraginaceae、紫草亚科 Subfam. Boraginoideae、附地菜族 Trib. Trigonotideae、附地菜属 Trigonotis、附地菜组 Sect. Trigonotis 的一年生或两年生草本植物，具有以下植物学特征：

根：主根不明显，侧根长而多，呈黄褐色。

茎：茎通常多条丛生，稀单一，密集，铺散，高5～30 cm，基部多分枝，被短糙伏毛。

叶：基生叶呈莲座状，有叶柄，叶片匙形，长2～5 cm，先端圆钝，基部楔形或渐狭，两面被糙伏毛，茎上部叶长圆形或椭圆形，无叶柄或具短柄。

附地菜——全株

附地菜——根

花：花序生茎顶，幼时卷曲，后渐次伸长，长5～20 cm，通常占全茎的1/2～4/5，只在基部具2～3个叶状苞片，其余部分无苞片；花梗短，花后伸长，长3～5 mm，顶端与花萼连接部分变粗呈棒状；花萼裂片卵形，长1～3 mm，先端急尖；花冠淡蓝色或粉色，筒部甚短，檐部直径1.5～2.5 mm，裂片平展，倒卵形，先端圆钝，喉部附属5，白色或带黄色；花药卵形，长0.3 mm，先端具短尖；早春开花，花期甚长。

果：小坚果4，斜三棱锥状四面体形，长0.8～1 mm，有短毛或平滑无毛，背面三角状卵形，具3锐棱，腹面的2个侧面近等大而基底面略小，凸起，具短柄，柄长约1 mm，向一侧弯曲。

附地菜——茎、叶　　　　　　附地菜——花

生物学特征：
产于我国西藏、云南、广西北部、江西、福建至新疆、甘肃、内蒙古、东北等省区。生于平原、丘陵草地、林缘、田间及荒地。欧洲东部、亚洲温带的其他地区也有分布。

药用价值：
全草入药，能温中健胃，消肿止痛，止血。嫩叶可供食用。

观赏价值：
花美观可用以点缀花园。

花 蔺

学　　名：*Butomus umbellatus* L.

采集地点：乌裕尔河中游草甸草原，北纬47°51′，东经124°52′，土壤主要为草甸沼泽土，其次是潜育草甸土和碳酸盐草甸土，气候为温带湿润大陆性季风气候。年平均降水量为427.4 mm，最少只有284 mm，降水最多的月份一般在7月，最少的月份一般在1月。年平均气温3.1 ℃，最低气温出现在1月，平均气温-19.2 ℃，极端最低气温-39.5 ℃。最高气温出现在7月，平均气温22.8 ℃，平均最高气温27.8 ℃，极端最高气温39.9 ℃。平均无霜期为130 d左右，降雪期为150 d左右。雪量平均20～30 cm，积雪日期为120 d左右，最大可出现50 cm以上积雪。冻土日期最短年份为182 d，最长年份为216 d。冻土深度，最大深度为1.8 m，最小深度为1.2 m，年平均深度为1.5 m。

花蔺——全株　　　　花蔺——根

植物学特征：

花蔺为被子植物门Angiospermae、单子叶植物纲Monocotyledoneae、沼生目Helobiae、花蔺亚目Butomineae、花蔺科Butomaceae、花蔺属Butomus的多年生水生草本植物，具有以下植物学特征：

根茎：根状茎横走或斜向生长，节生须根多数，块茎型，根茎和须根均呈白色。

叶：叶基生，长30～120 cm，宽3～10 mm，无柄，先端渐尖，基部扩大成鞘状，鞘缘膜质。

花：花葶圆柱形，长约70 cm；花序基部3枚苞片卵形，先端渐尖；花柄长4～10 cm；花被片外轮较小，萼片状，绿色而稍带红色，内轮较大，花瓣状，粉红色；雄蕊花丝扁平，基部较宽；雌蕊柱头纵折状向外弯曲。

果：蓇葖果成熟时沿腹缝线开裂，顶端具长喙。种子多数，细小，花果期7～9月。

生物学特征：

花蔺生于常年积水的池沼、浅滩、池塘、河边浅水沙地中，水稻田中也很常见，呈小片群落生长。喜温暖、湿润，在通风良好的环境中生长最佳。它是欧亚大陆北温带的广布种，在我国东北、华东及华北等长江以北地区广为分布，但现存种群数量不多；

花蔺——茎、叶

花蔺——花

在北美作为观赏植物被引种。

食用价值：

花蔺茎肥厚洁白，在俄罗斯人们将花蔺部分块茎去皮和去根后烹煮食用。其根茎含淀粉37%～40%，可烘干磨成粉末，制成淀粉，在制作面包时添加到面粉中；它也可以作为增稠剂用来煮汤。

观赏价值：

花蔺常用于布置园林水景，还可盆栽供观赏。

经济价值：

花蔺叶可作编织及纺织、造纸原料；花蔺可供酿酒，酿造60°酒的出酒率达24%～26%；花蔺也可供鸟类及其他动物取食，尤其在冬季和早春，地表可供鸟类取食的植物不多时，富含淀粉的花蔺地下茎是越冬鸟类重要的食物之一。

桔　梗

学　　名：*Platycodon grandiflorus* (Jacq.) A. DC.
别　　名：铃当花、包袱花、僧帽花。
采集地点：乌裕尔河中游草甸草原,北纬47°51′,东经124°52′,土壤主要为草甸沼泽土,其次是潜育草甸土和碳酸盐草甸土,气候为温带湿润大陆性季风气候。年平均降水量为427.4 mm,最少只有284 mm,降水最多的月份一般在7月,最少的月份一般在1月。年平均气温3.1 ℃,最低气温出现在1月,平均气温-19.2 ℃,极端最低气温-39.5 ℃。最高气温出现在7月,平均气温22.8 ℃,平均最高气温27.8 ℃,极端最高气温39.9 ℃。平均无霜期为130 d左右,降雪期为150 d左右。雪量平均20~30 cm,积雪日期为120 d左右,最大可出现50 cm以上积雪。冻土日期最短年份为182 d,最长年份为216 d。冻土深度,最大深度为1.8 m,最小深度为1.2 m,年平均深度为1.5 m。

植物学特征：

桔梗为被子植物门Angiospermae、双子叶植物纲Dicotyledoneae、合瓣花亚纲Sympetalae、桔梗目Campanulales、桔梗科Campanulaceae、桔梗亚科Campanuloideae、桔梗族WAHLENBERGIEAE,桔梗属Platycodon的多年生草本植物,具有以下植物学特征：

根：根粗大肉质,圆锥形或有分枝,外皮黄褐色。

茎：茎高20~120 cm,通常无毛,偶密被短毛,不分枝,极少上部分枝。

叶：叶全部轮生,部分轮生至全部互生,无柄或有极短的柄,叶片卵形,卵状椭圆形至披针形,长2~7 cm,宽0.5~3.5 cm,基部宽楔形至圆钝,顶端急尖,上面无毛而绿色,

桔梗——全株

桔梗——根

桔梗——茎

桔梗——叶

桔梗——花蕾

桔梗——花

下面常无毛而有白粉,有时脉上有短毛或瘤突状毛,边缘具细锯齿。

花:花单朵顶生,或数朵集成假总状花序,或有花序分枝而集成圆锥花序;花萼筒部半圆球状或圆球状倒锥形,被白粉,裂片三角形,或狭三角形,有时齿状;花冠大,长 1.5～4.0 cm,蓝色或紫色;花期 7～9 月。

果:蒴果球状,或球状倒圆锥形,或倒卵状,长 1～2.5 cm,直径约 1 cm,果期 10 月。

生物学特征:

桔梗主产于我国东北、华北、华东、华中各省以及广东、广西(北部)、贵州、云南东南部(蒙自、砚山、文山)、四川(平武、凉山以东)、陕西。朝鲜、日本、俄罗斯的远东和东西伯利亚地区的南部也有分布。生于海拔 2 000 m 以下的阳处草丛、灌丛中,少生于林下。

食用价值:

桔梗为药食两用品种,市场常见桔梗食用形式为腌制和非腌制两种,代表产品桔梗泡菜是典型的腌制产品。

药用价值:

桔梗的根可入药,含桔梗皂甙,有止咳、祛痰、利咽、排脓、消炎、宣肺等功效。用于咳嗽痰多,胸闷不畅,咽痛,音哑,肺痈吐脓等。

桔梗花语:

桔梗花开代表幸福再度降临和永恒不变的爱。

狭叶沙参

学　　名：*Adenophora gmelinii* (Spreng.) Fisch.
别　　名：柳叶沙参、厚叶沙参。
采集地点：乌裕尔河中游草甸草原，北纬47°51′，东经124°52′，土壤主要为草甸沼泽土，其次是潜育草甸土和碳酸盐草甸土，气候为温带湿润大陆性季风气候。年平均降水量为427.4 mm，最少只有284 mm，降水最多的月份一般在7月，最少的月份一般在1月。年平均气温3.1 ℃，最低气温出现在1月，平均气温-19.2 ℃，极端最低气温-39.5 ℃。最高气温出现在7月，平均气温22.8 ℃，平均最高气温27.8 ℃，极端最高气温39.9 ℃。平均无霜期为130 d左右，降雪期为150 d左右。雪量平均20～30 cm，积雪日期为120 d左右，最大可出现50 cm以上积雪。冻土日期最短年份为182 d，最长年份为216 d。冻土深度，最大深度为1.8 m，最小深度为1.2 m，年平均深度为1.5 m。

植物学特征：

狭叶沙参属于被子植物门Angiospermae、双子叶植物纲Dicotyledoneae、合瓣花亚纲Sympetalae、桔梗目Campanulales、桔梗科Campanulaceae、桔梗亚科Campanuloideae、风铃草族CAMPANULEAE、沙参属Adenophora、沙参组Sect. Microdiscus、沙参亚组Subsect. Gmelinianae。狭叶沙参属多年生草本植物，具有以下植物学特征：

根：根胡萝卜状，细长，长达40 cm，皮灰黑色。

狭叶沙参——全株

狭叶沙参——根

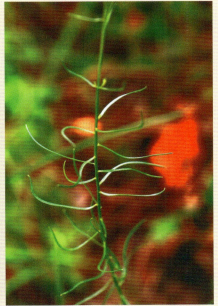
狭叶沙参——茎、叶

狭叶沙参——花

狭叶沙参——花

茎：茎高可达 0.8 m。茎单生或数支发自一条茎基上，不分枝，通常无毛，有时有短硬毛，高达 80 cm。

叶：基生叶多变，浅心形，三角形或菱状卵形，具粗圆齿；茎生叶多数为条形，少为披针形，无柄，全缘或具疏齿，无毛，长 4～9 cm，宽 1～13 mm。

花：聚伞花序全为单花而组成假总状花序，或下部有几朵花，短而几乎垂直向上，因而组成很狭窄的圆锥花序，有时甚至单花顶生于主茎上。花萼完全无毛，仅少数有瘤状突起，筒部倒卵状矩圆形，裂片条状披针形，长 4～10 mm，宽 1.5～2 mm；花冠宽钟状，蓝色或淡紫色，长 16～28 mm，裂片长，多为卵状三角形，长 6～8 mm，少近于正三角形，长仅 4 mm；花盘筒状，长 1.3～3.5 mm，被疏毛或无毛；花柱稍短于花冠，极少近等长的；花期 7～9 月。

果：蒴果椭圆状，长 8～13 mm，直径 4～7 mm；果期 8～10 月。

种子：种子椭圆状，黄棕色，有一条翅状棱，长 1.8 mm。

生物学特征：

产自我国黑龙江、吉林（扶余、乾安以西）、辽宁（彰武）、内蒙古（东部和南部）、山西（大同、宁武、平鲁、山阴、介休、霍县、昔阳）、河北（内邱）。蒙古东部及俄罗斯东西伯利亚南部和远东地区也有。生于海拔2 600 m以下的山坡草地或灌丛下。喜温暖或凉爽气候,耐寒,虽耐干旱,但在生长期中也需要适量水分,幼苗时期,干旱往往引起死苗。以土层深厚肥沃、富含腐殖质、排水良好的沙质壤土栽培为宜。该种内有较明显的地理分化,生长于黑龙江、吉林的植株叶多为条形,较少宽的,全缘或疏具齿,花序常为狭圆锥状,多花,花盘长1.3～2.5(3) mm,而产于山西的植株则叶片宽者比例较高,常仅单花顶生或数朵花集成假总状,花冠普遍大,长22～28 mm,花盘长(1.5)2.5～3.5 mm。该种存在无融合结籽的生殖方式,花尚在花蕾期,花药空瘪,而子房已大成卵状球形,胚珠已经长大,而且有趣的是,该种花完全没有花盘,花萼裂片也短而宽得多。但这种现象不很普遍。该种叶形、花序形态类型和花盘长短变化均较大,但是,该种有比较明显的特征,如花冠漏斗状钟形,较大;花萼裂片较大,无毛、全缘、直立不反折;花柱稍短于花冠等,可作为识别该种的主要依据。

药用价值:

狭叶沙参的药用部位为该种的根,有清热养阴,润肺止咳之功效。主治气管炎,百日咳,肺热咳嗽,咯痰黄稠。

采收和储藏:播种后2～3年采收,秋季挖取根部,除去茎叶及须根,洗净泥土,新鲜时用竹片刮去外皮,切片,晒干。

蜜沙参:取炼蜜用适量开水稀释后,加入沙参片拌匀,闷透,置锅内,用文火加热,炒至黄橙色,不粘手为度。取出放凉。每100 kg沙参片用炼蜜25 kg。

饮片性状:沙参为圆形或类圆形厚片,表面黄白色或类白色,有多数不规则裂隙,呈花纹状。周边淡棕黄色,皱缩。质轻,无臭,味微甘,性微苦、寒。

归经:归肺、胃经。

用法用量:内服,煎汤10～15 g,鲜品15～30 g。

石 竹

学　　名：*Dianthus chinensis* L.

别　　名：长萼石竹、丝叶石竹、蒙古石竹、北石竹、山竹子、大菊、瞿麦、蘧麦、三脉石竹、林生石竹、长苞石竹、辽东石竹、高山石竹、钻叶石竹、兴安石竹。

采集地点：乌裕尔河中游草甸草原，北纬47°51′，东经124°52′，土壤主要为草甸沼泽土，其次是潜育草甸土和碳酸盐草甸土，气候为温带湿润大陆性季风气候。年平均降水量为427.4 mm，最少只有284 mm，降水最多的月份一般在7月，最少的月份一般在1月。年平均气温3.1 ℃，最低气温出现在1月，平均气温-19.2 ℃，极端最低气温-39.5 ℃。最高气温出现在7月，平均气温22.8 ℃，平均最高气温27.8 ℃，极端最高气温39.9 ℃。平均无霜期为130 d左右，降雪期为150 d左右。雪量平均20～30 cm，积雪日期为120 d左右，最大可出现50 cm以上积雪。冻土日期最短年份为182 d，最长年份为216 d。冻土深度，最大深度为1.8 m，最小深度为1.2 m，年平均深度为1.5 m。

植物学特征：

石竹为被子植物门 Angiospermae、双子叶植物纲 Dicotyledoneae、原始花被亚纲 Archichlamydeae、中央种子目 Centrospermae、石竹科 Caryophyllaceae、石竹亚科 Subfam. Silenoideae、石竹族 Trib. Diantheae、石竹属 Dianthus、齿瓣组 Sect. Barbulatum。石竹为多年生草本植物，具有以下植物学特征：

石竹——全株　　　　　　　　石竹——根

石竹——茎　　　石竹——叶　　　　　　石竹——花

根： 直根系，长圆锥形，有少量侧根，呈红褐色。

茎： 株高30～50 cm，茎直立簇生，全株无毛，带粉绿色，因其茎具节，膨大似竹，故名。茎由根茎生出，疏丛生，直立，有节，上部多分枝。

叶： 叶片对生，线状披针形，长3～5 cm，宽2～4 mm，顶端渐尖，基部稍狭，全缘或有细小齿，中脉较显。

花： 花单生枝端或数花集成聚伞花序；花梗长1～3 cm；苞片4，卵形，顶端长渐尖，长达花萼1/2以上，边缘膜质，有缘毛；花萼圆筒形，长15～25 mm，直径4～5 mm，有纵条纹，萼齿披针形，长约5 mm，直伸，顶端尖，有缘毛；花瓣长15～18 mm，单瓣5枚或重瓣，瓣片倒卵状三角形，长13～15 mm，紫红色、粉红色、鲜红色或白色；顶缘不整齐齿裂，喉部有斑纹，疏生髯毛；雄蕊露出喉部外，花药蓝色；子房长圆形，花柱线形；花期5～6月。

果： 蒴果圆筒形，包于宿存萼内，果期7～9月。

种子： 种子黑色，扁圆形。

生物学特征：

石竹原产我国北方，现在南北普遍生长。俄罗斯西伯利亚和朝鲜也有。多生于草原和山坡草地，目前已作为观赏植物由人工在世界各地引种栽培，已培育出大量栽培种。石竹耐寒、耐干旱，耐碱性土较好，不耐酷暑，夏季多生长不良或枯萎，栽培时应注意遮阴降温。喜阳光充足、干燥、通风及凉爽湿润气候。要求肥沃、疏松、排水良好及含石灰质的壤土或沙质壤土，忌水涝，好肥。

药用价值：

石竹可以全草或根入药。全草含皂甙、挥发油，油中主要为丁香酚(eugenol)、苯乙醇、苯甲酸苄酯、水杨酸苄酯、水杨酸甲酯。具清热利尿、破血通经之功效。主治尿路感染、热淋、尿血、妇女经闭、疮毒、湿疹。《本草备要》说："降心火，利小肠，逐膀胱邪热，为治淋要药。"

园林价值：

石竹株型低矮，茎秆似竹，叶丛青翠，自然花期5~9月，从暮春季节可开至仲秋，温室盆栽可以花开四季，观赏期较长。园林中可用于花坛、花境、花台或盆栽，也可用于岩石园和草坪边缘点缀。切花观赏亦佳。

植物文化：

石竹的花语为纯洁的爱、才能、大胆、女性美。在全世界人们的心中，石竹花是母亲节的象征。有些国家还规定"母亲节"这一天，母亲还健在的人要佩戴红石竹花，母亲已去世的人要佩戴白石竹花。

我国古代也经常将石竹写入诗词。唐代司空曙在《云阳寺石竹花》写道："一自幽山别，相逢此寺中。高低俱出叶，深浅不分丛。野蝶难争白，庭榴暗让红。谁怜芳最久，春露到秋风。"作者以悠闲的心情描绘出石竹的形态，以蝶、榴显示出对石竹的重视。宋代王安石爱慕石竹之美，又怜惜它不被人们所赏识，写下《石竹花二首》，之一为"春归幽谷始成丛，地面芬敷浅浅红。车马不临谁见赏，可怜亦解度春风。"明《花史》载石竹花须每年起根分种则茂。清《花镜》也提到枝叶如苕，纤细而青翠。

繸瓣繁缕

学　　名：*Stellaria radians* L.
别　　名：垂梗繁缕。
采集地点：乌裕尔河中游草甸草原,北纬47°51′,东经124°52′,土壤主要为草甸沼泽土,其次是潜育草甸土和碳酸盐草甸土,气候为温带湿润大陆性季风气候。年平均降水量为427.4 mm,最少只有284 mm,降水最多的月份一般在7月,最少的月份一般在1月。年平均气温3.1 ℃,最低气温出现在1月,平均气温-19.2 ℃,极端最低气温-39.5 ℃。最高气温出现在7月,平均气温22.8 ℃,平均最高气温27.8 ℃,极端最高气温39.9 ℃。平均无霜期为130 d左右,降雪期为150 d左右。雪量平均20～30 cm,积雪日期为120 d左右,最大可出现50 cm以上积雪。冻土日期最短年份为182 d,最长年份为216 d。冻土深度,最大深度为1.8 m,最小深度为1.2 m,年平均深度为1.5 m。

植物学特征：

繸瓣繁缕为被子植物门 Angiospermae、双子叶植物纲 Dicotyledoneae、原始花被亚纲 Archichlamydeae、中央种子目 Centrospermae、石竹科 Caryophyllaceae、繁缕亚科 Subfam. Alsinoideae、繁缕族 Trib. Alsineae、繁缕亚族 Subtrib. Stellariinae、繁缕属 Stellaria、繸瓣组 Sect. Fimbripetalum Turcz.的多年生草本植物,具有以下植物学特征:

根茎：直根,根茎细,匍匐,呈白色。

繸瓣繁缕——全株

繸瓣繁缕——根

繸瓣繁缕——叶

缝瓣繁缕——茎

缝瓣繁缕——花

茎：株高40～60 cm，伏生绢毛，上部毛较密。茎直立或上升，四棱形，上部分枝，密被绢柔毛。

叶：叶片长圆状披针形至卵状披针形，长3～12 cm，宽1.5～2.5 cm，顶端渐尖，基部急狭成极短柄，两面均伏生绢毛，下面中脉凸起。

花：二歧聚伞花序顶生，大型；苞片草质，披针形，被密柔毛；花梗长1～3 cm，密被柔毛，花后下垂；萼片长圆状卵形或长卵形，长6～8 mm，宽2～2.5 mm，外面密被绢柔毛；花瓣5，白色，轮廓宽倒卵状楔形，长8～10 mm，5～7裂深达花瓣中部或更深，裂片近线形；雄蕊10，短于花瓣；子房宽椭圆状卵形；花柱3，线形，花期6～8月。

果：蒴果卵形，微长于宿存萼，6齿裂，含2～5种子，果期7～9月。

种子：种子肾形，长约2 mm，稍扁，黑褐色，表面蜂窝状。

生物学特征：

产于我国黑龙江、吉林、辽宁、内蒙古、河北。生于海拔340～500 m的丘陵灌丛或林缘草地。朝鲜(北部)、日本、俄罗斯(东西伯利亚、远东地区)、蒙古也有。生于湿草地、沼泽地旁踏头上、河边、林缘、沟旁、林下湿草地、山坡、沙丘下灌丛间湿地及水田旁杂草地。目前尚未由人工引种栽培。

药用价值：

全草在民间药用，祛风解毒，外敷治疔疮。

拟 漆 姑

学　　名：*Spergularia marina* (L) Grisebach

别　　名：牛漆姑草。

采集地点：乌裕尔河中游草甸草原,北纬47°51′,东经124°52′,土壤主要为草甸沼泽土,其次是潜育草甸土和碳酸盐草甸土,气候为温带湿润大陆性季风气候。年平均降水量为427.4 mm,最少只有284 mm,降水最多的月份一般在7月,最少的月份一般在1月。年平均气温3.1 ℃,最低气温出现在1月,平均气温-19.2 ℃,极端最低气温-39.5 ℃。最高气温出现在7月,平均气温22.8 ℃,平均最高气温27.8 ℃,极端最高气温39.9 ℃。平均无霜期为130 d左右,降雪期为150 d左右。雪量平均20～30 cm,积雪日期为120 d左右,最大可出现50 cm以上积雪。冻土日期最短年份为182 d,最长年份为216 d。冻土深度,最大深度为1.8 m,最小深度为1.2 m,年平均深度为1.5 m。

植物学特征：

拟漆姑属于被子植物门 Angiospermae、双子叶植物纲 Dicotyledoneae、原始花被亚纲 Archichlamydeae、中央种子目 Centrospermae、石竹科 Caryophyllaceae、指甲草亚科 Subfam. Paronychioideae、大爪草族 Trib. Sperguleae、拟漆姑属 Spergularia 的一年生草本植物,具有以下植物学特征:

根：根为直根系,根上少分枝,有绒毛。

茎：株高10～30 cm。茎丛生,铺散,多分枝,上部密被柔毛。

拟漆姑——全株

拟漆姑——根　　　　　　拟漆姑——茎、叶　　　　　　拟漆姑——花

叶：叶片线形，长5～30 mm，宽1～1.5 mm，顶端钝，具凸尖，近平滑或疏生柔毛；托叶宽三角形，长1.5～2 mm，膜质。

花：花集生于茎顶或叶腋，成总状聚伞花序，果时下垂；花梗稍短于萼，果时稍伸长，密被腺柔毛；萼片卵状长圆形，长3.5 mm，宽1.5～1.8 mm，外面被腺柔毛，具白色宽膜质边缘；花瓣淡粉紫色或白色，卵状长圆形或椭圆状卵形，长约2 mm，顶端钝；雄蕊5；子房卵形；花期5～7月。

果：蒴果卵形，长5～6 mm，3瓣裂，果期6～9月。

种子：种子近三角形，略扁，长0.5～0.7 mm，表面有乳头状凸起，多数种子无翅，部分种子具翅。

生物学特征：

生于海滨泥沙岸、盐碱地、内陆河边、湖边、水泡子等湿润沙质轻盐碱地。拟漆姑分布于我国黑龙江、吉林、辽宁、内蒙古、河北、陕西、宁夏、甘肃、青海、新疆、山东、江苏、河南、四川、云南(洱源)。生于海拔400～2 800 m的沙质轻度盐地、盐化草甸以及河边、湖畔、水边等湿润处。欧洲、亚洲和非洲北部也有。

草原石头花

学　　名：*Gypsophila davurica* Turcz. ex Fenzl

别　　名：北丝石竹（《东北资源植物手册》）、草原霞草（拉汉种子植物名称）。

采集地点：乌裕尔河中游草甸草原，北纬47°51′，东经124°52′，土壤主要为草甸沼泽土，其次是潜育草甸土和碳酸盐草甸土，气候为温带湿润大陆性季风气候。年平均降水量为427.4 mm，最少只有284 mm，降水最多的月份一般在7月，最少的月份一般在1月。年平均气温3.1 ℃，最低气温出现在1月，平均气温−19.2 ℃，极端最低气温−39.5 ℃。最高气温出现在7月，平均气温22.8 ℃，平均最高气温27.8 ℃，极端最高气温39.9 ℃。平均无霜期为130 d左右，降雪期为150 d左右。雪量平均20～30 cm，积雪日期为120 d左右，最大可出现50 cm以上积雪。冻土日期最短年份为182 d，最长年份为216 d。冻土深度，最大深度为1.8 m，最小深度为1.2 m，年平均深度为1.5 m。

草原石头花——全株

草原石头花——根

植物学特征：

草原石头花为被子植物门Angiospermae、双子叶植物纲Dicotyledoneae、原始花被亚纲Archichlamydeae、中央种子目Centrospermae、石竹科Caryophyllaceae、石竹亚科Subfam. SILENOIDEAE A. Br.、石竹族Diantheae Pax、石头花属Gypsophila、伞房花序组Sect. Corymbosae Barkoudah。草原石头花为多年生草本植物，具有以下植物学特征：

根： 直根系，粗壮，淡褐色至灰褐色，木质，少分枝和根须。

茎： 株高50～80 cm，全株无毛。茎数个丛生，上部分枝。

叶： 叶片线状披针形，长3～6 cm，宽3～7 mm，顶端长渐尖，基部稍狭，无柄，下面中脉较明显。

花： 聚伞花序稍疏散；花梗长4～10 mm；苞片披针形，顶端尾状至渐尖，具缘毛，稍膜质；花萼钟形，长3～4 mm，顶端5裂至1/3～1/2，萼齿卵状三角形，急尖，边缘白色，

草原石头花——叶

草原石头花——茎

草原石头花——花

宽膜质,脉5条,绿色,达齿端;花瓣淡粉红色或近白色,倒卵状长圆形,顶端微凹或截形,基部稍狭,长为花萼的2倍;雄蕊比花瓣短;子房卵球形,花柱长,伸出;花期6～9月。

果: 蒴果卵球形,比宿存萼长,果期7～10月。

生物学特征:

产于我国东北、内蒙古、河北(围场)。生于草原、丘陵、固定沙丘及石砾质干山坡。俄罗斯(达乌里、远东地区)和蒙古(东部和北部)也有。

饲用价值:

幼苗可作猪饲料。

药用价值:

根可供药用。

经济价值:

含皂甙,又可作肥皂代用品。

繁　　缕

学　　名：*Stellaria media* (L.) Villars
别　　名：鹅肠菜(《本草纲目》)、鹅耳伸筋(湖北巴东)、鸡儿肠(江苏)。
采集地点：乌裕尔河中游草甸草原，北纬47°51′，东经124°52′，土壤主要为草甸沼泽土，其次是潜育草甸土和碳酸盐草甸土，气候为温带湿润大陆性季风气候。年平均降水量为427.4 mm，最少只有284 mm，降水最多的月份一般在7月，最少的月份一般在1月。年平均气温3.1 ℃，最低气温出现在1月，平均气温-19.2 ℃，极端最低气温-39.5 ℃。最高气温出现在7月，平均气温22.8 ℃，平均最高气温27.8 ℃，极端最高气温39.9 ℃。平均无霜期为130 d左右，降雪期为150 d左右。雪量平均20～30 cm，积雪日期为120 d左右，最大可出现50 cm以上积雪。冻土日期最短年份为182 d，最长年份为216 d。冻土深度，最大深度为1.8 m，最小深度为1.2 m，年平均深度为1.5 m。

植物学特征：

繁缕为被子植物门 Angiospermae、双子叶植物纲 Dicotyledoneae、原始花被亚纲 Archichlamydeae、中央种子目 Centrospermae、石竹科 Caryophyllaceae、繁缕亚科 Subfam. Alsinoideae、繁缕族 Trib. Alsineae、繁缕亚族 Subtrib. Stellariinae、繁缕属 Stellaria、繁缕组 Sect. Stellaria、繁缕亚组 Subsect. Stellaria、柄叶系 Ser. Petiolares。繁缕为一年生或两年生草本植物，具有以下植物学特征：

根：根为须根系，根系发达，多分枝，白色。
茎：茎高10～30 cm，茎俯仰或上升，基部多少分枝，常带淡紫色，被1(～2)列毛。
叶：叶片宽卵形或卵形，长1.5～2.5 cm，顶端渐尖或急尖，基部渐狭或近心形，全缘；基生叶长柄，上部叶常无柄或具短柄。

繁缕——全株

繁缕——根

花：疏聚伞花序顶生；花梗细弱，具1列短毛，花后伸长，下垂，长7～14 mm；萼片5，卵状披针形，长约4 mm，顶端稍顿或近圆形，边缘宽膜质，外面被短腺毛；花瓣白色，长椭圆形，比萼片短，深2裂达基部，裂片近线形；雄蕊3～5，短于花瓣；花柱3，线形；花期6～7月。

果：蒴果卵形，稍长于宿存萼，顶端6裂，具多数种子，果期7～8月。

种子：种子卵圆形至近圆形，稍扁，红褐色，直径1～1.2 mm，表面具半球形瘤状凸起，脊较显著。

生物学特征：

繁缕喜温和湿润的环境，云南一般在雨季生长旺盛，冬季也能见到。适宜的生长温度为13～23 ℃。能适较轻的霜冻。分布温带地区、云南中低海拔和中高海拔地区的500～3 700 m范围内。以山坡、林下、田边、路旁为多。在我国国内云南各地广泛分布，我国其他省区也有分布，国外日本、朝鲜、俄罗斯皆可见。全国仅新疆暂时未见记录，亦为世界广布种。

食用价值：

繁缕营养丰富，据测定，每100 g可食部分含水分91.6 g，脂肪0.3 g，蛋白质1.8 g，纤维素1.4 g，钙150 mg，磷10 mg。还含有多种维生素及矿物质，并且还有清热解毒、利尿消肿等功效。繁缕食用部分为嫩梢。其味似豌豆尖，但比豌豆尖更柔嫩鲜美。无论炒食、凉拌、煮汤(放入开水中数秒钟后即可起锅食用)皆具良好风味。

药用价值：

繁缕的茎、叶及种子供药用，嫩苗可食。但据《东北草本植物志》记载为有毒植物，家畜食用会引起中毒及死亡。

归肝，大肠经，味微苦、甘、酸，性凉。药材为石竹科植物繁缕的全草。功效有清热解毒；凉血；活血止痛；下乳。主要治疗痢疾；肠痈；肺痈；乳痈；疔疮肿毒；痔疮肿痛；出血；跌打伤痛；产后瘀滞腹痛；乳汁不下；还有减肥的功效等。

繁缕——茎

繁缕——叶

繁缕——花

狗筋麦瓶草

学　　名：*Silene vulgaris* (Moench.) Garcke.
别　　名：白玉草(《华北经济植物志要》)。

采集地点：乌裕尔河中游草甸草原,北纬47°51′,东经124°52′,土壤主要为草甸沼泽土,其次是潜育草甸土和碳酸盐草甸土,气候为温带湿润大陆性季风气候。年平均降水量为427.4 mm,最少只有284 mm,降水最多的月份一般在7月,最少的月份一般在1月。年平均气温3.1 ℃,最低气温出现在1月,平均气温-19.2 ℃,极端最低气温-39.5 ℃。最高气温出现在7月,平均气温22.8 ℃,平均最高气温27.8 ℃,极端最高气温39.9 ℃。平均无霜期为130 d左右,降雪期为150 d左右。雪量平均20~30 cm,积雪日期为120 d左右,最大可出现50 cm以上积雪。冻土日期最短年份为182 d,最长年份为216 d。冻土深度,最大深度为1.8 m,最小深度为1.2 m,年平均深度为1.5 m。

植物学特征：

狗筋麦瓶草为被子植物门 Angiospermae、双子叶植物纲 Dicotyledoneae、原始花被亚纲 Archichlamydeae、中央种子目 Centrospermae、石竹科 Caryophyllaceae、石竹亚科 Subfam. Silenoideae、剪秋罗族 Trib. Lychnideae、蝇子草亚族 Subtrib. Sileninae、蝇子草属 Silene、网脉组 Sect. Inflatae。狗筋麦瓶草为多年生草本植物,具有以下植物学特征:

狗筋麦瓶草——全株

狗筋麦瓶草——根

狗筋麦瓶草——茎

狗筋麦瓶草——叶

狗筋麦瓶草——花

根：直根系，少分枝，根微粗壮，木质。

茎：株高40～100 cm，全株无毛，呈灰绿色。茎疏丛生，直立，上部分枝，常灰白色。

叶：叶片卵状披针形、披针形或卵形，长4～10 cm，宽1～3（～4.5）cm，下部茎生叶片基部渐狭成柄状，顶端渐尖或急尖，边缘有时具不明显的细齿，中脉明显，上部茎生叶片基部楔形、截形或圆形，微抱茎。

花：二歧聚伞花序大型；花微俯垂；花梗比花萼短或近等长；苞片卵状披针形，草质；花萼宽卵形，呈囊状，长13～16 mm，直径5～7 mm，近膜质，常显紫堇色，萼齿短，宽三角形，顶端急尖，边缘具缘毛；雌雄蕊柄无毛，长约2 mm；花瓣白色，长

15～18 mm，爪楔状倒披针形，无毛，耳卵形，瓣片露出花萼，轮廓倒卵形，深2裂几达瓣片基部，裂片狭倒卵形；副花冠缺；雄蕊明显外露，花丝无毛，花药蓝紫色；花柱明显外露；花期6～8月。

果： 蒴果近圆球形，直径约8 mm，比宿存萼短，果期8～9月。

种子： 种子圆肾形，长约1.5 mm，褐色，脊平。

生物学特征：

产自我国新疆、西藏、内蒙古、黑龙江。生于海拔150～2 700 m的草甸、灌丛中、林下多砾石的草地或撂荒地，有时生于农田中。蒙古、尼泊尔、印度、伊朗、土耳其，以及欧洲和非洲(北部)也有。

食用价值：

幼嫩植株可作野菜食用。嫩叶煮10 min后可食用。

药用价值：

用于治疗妇女病、丹毒和祛痰。

其他：

根富含皂贰，可代替肥皂用。

蔓茎蝇子草

学　　名：*Silene repens* Patr.

别　　名：蔓麦瓶草（东北植物检索表）、毛萼麦瓶草（《东北草本植物志》）、匍匐蝇子草（《中国高等植物图鉴》）、匍生鹤草（《秦岭植物志》）。

采集地点：乌裕尔河中游草甸草原，北纬47°51′，东经124°52′，土壤主要为草甸沼泽土，其次是潜育草甸土和碳酸盐草甸土，气候为温带湿润大陆性季风气候。年平均降水量为427.4 mm，最少只有284 mm，降水最多的月份一般在7月，最少的月份一般在1月。年平均气温3.1 ℃，最低气温出现在1月，平均气温-19.2 ℃，极端最低气温-39.5 ℃。最高气温出现在7月，平均气温22.8 ℃，平均最高气温27.8 ℃，极端最高气温39.9 ℃。平均无霜期为130 d左右，降雪期为150 d左右。雪量平均20～30 cm，积雪日期为120 d左右，最大可出现50 cm以上积雪。冻土日期最短年份为182 d，最长年份为216 d。冻土深度，最大深度为1.8 m，最小深度为1.2 m，年平均深度为1.5 m。

植物学特征：

蔓茎蝇子草为被子植物门 Angiospermae、双子叶植物纲 Dicotyledoneae、原始花被亚纲 Archichlamydeae、中央种子目 Centrospermae、石竹科 Caryophyllaceae、石竹亚科 Subfam. Silenoideae、剪秋罗族 Trib. Lychnideae、蝇子草亚族 Subtrib. Sileninae、蝇子草属 Silene、类大爪草组 Sect. Spergulifoliae。蔓茎蝇子草为多年生草本植物，具有以下植物学特征：

根：根为直根，根状茎细长，分叉。

茎：株高15～50 cm，全株被短柔毛。茎疏丛生或单生，不分枝或有时分枝。

叶：叶片线状披针形、披针形、倒披针形或长圆状披针形，长2～7 cm，宽3～10

蔓茎蝇子草——全株

蔓茎蝇子草——根

蔓茎蝇子草——花

蔓茎蝇子草——茎、叶

(～12) mm，基部楔形，顶端渐尖，两面被柔毛，边缘基部具缘毛，中脉明显。

花：总状圆锥花序，小聚伞花序常具1～3花；花梗长3～8 mm；苞片披针形，草质；花萼筒状棒形，11～15 mm，直径3～4.5 mm，常带紫色，被柔毛，萼齿宽卵形，顶端钝，边缘膜质，具缘毛；雌雄蕊柄被短柔毛，长4～8 mm；花瓣白色，稀黄白色，爪倒披针形，不露出花萼，无耳，瓣片平展，轮廓倒卵形，浅2裂或深达其中部；副花冠片长圆状，顶端钝，有时具裂片；雄蕊微外露，花丝无毛；花柱微外露；花期6～8月。

果：蒴果卵形，长6～8 mm，比宿存萼短，果期7～9月。

种子：种子肾形，长约1 mm，黑褐色。

生物学特征：

产自我国东北、华北和西北，以及四川和西藏。生于海拔1 500～3 500 m的林下、湿润草地、溪岸或石质草坡。朝鲜、日本、蒙古和俄罗斯(西伯利亚)也有。

药用价值：

全草治肺结核，疟疾发烧，肠炎，痢疾，月经过多，淋病(《藏本草》)；花及果治月经过多(《青藏药鉴》)。【朝药】全草治胃炎，肺结核，鼻炎(《图朝药》)。

女 娄 菜

学　　名：*Silene aprica* Turcz. ex Fisch. et Mey.

别　　名：王不留行（《植物名实图考》）、桃色女娄菜（东北植物检索表）、山蚂蚱菜、霞草、台湾蝇子草、长冠女娄菜。

采集地点：乌裕尔河中游草甸草原，北纬47°51′，东经124°52′，土壤主要为草甸沼泽土，其次是潜育草甸土和碳酸盐草甸土，气候为温带湿润大陆性季风气候。年平均降水量为427.4 mm，最少只有284 mm，降水最多的月份一般在7月，最少的月份一般在1月。年平均气温3.1 ℃，最低气温出现在1月，平均气温-19.2 ℃，极端最低气温-39.5 ℃。最高气温出现在7月，平均气温22.8 ℃，平均最高气温27.8 ℃，极端最高气温39.9 ℃。平均无霜期为130 d左右，降雪期为150 d左右。雪量平均20~30 cm，积雪日期为120 d左右，最大可出现50 cm以上积雪。冻土日期最短年份为182 d，最长年份为216 d。冻土深度，最大深度为1.8 m，最小深度为1.2 m，年平均深度为1.5 m。

植物学特征：

女娄菜为被子植物门 Angiospermae、双子叶植物纲 Dicotyledoneae、原始花被亚纲 Archichlamydeae、中央种子目 Centrospermae、石竹科 Caryophyllaceae、石竹亚科 Subfam. Silenoideae、剪秋罗族 Trib. Lychnideae、蝇子草亚族 Subtrib. Sileninae、蝇子草属 Silene、女娄菜组 Sect. Apricae。女娄菜为一年生或两年生草本植物，具有以下植物学特征：

女娄菜——全株　　　　　女娄菜——叶　　　　　女娄菜——果

根：直根系，主根较粗壮，稍木质，多分枝。

茎：株高30～70 cm，全株密被灰色短柔毛。茎单生或数个，直立，分枝或不分枝。

叶：基生叶，叶片倒披针形或狭匙形，长4～7 cm，宽4～8 mm，基部渐狭成长柄状，顶端急尖，中脉明显；茎生叶，叶片倒披针形、披针形或线状披针形，比基生叶稍小。

花：圆锥花序较大型；花梗长5～20（～40）mm，直立；苞片披针形，草质，渐尖，具缘毛；花萼卵状钟形，长6～8 mm，近草质，密被短柔毛，果期长达12 mm，纵脉绿色，脉端多少联结，萼齿三角状披针形，边缘膜质，具缘毛；雌雄蕊柄极短或近无，被短柔毛；花瓣白色或淡红色，倒披针形，长7～9 mm，微露出花萼或与花萼近等长，爪具缘毛，瓣片倒卵形，2裂；副花冠片舌状；雄蕊不外露，花丝基部具缘毛；花柱不外露，基部具短毛；花期5～7月。

果：蒴果卵形，长8～9 mm，与宿存萼近等长或微长，果期6～8月。

种子：女娄菜的种子圆肾形，灰褐色，长0.6～0.7 mm，肥厚，具小瘤。

生物学特征：

产自我国大部分省区。生于平原、丘陵或山地。朝鲜、日本、蒙古和俄罗斯（西伯利亚和远东地区）也有。

药用价值：

全草入药，治乳汁少、体虚浮肿等。具有活血调经，下乳，健脾，利湿，解毒之功效。常用于月经不调，乳少，小儿疳积，脾虚浮肿，疔疮肿毒。

女娄菜——根

女娄菜——花

金 鱼 藻

学　　名：*Ceratophyllum demersum* L.
别　　名：细草、软草、鱼草、灯笼丝。
采集地点：乌裕尔河中游草甸草原，北纬47°51′，东经124°52′，土壤主要为草甸沼泽土，其次是潜育草甸土和碳酸盐草甸土，气候为温带湿润大陆性季风气候。年平均降水量为427.4 mm，最少只有284 mm，降水最多的月份一般在7月，最少的月份一般在1月。年平均气温3.1 ℃，最低气温出现在1月，平均气温-19.2 ℃，极端最低气温-39.5 ℃。最高气温出现在7月，平均气温22.8 ℃，平均最高气温27.8 ℃，极端最高气温39.9 ℃。平均无霜期为130 d左右，降雪期为150 d左右。雪量平均20～30 cm，积雪日期为120 d左右，最大可出现50 cm以上积雪。冻土日期最短年份为182 d，最长年份为216 d。冻土深度，最大深度为1.8 m，最小深度为1.2 m，年平均深度为1.5 m。

植物学特征：

金鱼藻为被子植物门Angiospermae、双子叶植物纲Dicotyledoneae、原始花被亚纲Archichlamydeae、毛茛目Ranales、金鱼藻科Ceratophyllaceae、金鱼藻属Ceratophyllum。金鱼藻为多年生沉水性水生草本植物，具有以下植物学特征：

根：无根，全株沉于水中。

茎：茎细柔，茎长40～50 cm，平滑，具分枝，全株暗绿色。

叶：叶4～12轮生，每轮6～8叶；无柄；叶片1～2次叉状分歧，裂片丝状，或丝状条形，长1.5～2 cm，宽0.1～0.5 mm，先端带白色软骨质，边缘仅一侧有数细齿。

金鱼藻——全株

金鱼藻——茎、叶

花：花小，单性，雌雄同株或异株，腋生，无花被；花直径约2 mm；苞片9～12，条形，长1.5～2 mm，浅绿色，透明，先端有3齿及带紫色毛；雄蕊10～16，微密集；子房卵形，花柱钻状；花期6～7月。

果：坚果宽椭圆形，长4～5 mm，宽约2 mm，黑色，平滑，边缘无翅，有3刺，顶生刺(宿存花柱)长8～10 mm，先端具钩，基部2刺向下斜伸，长4～7 mm，先端渐细成刺状，果期8～10月。

生物学特征：

金鱼藻分布全国，特别是在水中富含有机质、水层较深、长期浸水的稻田中分布较多，危害较重。群生于海拔2 700 m以下的淡水池塘、水沟、稳水小河、温泉流水及水库中，常生于1～3 m深的水域中，形成密集的水下群落。分布于中国(东北、华北、华东、台湾)、蒙古、朝鲜、日本、马来西亚、印度尼西亚、俄罗斯及其他一些欧洲国家、北非及北美，为世界广布种。

饲用价值：

金鱼藻可用作猪、鱼及家禽饲料。

药用价值：

金鱼藻含质体蓝素及铁氧化还原蛋白，前者为含铜蛋白质，而后者为含铁蛋白质。性味甘、淡、凉。具有较高的药用价值。以全草入药，四季可采，晒干，凉血止血、清热利水，主治血热吐血、咳血、热淋涩痛。

观赏价值：

金鱼藻可作为人工养殖鱼缸布景，具有观赏价值。

滨 藜

学　　名：*Atriplex patens* (Litv.) Iljin

采集地点：乌裕尔河中游草甸草原，北纬47°51′，东经124°52′，土壤主要为草甸沼泽土，其次是潜育草甸土和碳酸盐草甸土，气候为温带湿润大陆性季风气候。年平均降水量为427.4 mm，最少只有284 mm，降水最多的月份一般在7月，最少的月份一般在1月。年平均气温3.1 ℃，最低气温出现在1月，平均气温-19.2 ℃，极端最低气温-39.5 ℃。最高气温出现在7月，平均气温22.8 ℃，平均最高气温27.8 ℃，极端最高气温39.9 ℃。平均无霜期为130 d左右，降雪期为150 d左右。雪量平均20～30 cm，积雪日期为120 d左右，最大可出现50 cm以上积雪。冻土日期最短年份为182 d，最长年份为216 d。冻土深度，最大深度为1.8 m，最小深度为1.2 m，年平均深度为1.5 m。

植物学特征：

滨藜为被子植物门Angiospermae、双子叶植物纲Dicotyledoneae、原始花被亚纲Archichlamydeae、中央种子目Centrospermae、藜科Chenopodiaceae、环胚亚科Cyclolobeae、滨藜族Atripliceae、滨藜属Atriplex。滨藜为一年生草本植物，具有以下植物学特征：

根：直根系，主根粗壮，有少量须根，呈淡褐色。

滨藜——全株

滨藜——根

滨藜——茎　　　　　　　　　　　滨藜——叶

茎：株高20～60 cm。茎直立或外倾，无粉或稍有粉，具绿色色条及条棱，通常上部分枝，枝细瘦，斜上。

叶：叶互生，或在茎基部近对生；叶片披针形至条形，长3～9 cm，宽4～10 mm，先端渐尖或微钝，基部渐狭，两面均为绿色，无粉或稍有粉，边缘具不规则的弯锯齿或微锯齿，有时几全缘。

花：花序穗状，或有短分枝，通常紧密，于茎上部再集成穗状圆锥状；花序轴有密粉；雄花花被4～5裂，雄蕊与花被裂片同数；雌花的苞片果时菱形至卵状菱形，长约3 mm，宽约2.5 mm，先端急尖或短渐尖，下半部边缘合生，上半部边缘通常具细锯齿，表面有粉，有时靠上部具疣状小突起。

种子：种子二型，扁平、圆形或双凸镜形，黑色或红褐色，有细点纹，直径1～2 mm，花果期8～10月。

生物学特征：

产于我国黑龙江、辽宁、吉林、河北、内蒙古、陕西、甘肃北部、宁夏、青海至新疆北部。多生于含轻度盐碱的湿草地、海滨、沙土地等处。国外分布于东欧至俄罗斯中亚部分、西伯利亚及远东地区。滨藜具有极强的适应沙漠的能力，同时耐盐碱。

尖头叶藜

学　　名：*Chenopodium acuminatum* Willd.
别　　名：绿珠藜。
采集地点：乌裕尔河中游草甸草原,北纬47°51′,东经124°52′,土壤主要为草甸沼泽土,其次是潜育草甸土和碳酸盐草甸土,气候为温带湿润大陆性季风气候。年平均降水量为427.4 mm,最少只有284 mm,降水最多的月份一般在7月,最少的月份一般在1月。年平均气温3.1 ℃,最低气温出现在1月,平均气温-19.2 ℃,极端最低气温-39.5 ℃。最高气温出现在7月,平均气温22.8 ℃,平均最高气温27.8 ℃,极端最高气温39.9 ℃。平均无霜期为130 d左右,降雪期为150 d左右。雪量平均20~30 cm,积雪日期为120 d左右,最大可出现50 cm以上积雪。冻土日期最短年份为182 d,最长年份为216 d。冻土深度,最大深度为1.8 m,最小深度为1.2 m,年平均深度为1.5 m。

植物学特征：

尖头叶藜属于被子植物门 Angiospermae、双子叶植物纲 Dicotyledoneae、原始花被亚纲 Archichlamydeae、中央种子目 Centrospermae、藜科 Chenopodiaceae、环胚亚科 Cyclolobeae、藜族 Chenopodieae、藜属 Chenopodium、藜组 Sect. Chenopodium。尖头叶藜为一年生草本植物、具有以下植物学特征：

根：直根系,主根发达,少分枝。

尖头叶藜——全株

尖头叶藜——根

尖头叶藜——茎　　　　尖头叶藜——叶　　　　尖头叶藜——花序

茎：株高20~80 cm。茎直立，具条棱及绿色色条，有时色条带紫红色，多分枝；枝斜升，较细瘦。

叶：叶片宽卵形至卵形，茎上部的叶片有时呈卵状披针形，长2~4 cm，宽1~3 cm，先端急尖或短渐尖，有短尖头，基部宽楔形、圆形或近截形，上面无粉，浅绿色，下面多少有粉，灰白色，全缘并具半透明的环边；叶柄长1.5~2.5 cm。

花：花两性，团伞花序于枝上部排列成紧密的或有间断的穗状或穗状圆锥状花序，花序轴(或仅在花间)具圆柱状毛束；花被扁球形，5深裂，裂片宽卵形，边缘膜质，并有红色或黄色粉粒，果时背面大多增厚并彼此合成五角星形；雄蕊5，花药长约0.5 mm；花期6~7月。

果：胞果顶基扁，圆形或卵形，果期8~9月。

种子：种子横生，直径约1 mm，黑色，有光泽，表面略具点纹。

生物学特征：

尖头叶藜生长于海拔50 m至2 900 m的地区，一般生于河岸、荒地以及田边，目前尚未由人工引种栽培。尖头叶藜分布在我国黑龙江、吉林、辽宁、内蒙古、河北、山东、浙江、河南、山西、陕西、宁夏、甘肃、青海、新疆、日本、朝鲜、蒙古及俄罗斯中亚和西伯利亚地区也有分布。

药用价值：

全草用于风寒头痛，四肢胀痛。

狭叶尖头叶藜

学　　名：*Chenopodium acuminatum* Willd. subsp. *virgatum* (Thunb.) Kitam.

采集地点：乌裕尔河中游草甸草原，北纬47°51′，东经124°52′，土壤主要为草甸沼泽土，其次是潜育草甸土和碳酸盐草甸土，气候为温带湿润大陆性季风气候。年平均降水量为427.4 mm，最少只有284 mm，降水最多的月份一般在7月，最少的月份一般在1月。年平均气温3.1 ℃，最低气温出现在1月，平均气温-19.2 ℃，极端最低气温-39.5 ℃。最高气温出现在7月，平均气温22.8 ℃，平均最高气温27.8 ℃，极端最高气温39.9 ℃。平均无霜期为130 d左右，降雪期为150 d左右。雪量平均20～30 cm，积雪日期为120 d左右，最大可出现50 cm以上积雪。冻土日期最短年份为182 d，最长年份为216 d。冻土深度，最大深度为1.8 m，最小深度为1.2 m，年平均深度为1.5 m。

植物学特征：

狭叶尖头叶藜为被子植物门 Angiospermae、双子叶植物纲 Dicotyledoneae、原始花被亚纲 Archichlamydeae、中央种子目 Centrospermae、藜科 Chenopodiaceae、环胚亚科 Cyclolobeae、藜族 Chenopodieae、藜属 Chenopodium、藜组 Sect. Chenopodium、尖头叶藜 Chenopodium acuminatum。狭叶尖头叶藜为一年生草本植物，具有以下植物学特征：

根：直根系，主根下部着生多分枝。

茎：株高20～80 cm。茎直立，具条棱及绿色色条，有时色条带紫红色，多分枝；枝

狭叶尖头叶藜——全株

狭叶尖头叶藜——根

斜升，较细瘦。

叶：叶片宽卵形至卵形，茎上部的叶片有时呈卵状披针形，长2～4 cm，宽1～3 cm，先端急尖或短渐尖，有短尖头，基部宽楔形、圆形或近截形，上面无粉，浅绿色，下面多少有粉，灰白色，全缘并具半透明的环边；叶柄长1.5～2.5 cm。

花：花两性，团伞花序于枝上部排列成紧密的或有间断的穗状或穗状圆锥状花序，花序轴（或仅在花间）具圆柱状毛束；花被扁球形，5深裂，裂片宽卵形，边缘膜质，并有红色或黄色粉粒，果时背面大多增厚并彼此合成五角星形；雄蕊5，花药长约0.5 mm；花期6～7月。

果：胞果顶基扁，圆形或卵形，果期8～9月。

种子：种子横生，直径约1 mm，黑色，有光泽，表面略具点纹。

生物学特征：

产于我国黑龙江、吉林、辽宁、内蒙古、河北、山东、浙江、河南、山西、陕西、宁夏、甘肃、青海、新疆。生于荒地、河岸、田边等处。日本、朝鲜、蒙古及俄罗斯中亚和西伯利亚地区也有分布。

狭叶尖头叶藜——叶

狭叶尖头叶藜——花序

灰 绿 藜

学　　名：*Chenopodium glaucum* L.
别　　名：盐灰菜。
采集地点：乌裕尔河中游草甸草原，北纬47°51′，东经124°52′，土壤主要为草甸沼泽土，其次是潜育草甸土和碳酸盐草甸土，气候为温带湿润大陆性季风气候。年平均降水量为427.4 mm，最少只有284 mm，降水最多的月份一般在7月，最少的月份一般在1月。年平均气温3.1 ℃，最低气温出现在1月，平均气温-19.2 ℃，极端最低气温-39.5 ℃。最高气温出现在7月，平均气温22.8 ℃，平均最高气温27.8 ℃，极端最高气温39.9 ℃。平均无霜期为130 d左右，降雪期为150 d左右。雪量平均20～30 cm，积雪日期为120 d左右，最大可出现50 cm以上积雪。冻土日期最短年份为182 d，最长年份为216 d。冻土深度，最大深度为1.8 m，最小深度为1.2 m，年平均深度为1.5 m。

植物学特征：

灰绿藜为被子植物门 Angiospermae、双子叶植物纲 Dicotyledoneae、原始花被亚纲 Archichlamydeae、中央种子目 Centrospermae、藜科 Chenopodiaceae、环胚亚科 Cyclolobeae、藜族 Chenopodieae、藜属 Chenopodium、灰绿藜组 Sect. Pseudoblitum。灰绿藜为一年生草本植物，具有以下植物学特征：

根：直根系，主根突出。

灰绿藜——全株

灰绿藜——根

茎： 茎高 20～40 cm。茎平卧或外倾，具条棱及绿色或紫红色色条。

叶： 叶片矩圆状卵形至披针形，长 2～4 cm，宽 6～20 mm，肥厚，先端急尖或钝，基部渐狭，边缘具缺刻状牙齿，上面无粉，平滑，下面有粉而呈灰白色，有稍带紫红色；中脉明显，黄绿色；叶柄长 5～10 mm。

花： 花两性兼有雌性，通常数花聚成团伞花序，再于分枝上排列成有间断而通常短于叶的穗状或圆锥状花序；花被裂片 3～4，浅绿色，稍肥厚，通常无粉，狭矩圆形或倒卵状披针形，长不及 1 mm，先端通常钝；雄蕊 1～2，花丝不伸出花被，花药球形；柱头 2，极短。

果： 胞果顶端露出于花被外，果皮膜质，黄白色，花果期 5～10 月。

种子： 种子扁球形，直径 0.75 mm，横生、斜生及直立，暗褐色或红褐色，边缘钝，表面有细点纹。

生物学特征：

广泛分布于全球温带地区，生于海拔 540～1 400 m 的农田边、水渠沟旁、平原荒地、山间谷地等，有轻度盐碱的土壤上可以正常生长。

食用价值：

嫩苗、嫩茎叶等可食用。用沸水焯后换清水浸泡，炒食、凉拌、做汤。

饲用价值：

幼嫩植株可作猪饲料。

药用价值：

全草入中、蒙药，味、性、功能同藜。

灰绿藜——茎

灰绿藜——叶

灰绿藜——花序

小　　藜

学　　名：*Chenopodium ficifolium* Smith
别　　名：灰菜、苦落藜。
采集地点：乌裕尔河中游草甸草原,北纬47°51′,东经124°52′,土壤主要为草甸沼泽土,其次是潜育草甸土和碳酸盐草甸土,气候为温带湿润大陆性季风气候。年平均降水量为427.4 mm,最少只有284 mm,降水最多的月份一般在7月,最少的月份一般在1月。年平均气温3.1 ℃,最低气温出现在1月,平均气温-19.2 ℃,极端最低气温-39.5 ℃。最高气温出现在7月,平均气温22.8 ℃,平均最高气温27.8 ℃,极端最高气温39.9 ℃。平均无霜期为130 d左右,降雪期为150 d左右。雪量平均20~30 cm,积雪日期为120 d左右,最大可出现50 cm以上积雪。冻土日期最短年份为182 d,最长年份为216 d。冻土深度,最大深度为1.8 m,最小深度为1.2 m,年平均深度为1.5 m。

植物学特征：

小藜为被子植物门Angiospermae、双子叶植物纲Dicotyledoneae、原始花被亚纲Archichlamydeae、中央种子目Centrospermae、藜科Chenopodiaceae、环胚亚科Cyclolobeae、藜族Chenopodieae、藜属Chenopodium、藜组Sect. Chenopodium。小藜为一年生草本植物,具有以下植物学特征：

根：根系繁茂,主根较短,侧根多,白色。

小藜——全株

小藜——根

小藜——茎　　　　　　小藜——叶　　　　　　小藜——花序

茎：株高20～50 cm，茎直立，具条棱及绿色条纹。
叶：叶片卵状矩圆形，长2.5～5 cm，宽1～3.5 cm，通常三浅裂；中裂片两边近平行，先端钝或急尖并具短尖头，边缘具深波状锯齿；侧裂片位于中部以下，通常各具2浅裂齿。
花：花两性，数个团集，排列于上部的枝上形成较开展的顶生圆锥状花序；花被近球形，5深裂，裂片宽卵形，不开展，背面具微纵隆脊并有密粉；雄蕊5，开花时外伸；柱头2，丝形；花期4～6月。
果：胞果包在花被内，果皮与种子贴生，果期5～7月。
种子：种子双凸镜状，黑色，有光泽，直径约1 mm，边缘微钝，表面具六角形细洼；胚环形。

生物学特征：
小藜耐旱耐瘠薄，适应性强，世界各地均有分布，在我国除西藏未见标本外各省区都有分布。为普通田间杂草，有时也生于荒地、道旁、垃圾堆等处。

食用价值：
小藜的嫩苗可食。

药用价值：
全草可入药，味甘、苦，性凉。可祛湿，清热解毒。用于疮疡肿毒，疥癣瘙痒。

藜

学　　名：*Chenopodium album* L.

别　　名：灰藋(《本草纲目》)、灰菜(《救荒本草》)。

采集地点：乌裕尔河中游草甸草原，北纬47°51′，东经124°52′，土壤主要为草甸沼泽土，其次是潜育草甸土和碳酸盐草甸土，气候为温带湿润大陆性季风气候。年平均降水量为427.4 mm，最少只有284 mm，降水最多的月份一般在7月，最少的月份一般在1月。年平均气温3.1 ℃，最低气温出现在1月，平均气温-19.2 ℃，极端最低气温-39.5 ℃。最高气温出现在7月，平均气温22.8 ℃，平均最高气温27.8 ℃，极端最高气温39.9 ℃。平均无霜期为130 d左右，降雪期为150 d左右。雪量平均20～30 cm，积雪日期为120 d左右，最大可出现50 cm以上积雪。冻土日期最短年份为182 d，最长年份为216 d。冻土深度，最大深度为1.8 m，最小深度为1.2 m，年平均深度为1.5 m。

植物学特征：

藜为被子植物门 Angiospermae、双子叶植物纲 Dicotyledoneae、原始花被亚纲 Archichlamydeae、中央种子目 Centrospermae、藜科 Chenopodiaceae、环胚亚科 Cyclolobeae、藜族 Chenopodieae、藜属 Chenopodium、藜组 Sect. Chenopodium。藜为一年生草本植物，具有以下植物学特征：

根：有发育迅速的深根系，根系繁茂，侧根细而长，呈白色。

茎：株高30～150 cm，茎直立，粗壮，具条棱及绿色或紫红色色条，多分枝；枝条斜升或开展。

叶：叶片菱状卵形至宽披针形，长3～6 cm，宽2.5～5 cm，先端急尖或微钝，基部

藜——全株

楔形至宽楔形，上面通常无粉，有时嫩叶的上面有紫红色粉，下面多少有粉，边缘具不整齐锯齿；叶柄与叶片近等长，或为叶片长度的1/2。

花：花两性，花簇于枝上部排列成或大或小的穗状圆锥状或圆锥状花序；花被裂片5，宽卵形至椭圆形，背面具纵隆脊，有粉，先端或微凹，边缘膜质；雄蕊5，花药伸出花被，柱头2。

果：果皮与种子贴生，花果期5～10月。

种子：种子横生，双凸镜状，直径1.1～1.5 mm，边缘钝，黑色，有光泽，表面具浅沟纹，胚环形。

生物学特征：

分布遍及全球温带及热带，我国各地均产。藜多生活在荒漠及盐碱土地区，生于路旁、荒地及田间，因此，往往呈现旱生的适应现象。

药用价值：

全草可入药，能止泻痢，止痒，可治痢疾腹泻；配合野菊花煎汤外洗，治皮肤湿毒及周身发痒。果实(称灰藋子)，有些地区代"地肤子"药用。

食用价值：

幼苗可作蔬菜用。藜嫩茎叶含蛋白质、脂肪、糖类、粗纤维、钙、磷、铁、胡萝卜素、维生素B_1、维生素B_2、维生素PP、维生素C，还含有挥发油，如棕榈酸、油酸、亚油酸及谷甾醇等，特别是其中极丰富的胡萝卜素和维生素C有助于增强人体免疫功能。

饲用价值：

藜的茎叶可喂家畜。

藜——根

藜——茎

藜——叶

藜——穗

无翅猪毛菜

学　　名：*Salsola komarovii* Iljin

采集地点：乌裕尔河中游草甸草原,北纬47°51′,东经124°52′,土壤主要为草甸沼泽土,其次是潜育草甸土和碳酸盐草甸土,气候为温带湿润大陆性季风气候。年平均降水量为427.4 mm,最少只有284 mm,降水最多的月份一般在7月,最少的月份一般在1月。年平均气温3.1 ℃,最低气温出现在1月,平均气温-19.2 ℃,极端最低气温-39.5 ℃。最高气温出现在7月,平均气温22.8 ℃,平均最高气温27.8 ℃,极端最高气温39.9 ℃。平均无霜期为130 d左右,降雪期为150 d左右。雪量平均20～30 cm,积雪日期为120 d左右,最大可出现50 cm以上积雪。冻土日期最短年份为182 d,最长年份为216 d。冻土深度,最大深度为1.8 m,最小深度为1.2 m,年平均深度为1.5 m。

植物学特征：

无翅猪毛菜为被子植物门Angiospermae、双子叶植物纲Dicotyledoneae、原始花被亚纲Archichlamydeae、中央种子目Centrospermae、藜科　Chenopodiaceae、螺胚亚科SPIROLOBEAE C. A. Mey.、猪毛菜族SalsoleaeC.A.Mey.、猪毛菜属Salsola L。无翅猪毛菜为一年生草本植物,具有以下植物学特征：

根：根为直根,木质,有分枝。

茎：株高20～50 cm。茎直立,自基部分枝;枝互生,伸展,茎、枝无毛,黄绿色,有白色或紫红色条纹。

叶：叶互生,叶片半圆柱形,平展或微向上斜伸,长2～5 cm,宽2～3 mm,顶端有小短尖,基部扩展,稍下延,扩展处边缘为膜质。

无翅猪毛菜——全株

花：花序穗状，生枝条的上部；苞片条形，顶端有小短尖，长于小苞片；小苞片长卵形，顶端有小短尖，基部边缘膜质，长于花被，果时苞片和小苞片增厚，紧贴花被；花被片卵状矩圆形，膜质，无毛，顶端尖，果时变硬，革质，自背面的中上部生篦齿状突起；花被片在突起以上部分，内折成截形的面，顶端为膜质，聚集成短的圆锥体，花被的外形成杯状；柱头丝状，长为花柱的3～4倍；花柱极短；花期7～8月。

果：胞果倒卵形，直径2～2.5 mm，果期8～9月。

无翅猪毛菜——根

无翅猪毛菜——茎

无翅猪毛菜——叶

无翅猪毛菜——花

生物学特征：
　　产自我国东北、河北、山东、江苏及浙江北部。生于海滨、河滩沙质土壤。朝鲜、日本及俄罗斯远东地区也有。适应性、再生性及抗逆性均强，为耐旱、耐碱植物，有时成群丛生于田野路旁、沟边、荒地、沙丘或盐碱化沙质地，为常见的田间杂草。果熟后，植株干枯，于茎基部折断，随风滚动。

猪 毛 菜

学　　名：*Salsola collina* Pall.
别　　名：扎蓬棵、刺蓬、三叉明棵、猪毛缨、叉明棵、猴子毛、蓬子菜、乍蓬棵子。
采集地点：乌裕尔河中游草甸草原,北纬47°51′,东经124°52′,土壤主要为草甸沼泽土,其次是潜育草甸土和碳酸盐草甸土,气候为温带湿润大陆性季风气候。年平均降水量为427.4 mm,最少只有284 mm,降水最多的月份一般在7月,最少的月份一般在1月。年平均气温3.1 ℃,最低气温出现在1月,平均气温-19.2 ℃,极端最低气温-39.5 ℃。最高气温出现在7月,平均气温22.8 ℃,平均最高气温27.8 ℃,极端最高气温39.9 ℃。平均无霜期为130 d左右,降雪期为150 d左右。雪量平均20~30 cm,积雪日期为120 d左右,最大可出现50 cm以上积雪。冻土日期最短年份为182 d,最长年份为216 d。冻土深度,最大深度为1.8 m,最小深度为1.2 m,年平均深度为1.5 m。

植物学特征：

猪毛菜为被子植物门 Angiospermae、双子叶植物纲 Dicotyledoneae、原始花被亚纲 Archichlamydeae、中央种子目 Centrospermae、藜科 Chenopodiaceae、螺胚亚科 Spirolobeae、猪毛菜族 Salsoleae、猪毛菜属 Salsola。猪毛菜为一年生草本植物,具有以下植物学特征:

根：直根系,遇到土层坚硬时多分枝。

茎：茎自基部分枝,枝互生,伸展,茎、枝绿色,有白色或紫红色条纹,生短硬毛或近于无毛。

叶：叶片丝状圆柱形,伸展或微弯曲,长2~5 cm,宽0.5~1.5 mm,生短硬毛,顶端有刺状尖,基部边缘膜质,稍扩展而下延。

花：花序穗状,生枝条上部;苞片卵形,顶部延伸,有刺状尖,边缘膜质,背部有白色隆脊;小苞片狭披针形,顶端有刺状尖,苞片及小苞片与花序轴紧贴;花被片卵状披针形,膜质,顶端尖,果时变硬,自背面中上部生鸡冠状突起;花被片在突起以上部分,近革质,顶端为膜质,向中央折曲成平面,紧贴果实,有时在中央聚集成小圆锥体;花药长1~1.5 mm;柱头丝状,长为花柱的1.5~2倍;花期

猪毛菜——全株

猪毛菜——茎

7～9月。

果：胞果倒卵形，果皮膜质，果期9～10月。

种子：种子顶端平，胚螺旋状，无胚乳。

生物学特征：

分布于我国的东北、华北、西北、西南及西藏、河南、山东、江苏等省区。朝鲜、蒙古、俄罗斯、巴基斯坦也有。多生于沟沿、路边、荒地、沙丘或碱性沙质地。

猪毛菜——根

药用价值：

猪毛菜为一种民间药用植物，《中华本草》中记载：其味淡，性凉，具有平肝潜阳、润肠通便之功效，主治高血压、头痛、眩晕、失眠、肠燥便秘等病症。不同时期采集的猪毛菜，其药理作用不同，嫩叶时期采集的可引起升压作用，花果时期采集的对血压或上升或下降，而在果实期采集的却有明显的降压作用。

食用价值：

猪毛菜的嫩茎、叶可供食用。

猪毛菜——叶

猪毛菜——穗

猪毛菜——花

兴安虫实

学　　名：*Corispermum chinganicum* Iljin

采集地点：乌裕尔河中游草甸草原，北纬47°51′，东经124°52′，土壤主要为草甸沼泽土，其次是潜育草甸土和碳酸盐草甸土，气候为温带湿润大陆性季风气候。年平均降水量为427.4 mm，最少只有284 mm，降水最多的月份一般在7月，最少的月份一般在1月。年平均气温3.1 ℃，最低气温出现在1月，平均气温-19.2 ℃，极端最低气温-39.5 ℃。最高气温出现在7月，平均气温22.8 ℃，平均最高气温27.8 ℃，极端最高气温39.9 ℃。平均无霜期为130 d左右，降雪期为150 d左右。雪量平均20～30 cm，积雪日期为120 d左右，最大可出现50 cm以上积雪。冻土日期最短年份为182 d，最长年份为216 d。冻土深度，最大深度为1.8 m，最小深度为1.2 m，年平均深度为1.5 m。

植物学特征：

兴安虫实属于被子植物门 Angiospermae、双子叶植物纲 Dicotyledoneae、原始花被亚纲 Archichlamydeae、中央种子目 Centrospermae、藜科 Chenopodiaceae、环胚亚科 Cyclolobeae、虫实族 Corispermeae、虫实属 Corispermum。兴安虫实为一年生草本植物，具有以下植物学特征：

根：直根系，主根上着生根须。

兴安虫实——全株

兴安虫实——根

兴安虫实——茎

茎：株高10～50 cm，茎直立，圆柱形，直径约2.5 mm，绿色或紫红色；由基部分枝，下部分枝较长，上升，上部分枝较短，斜展。

叶：叶条形，长2～5 cm，宽约2 mm，先端渐尖具小尖头，基部渐狭，1脉。

花：穗状花序顶生和侧生，细圆柱形，稍紧密，长(1.5～)4～5 cm，直径3～8 mm，通常约5 mm；苞片由披针形(少数花序基部的)至卵形和卵圆形，先端渐尖或骤尖，1～3脉，具较宽的膜质边缘。花被片3，近轴花被片1，宽椭圆形，顶端具不规则细齿，远轴2，小，近三角形，稀不存在；雄蕊5，稍超过花被片。

果：果实矩圆状倒卵形或宽椭圆形，长2～4 mm，宽1.5～2 mm，顶端圆形，基部心形，背面凸起中央稍微压扁，腹面扁平，无毛；果核椭圆形，黄绿色或米黄色，光亮，有时具少数深褐色斑点；喙尖为喙长的1/4～1/3，粗短；果翅明显，浅黄色，不透明，全缘，花果期6～8月。

兴安虫实——叶　　　　　　兴安虫实——花　　　　　　兴安虫实——果

生物学特征：

兴安虫实4月下旬出苗，6～7月开花，8月结果，生长发育期约120 d左右。喜生于疏松沙质性土壤，例如，固定、半固定沙地及进沙丘间低地，也生长于半流动沙地。在干草原区，多生于撂荒地上。它的生长与大气降水有着密切关系，在荒漠草群落中，雨后，成为一年生植物层片的常见种和群落中主要伴生种之一。兴安虫实分布于西伯利亚、蒙古以及中国的甘肃、吉林、内蒙古、宁夏、黑龙江、辽宁、河北等地，见于半固定沙丘、湖边沙丘以及草原，目前尚未由人工引种栽培。

饲用价值：

兴安虫实的适口性中等。青绿时骆驼采食，干枯后十分喜食。绵羊、山羊在青绿时采食较少，秋冬采食；马稍食，牛通常不食。牧民常收集其籽实做饲料补喂瘦弱畜及幼畜。雨水多的年份，兴安虫实在草场上成片生长，可割制干草为冬春补饲用。内蒙古伊盟沙区的牧民，常于9月份采制虫实，备在冬春粉碎后调制糖化饲料，补饲幼畜和弱畜。兴安虫实含有较丰富的蛋白质和很高的无氮浸出物，但粗纤维含量低，钙的含量极高，这对于牲畜饲养有一定意义。

地　　肤

学　　名：*Kochia scoparia* (L.) Schrad.
别　　名：地麦、落帚、扫帚苗、扫帚菜、孔雀松、绿帚、观音。
采集地点：乌裕尔河中游草甸草原，北纬47°51′，东经124°52′，土壤主要为草甸沼泽土，其次是潜育草甸土和碳酸盐草甸土，气候为温带湿润大陆性季风气候。年平均降水量为427.4 mm，最少只有284 mm，降水最多的月份一般在7月，最少的月份一般在1月。年平均气温3.1 ℃，最低气温出现在1月，平均气温−19.2 ℃，极端最低气温−39.5 ℃。最高气温出现在7月，平均气温22.8 ℃，平均最高气温27.8 ℃，极端最高气温39.9 ℃。平均无霜期为130 d左右，降雪期为150 d左右。雪量平均20～30 cm，积雪日期为120 d左右，最大可出现50 cm以上积雪。冻土日期最短年份为182 d，最长年份为216 d。冻土深度，最大深度为1.8 m，最小深度为1.2 m，年平均深度为1.5 m。

植物学特征：

地肤为被子植物门Angiospermae、双子叶植物纲Dicotyledoneae、原始花被亚纲Archichlamydeae、中央种子目Centrospermae、藜科Chenopodiaceae、环胚亚科Cyclolobeae、樟味藜族Camphorosmeae、地肤属Kochia。地肤为一年生草本植物，具有以下植物学特征：

根：直根系，木质化，多分枝。

茎：株高50～100 cm，茎直立，圆柱状，淡绿色或带紫红色，有多数条棱，稍有短柔毛或下部几无毛；分枝稀疏，斜上。

叶：叶为平面叶，披针形或条状披针形，长2～5 cm，宽3～7 mm，无毛或稍有毛，先端短渐尖，基部渐狭入短柄，通常有3条明显的主脉，边缘有疏生的锈色绢状缘毛；

地肤——全株

地肤——茎

地肤——叶

茎上部叶较小，无柄，1脉。

花：花两性或雌性，通常1～3个生于上部叶腋，构成疏穗状圆锥状花序，花下有时有锈色长柔毛；花被近球形，淡绿色，花被裂片近三角形，无毛或先端稍有毛；翅端附属物三角形至倒卵形，有时近扇形，膜质，脉不很明显，边缘微波状或具缺刻；花丝丝状，花药淡黄色；柱头2，丝状，紫褐色，花柱极短；花期6～9月。

地肤——根

地肤——花

果：胞果扁球形，果皮膜质，与种子离生。

种子：种子卵形，黑褐色，长1.5～2 mm，稍有光泽；胚环形，胚乳块状；果期7～10月。

生物学特征：

产于我国黑龙江、吉林、辽宁、内蒙古、河北、山西、陕西、甘肃、宁夏、青海、新疆。生于山沟湿地、河滩、海滨、田边、路旁、荒地等处，全国各地均产。国外分布于北非、非洲、欧洲、亚洲、中欧、俄罗斯西伯利亚地区、俄罗斯西西伯利亚地区、俄罗斯远东地区、乌苏里、则亚-布列亚、中亚地区。地肤适应性较强，喜温、喜光、耐干旱，不耐寒，对土壤要求不严格，较耐碱性土壤。肥沃、疏松、含腐殖质多的壤土利于地肤旺盛生长。

食用价值：

地肤是一种含高胡萝卜素和高钾、铜的半野生蔬菜，其嫩茎叶可供食用，一般沸水焯后炒食、凉拌或做馅。地肤炒肉丝色泽鲜艳，味鲜爽口，可制糕点。

药用价值：

地肤的果实和全草均可入药，地肤子有利小便，清湿热。治小便不利，淋病，带下，疝气，风疹，疮毒，疥癣，阴部湿痒等；还可去皮肤中积热，除皮肤外湿痒，抑制过敏。

园林价值：

可建花坛、花境、花丛、花群。用于布置花篱、花境或数株丛植于花坛中央，可修剪成各种几何造型进行布置。盆栽地肤可点缀和装饰厅、堂、会场等。地肤植株呈球形生长，枝叶秀丽，外形如小型千头柏，叶形纤细，株形优美，嫩绿，入秋泛红，观赏效果极佳。通过修剪造型如几何图案、组字等与花坛结合为主景或衬景。还可种植于道路两旁，走廊两侧。其变种细叶扫帚草，株形矮小，叶细软、嫩绿色，秋季转为红紫色。

角果碱蓬

学　　名：*Suaeda corniculata* (C. A. Mey.) Bunge

采集地点：乌裕尔河中游草甸草原，北纬47°51′，东经124°52′，土壤主要为草甸沼泽土，其次是潜育草甸土和碳酸盐草甸土，气候为温带湿润大陆性季风气候。年平均降水量为427.4 mm，最少只有284 mm，降水最多的月份一般在7月，最少的月份一般在1月。年平均气温3.1 ℃，最低气温出现在1月，平均气温-19.2 ℃，极端最低气温-39.5 ℃。最高气温出现在7月，平均气温22.8 ℃，平均最高气温27.8 ℃，极端最高气温39.9 ℃。平均无霜期为130 d左右，降雪期为150 d左右，雪量平均20～30 cm，积雪日期为120 d左右，最大可出现50 cm以上积雪。冻土日期最短年份为182 d，最长年份为216 d。冻土深度，最大深度为1.8 m，最小深度为1.2 m，年平均深度为1.5 m。

植物学特征：

角果碱蓬为被子植物门 Angiospermae、双子叶植物纲 Dicotyledoneae、原始花被亚纲 Archichlamydeae、中央种子目 Centrospermae、藜科 Chenopodiaceae、螺胚亚科 Spirolobeae、碱蓬族 Suaedeae、碱蓬属 Suaeda、无脉组 Sect. Heterosperma。角果碱蓬为一年生草本植物，具有以下植物学特征：

根：根为直根，有分枝和多须根。

茎：株高15～60 cm，无毛，茎平卧、外倾或直立，圆柱形，微弯曲，淡绿色，具微条

角果碱蓬——全株

角果碱蓬——根

角果碱蓬——茎　　　　　　　角果碱蓬——叶　　　　　　　角果碱蓬——花蕾

棱；分枝细瘦，斜升并稍弯曲。

叶：叶条形，半圆柱状，长 1~2 cm，宽 0.5~1 mm，茎直或茎下部的稍弯曲，先端微钝或急尖，基部稍缢缩，无柄。

花：团伞花序通常含 3~6 花，于分枝上排列成穗状花序；花两性兼有雌性；花被顶基略扁，5 深裂，裂片大小不等，先端钝，果时背面向外延伸增厚呈不等大的角状突出；花药细小，近圆形，长 0.15~0.2 mm，黄白色，花丝短，稍外伸；柱头 2，花柱不明显。

果：胞果扁，圆形，果皮与种子易脱离；花果期 8~9 月。

种子：种子横生或斜生，双凸镜形，直径 1~1.5 mm，种皮壳质，黑色，有光泽，表面具清晰的蜂窝状点纹，周边微钝。

生物学特征：

产自我国黑龙江、吉林、辽宁、内蒙古、河北、宁夏、甘肃西部、青海北部、新疆。生于盐碱土荒漠、湖边、河滩等处。分布于中亚及俄罗斯西伯利亚。

轴 藜

学　　名：*Axyris amaranthoides* L.

采集地点：乌裕尔河中游草甸草原，北纬47°51′，东经124°52′，土壤主要为草甸沼泽土，其次是潜育草甸土和碳酸盐草甸土，气候为温带湿润大陆性季风气候。年平均降水量为427.4 mm，最少只有284 mm，降水最多的月份一般在7月，最少的月份一般在1月。年平均气温3.1 ℃，最低气温出现在1月，平均气温-19.2 ℃，极端最低气温-39.5 ℃。最高气温出现在7月，平均气温22.8 ℃，平均最高气温27.8 ℃，极端最高气温39.9 ℃。平均无霜期为130 d左右，降雪期为150 d左右。雪量平均20~30 cm，积雪日期为120 d左右，最大可出现50 cm以上积雪。冻土日期最短年份为182 d，最长年份为216 d。冻土深度，最大深度为1.8 m，最小深度为1.2 m，年平均深度为1.5 m。

植物学特征：

轴藜为被子植物门 Angiospermae、双子叶植物纲 Dicotyledoneae、原始花被亚纲 Archichlamydeae、中央种子目 Centrospermae、藜科 Chenopodiaceae、环胚亚科 Cyclolobeae、滨藜族 Atripliceae、轴藜属 Axyris 的草本植物，具有以下植物学特征：

根：直根系，主根垂直生长，侧根发达，密而长。

茎：植株高20~80 cm。茎直立，粗壮，微具纵纹，毛后期大部脱落；分枝多集中于茎中部以上，纤细，劲直，长3~13 cm。

叶：叶具短柄，顶部渐尖，具小尖头，基部渐狭，全缘，背部密被星状毛，后期秃净；

轴藜——全株

轴藜——根

轴藜——茎　　　　　　　　　　　　　　　　轴藜——叶

基生叶大，披针形，长3～7 cm，宽0.5～1.3 cm，叶脉明显；枝生叶和苞叶较小，狭披针形或狭倒卵形，长约1 cm，宽2～3 mm，边缘通常内卷。

花：雄花序穗状；花被裂片3，狭矩圆形，先端急尖，向内卷曲，背部密被毛，后期脱落；雄蕊3，与裂片对生，伸出花被外。雌花花被片3，白膜质，背部密被毛，后脱落，侧生的两枚花被片大，宽卵形或近圆形，先端全缘或微具缺刻，近苞片处的花被片较小，矩圆形。

果：果实长椭圆状倒卵形，侧扁，长2～3 mm，灰黑色，有时具浅色斑纹，光滑，顶端具一附属物；附属物冠状，其中央微凹，有时亦有发育极好的果实其附属物不显；花果期8～9月。

生物学特征：

本种在我国分布很广，主要分布于黑龙江、吉林、辽宁、河北、山西、内蒙古、陕西、甘肃、青海、新疆等省区。喜生于沙质地，常见于山坡、草地、荒地、河边、田间或路旁。国外日本、朝鲜、蒙古、俄罗斯和欧洲也有分布。

鸭跖草

学　　名：Commelina communis L.

别　　名：淡竹叶、竹叶菜、鸭趾草、挂梁青、鸭儿草、竹芹菜、碧蝉花、野蝴蝶花、露草、半日莲、碧竹子、兰花草、鸡冠菜、鸭抓菜、淡竹叶花。

采集地点：乌裕尔河中游草甸草原，北纬47°51′，东经124°52′，土壤主要为草甸沼泽土，其次是潜育草甸土和碳酸盐草甸土，气候为温带湿润大陆性季风气候。年平均降水量为427.4 mm，最少只有284 mm，降水最多的月份一般在7月，最少的月份一般在1月。年平均气温3.1 ℃，最低气温出现在1月，平均气温-19.2 ℃，极端最低气温-39.5 ℃。最高气温出现在7月，平均气温22.8 ℃，平均最高气温27.8 ℃，极端最高气温39.9 ℃。平均无霜期为130 d左右，降雪期为150 d左右。雪量平均20~30 cm，积雪日期为120 d左右，最大可出现50 cm以上积雪。冻土日期最短年份为182 d，最长年份为216 d。冻土深度，最大深度为1.8 m，最小深度为1.2 m，年平均深度为1.5 m。

植物学特征：

鸭跖草为被子植物门 Angiospermae、单子叶植物纲 Monocotyledoneae、粉状胚乳目 Farinosae、鸭跖草亚目 Subordo Commelinineae、鸭跖草科 Commelinaceae、鸭跖草属 Commelina。鸭跖草为一年生草本植物，具有以下植物学特征：

根：根为须根系。茎匍匐生根，根系外形呈絮状。

茎：茎多分枝，长可达1 m，下部无毛，上部被短毛。

叶：叶片披针形至卵状披针形，长3~9 cm，宽1.5~2 cm。总苞片佛焰苞状，有1.5~4 cm的柄，与叶对生，折叠状，展开后为心形，顶端短急尖，基部心形，长1.2~2.5 cm，边缘常有硬毛。

花：聚伞花序，下面一枝仅有花1朵，具长8 mm的梗，不孕；上面一枝具花3~4朵，具短梗，几乎不伸出佛焰苞。花梗花期长仅3 mm，果期弯曲，长不过6 mm；萼片膜质，长约5 mm，内面2枚常靠近或合生；花瓣深蓝色；内面2枚具爪，长近1 cm。形似蝴蝶、鸡冠。

果：蒴果椭圆形，长5~7 mm，2室，2片裂，有种子4颗，花果期6~9月。

鸭跖草——全株

种子：种子长 2～3 mm，棕黄色，一端平截、腹面平，有不规则窝孔。

生物学特征：

鸭跖草中国产13属49种，多分布于长江以南各省，尤以西南地区为盛，主产云南、四川、甘肃以东的南北各省区。生于湿地。我国东北地区、越南、朝鲜、日本、俄罗斯远东地区以及北美也有分布。性喜半阴或全阴的环境，要求温暖、湿润，避免阳光直射，不耐低温。对土壤要求不严，耐旱性强，土壤略微有点湿就可以生长。

食用价值：

鸭跖草是部分地区常见野菜，鸭跖草一般用来清炒，煲汤，炖肉。味道很好，吃起来比较有口感，类似空心菜，味道比空心菜要稍微苦一点。

药用价值：

鸭跖草的茎叶入药，其味微苦，性寒。有清热解毒，消肿利尿的作用。对于女性宫颈糜烂、麦粒肿、咽喉炎、扁桃体炎都有很好的疗效，甚至对于被蝮蛇一类剧毒的蛇咬伤后形成的伤口有神奇的解毒作用。

观赏价值：

鸭跖草属于常绿植物，生长强健，是一种优良的室内观叶植物，可置于窗台几架或室外阴蔽处。鸭跖草可有效清除室内有害气体，释放氧气，是净化室内空气的优良植物。

鸭跖草——根

鸭跖草——茎

鸭跖草——叶

鸭跖草——花

经济价值：

鸭跖草古代用做颜料。《本草纲目》记载：竹叶菜，处处平地有之，三四月生苗，紫茎竹叶，嫩时可食。四五月开花，如蛾形，两叶如翅，碧色可爱。结角尖曲如鸟喙，实在角中，大如小豆，豆中有细子，灰黑而皱，状如蚕屎。巧匠采其花，取汁作画色及彩羊皮灯，青碧如黛色。

植物文化：

鸭跖草，跖同"指"，也就是鸭脚草的意思。可是它长得并不像鸭脚，反而因叶片像竹叶、花瓣像蝴蝶的翅膀而取名"碧竹子""翠蝴蝶"更形象。又因为花远看似蝉，又叫"碧蝉花"，宋代杨巽斋还写过一首《咏碧蝉儿花》："扬葩簌簌傍疏篱，薄翅舒青势欲飞。几误佳人将扇扑，始知错认枉心机。"又因为鸭跖草的花在清晨带着露珠开放，至中午凋谢，就好像露水一见晨光就要消失不见，因此又得名"露草""半日草"等。至于本名鸭跖草的名字由来，有一个奇特的传说：楚国郢都有一人，勇而有胆略，他将刷墙所用的白色土粉涂抹一点在自己的鼻头上，又有一匠人与他配合，猛然一斧斩落，恰好将楚人鼻头上的白粉砍掉，鼻子却没有丝毫损伤。再看这位楚人，面色坦然，全无惧意！这个故事称为"郢人之鼻斫"（斫，读作"卓"，意为用斧头砍）；唐宋时世人见有一种野花，中间花瓣带一点白色，好似将鼻头抹上白粉的楚国人，因此称之为"鼻斫草"。"斫"字后来又被讹传为"跖"，读音为"直"（因在吴越一带，两字发音相近），于是将错就错，这种野草也被叫作"鼻跖草"了。又因为这种野花常常长在潮湿的溪边河畔，水边的鸭子喜爱将这野花的鲜嫩茎叶当作食物，因此就被叫成了"鸭跖草"。

线 叶 菊

学　　名：*Filifolium sibiricum* (L.) Kitam.
别　　名：西伯利亚艾菊、兔子毛、兔毛蒿、疔毒花、惊草、荆草。
采集地点：乌裕尔河中游草甸草原，北纬47°51′，东经124°52′，土壤主要为草甸沼泽土，其次是潜育草甸土和碳酸盐草甸土，气候为温带湿润大陆性季风气候。年平均降水量为427.4 mm，最少只有284 mm，降水最多的月份一般在7月，最少的月份一般在1月。年平均气温3.1 ℃，最低气温出现在1月，平均气温-19.2 ℃，极端最低气温-39.5 ℃。最高气温出现在7月，平均气温22.8 ℃，平均最高气温27.8 ℃，极端最高气温39.9 ℃。平均无霜期为130 d左右，降雪期为150 d左右。雪量平均20～30 cm，积雪日期为120 d左右，最大可出现50 cm以上积雪。冻土日期最短年份为182 d，最长年份为216 d。冻土深度，最大深度为1.8 m，最小深度为1.2 m，年平均深度为1.5 m。

植物学特征：

线叶菊为被子植物门 Angiospermae、双子叶植物纲 Dicotyledoneae、合瓣花亚纲 Sympetalae、桔梗目 Campanulales、菊科 Compositae、管状花亚科 Carduoideae、春黄菊族 Anthemideae、菊亚族 Chrystheminae、线叶菊属 Filifolium。线叶菊为多年生草本植物，具有以下植物学特征：

根：根粗壮，直伸，木质化。

茎：茎丛生，密集，基部具密厚的纤维鞘，高20～60 cm，不分枝或上部稍分枝，分枝斜升，无毛，有条纹。

叶：基生叶有长柄，倒卵形或矩圆形，长20 cm，宽5～6 cm，茎生叶较小，互生，全部叶2～3回羽状全裂；末次裂片丝形，长达4 cm，宽达1 mm，无毛，有白色乳头状小凸起。

花：头状花序，在茎枝顶端排成伞房花序，花梗长1～11 mm；总苞球形或半球形，直径4～5 mm，无毛；总苞片3层，卵形至宽卵形，边缘膜质，顶端圆形，背部厚硬，黄褐色。边花约6朵，花冠筒状，压扁，顶端稍狭，具2～4齿，有腺点。盘花多数，花冠管状，黄色，长约2.5 mm，顶端5裂齿，下部无狭管。

果：瘦果倒卵形或椭圆形稍压扁，黑色，无毛，腹面有2条纹，花果期6～9月。

线叶菊——全株

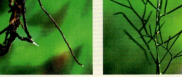

线叶菊——根　　　　　　线叶菊——叶　　　　　　　　线叶菊——头状花序

生物学特征：

主产于我国黑龙江、吉林、辽宁、内蒙古、河北、山西。生于山坡草地。朝鲜、日本、俄罗斯东西伯利亚及远东地区也有分布。在山地及丘陵石质地上，主根仅可伸入土中30 cm左右，侧根较发达。线叶菊属于温带耐寒的中旱生多年生草本，性喜湿润，能耐寒冷，为山地草原的重要建群种。在森林草原地带，线叶菊是草原分布广泛的优势群系，见于低山、丘陵、坡地的上部及顶部；在典型草原地带则限于海拔较高的山地及丘陵上部。

饲用价值：

线叶菊为中等或劣等饲用植物。青鲜状态一般不为家畜所采食。当秋季霜冻后，植株变成红色或暗褐色时，马、羊才开始采食。冬季和早春家畜也不乐食。枯草期的茎叶非常脆弱，易于折碎，因而不宜调制干草利用，利用率较低。植株质地较粗糙，营养价值低劣，在营养期内虽含有较多的粗蛋白质，粗纤维含量也低，但因适口性差，显得品质低劣。霜后，植株呈红色时，适口性才有所改善。

药用价值：

线叶菊有清热解毒，抗菌消炎，安神镇惊，调经止血。主治传染病高热，内服对心跳、失眠、神经衰弱效果显著，对月经过多，月经不调也有一定疗效。外用治肿痈、臁疮（下肢慢性溃疡）、中耳炎及其他外科化脓性感染疾病。

猫 儿 菊

学　　名：*Hypochaeris ciliata* (Thunb.) Makino.
别　　名：大黄菊、小蒲公英、黄金菊。
采集地点：乌裕尔河中游草甸草原，北纬47°51′，东经124°52′，土壤主要为草甸沼泽土，其次是潜育草甸土和碳酸盐草甸土，气候为温带湿润大陆性季风气候。年平均降水量为427.4 mm，最少只有284 mm，降水最多的月份一般在7月，最少的月份一般在1月。年平均气温3.1 ℃，最低气温出现在1月，平均气温-19.2 ℃，极端最低气温-39.5 ℃。最高气温出现在7月，平均气温22.8 ℃，平均最高气温27.8 ℃，极端最高气温39.9 ℃。平均无霜期为130 d左右，降雪期为150 d左右。雪量平均20～30 cm，积雪日期为120 d左右，最大可出现50 cm以上积雪。冻土日期最短年份为182 d，最长年份为216 d。冻土深度，最大深度为1.8 m，最小深度为1.2 m，年平均深度为1.5 m。

植物学特征：

猫儿菊为被子植物门 Angiospermae、双子叶植物纲 Dicotyledoneae、合瓣花亚纲 Sympetalae、桔梗目 Campanulales、菊科 Compositae、舌状花亚科 Cichorioideae Kitam、菊苣族 Trib. Lactuceae Cass、猫儿菊亚族 Hypochaerinae Less.、猫儿菊属 Hypochaeris L 的多年生草本植物，具有以下植物学特征：

根：根垂直直伸，直径约8 mm，为直根系。

猫儿菊——全株

猫儿菊——根

猫儿菊——叶

猫儿菊——茎　　　　　　　　　　猫儿菊——头状花序

茎： 茎直立，有纵沟棱，高20～60 cm，不分枝，全长或仅下半部被稠密或稀疏的硬刺毛或光滑无毛，基部被黑褐色枯燥叶柄。

叶： 基生叶椭圆形或长椭圆形或倒披针形，基部渐狭长或短翼柄，包括翼柄长9～21 cm，宽2～2.5 cm，顶端急尖或圆形，边缘有尖锯齿或微尖齿；下部茎生叶与基生形同形，等大或较小，但通常较宽，宽达5 cm；向上的茎叶椭圆形或长椭圆形或卵形或长卵形，但较小，全部茎生叶基部平截或圆形，无柄，半抱茎。全部叶两面粗糙，被稠密的硬刺毛。

花： 花为总苞宽钟状或半球形，直径2.2～2.5 cm；总苞片3～4层，覆瓦状排列，外层卵形或长椭圆状卵形，长1 cm，宽5 mm，顶端钝或渐尖，边缘有缘毛，中内层披针形，长1.5～2.2 cm，宽0.5～0.7 cm，边缘无缘毛，顶端急尖，全部总苞片或中外层总苞片外面沿中脉被白色卷毛；舌状小花多数，金黄色。

果： 瘦果圆柱状，浅褐色，长8 mm，直径1 mm，顶端截形，无喙，有约15～16条稍高起的细纵肋，花果期6～9月。

生物学特征：

分布在我国北京、黑龙江、吉林、辽宁、内蒙古、河北、山西及河南(伊阳、嵩县、卢氏、西峡)等地。俄罗斯(西伯利亚、远东地区)、蒙古、朝鲜也有分布。多生于山坡草地、林缘路旁或灌丛中，海拔850～1 200 m。

药用价值：

根可入药，可利水消肿；味淡，平，通肝、脾、肾三经。

园林价值：

在日本作观赏栽培。

华北鸦葱

学　　名：*Scorzonera albicaulis* Bunge
别　　名：笔管草、白茎雅葱、兔奶。

采集地点：乌裕尔河中游草甸草原，北纬47°51′，东经124°52′，土壤主要为草甸沼泽土，其次是潜育草甸土和碳酸盐草甸土，气候为温带湿润大陆性季风气候。年平均降水量为427.4 mm，最少只有284 mm，降水最多的月份一般在7月，最少的月份一般在1月。年平均气温3.1 ℃，最低气温出现在1月，平均气温-19.2 ℃，极端最低气温-39.5 ℃。最高气温出现在7月，平均气温22.8 ℃，平均最高气温27.8 ℃，极端最高气温39.9 ℃。平均无霜期为130 d左右，降雪期为150 d左右。雪量平均20～30 cm，积雪日期为120 d左右，最大可出现50 cm以上积雪。冻土日期最短年份为182 d，最长年份为216 d。冻土深度，最大深度为1.8 m，最小深度为1.2 m，年平均深度为1.5 m。

植物学特征：

华北鸦葱为被子植物门 Angiospermae、双子叶植物纲 Dicotyledoneae、合瓣花亚纲 Sympetalae、桔梗目 Campanulales、菊科 Compositae、舌状花亚科 Cichorioideae、菊苣族 Lactuceae、鸦葱亚族 Scorzonerinae、鸦葱属 Scorzonera。华北鸦葱为多年生草本植物，具有以下植物学特征：

根：圆柱状或倒圆锥状，直径达1.8 cm。

华北鸦葱——全株　　　　　　　华北鸦葱——根　　　　　　　华北鸦葱——茎

茎：茎高达120 cm。单生或少数茎成簇生，上部伞房状或聚伞花序状分枝，全部茎枝被白色绒毛，但在花序脱毛，茎基被棕色的残鞘。

叶：基生叶与茎生叶同形，线形、宽线形或线状长椭圆形，宽0.3～2 cm，边缘全缘，极少有浅波状微齿，两面光滑无毛，3～5出脉，两面明显，基生叶基部鞘状扩大，抱茎。

花：头状花序在茎枝顶端排成伞房花序，花序分枝长或排成聚伞花序而花序分枝

华北鸦葱——叶　　　　华北鸦葱——头状花序　　　　华北鸦葱——果

短或长短不一。总苞圆柱状，花期直径 1 cm，果期直径增大；总苞片约 5 层，外层三角状卵形或卵状披针形，长 5～8 mm，宽约 4 mm，中内层椭圆状披针形、长椭圆形至宽线形。全部总苞片被薄柔毛，但果期稀毛或无毛，顶端急尖或钝。舌状小花黄色。

果：瘦果圆柱状，长 2.1 cm，有多数高起的纵肋，无毛，无脊瘤，向顶端渐细成喙状。冠毛污黄色，其中 3～5 根超长，超长冠毛长达 2.4 cm，非超长冠毛刚毛长达 1.8 cm，全部冠毛大部羽毛状，羽枝蛛丝毛状，上部为细锯齿状，基部连合成环，整体脱落，花果期 5～9 月。

生物学特征：

华北鸦葱分布于我国黑龙江(伊春、宁安)、吉林(通榆、安图)、辽宁(本溪、尚志)、内蒙古(呼和浩特)、河北(涉县、易县、蔚县、磁县、内丘、保定)、山西(太原、阳曲、交城、五台、永济、夏县、沁源、运城)、陕西(延安、略阳、商县、佛坪)、山东(青岛)、江苏(扬州)、安徽(淮河流域以南各地)、浙江(杭州)、河南(汝阳、内乡、宝丰、商城、信阳)、湖北(具体地点不详)、贵州(贵阳)。生于山谷或山坡杂木林下或林缘、灌丛中，或生荒地、火烧迹或田间。海拔 250～2 500 m。俄罗斯西伯利亚、远东地区及朝鲜也有分布。

药用价值：

清热解毒，活血消肿。外用治疗疮、痈疽、毒蛇咬伤、蚊虫叮咬、乳腺炎。

屋 根 草

学　　　名：*Crepis tectorum* L.
别　　　名：还阳参。
采集地点：乌裕尔河中游草甸草原，北纬47°51′，东经124°52′，土壤主要为草甸沼泽土，其次是潜育草甸土和碳酸盐草甸土，气候为温带湿润大陆性季风气候。年平均降水量为427.4 mm，最少只有284 mm，降水最多的月份一般在7月，最少的月份一般在1月。年平均气温3.1 ℃，最低气温出现在1月，平均气温–19.2 ℃，极端最低气温–39.5 ℃。最高气温出现在7月，平均气温22.8 ℃，平均最高气温27.8 ℃，极端最高气温39.9 ℃。平均无霜期为130 d左右，降雪期为150 d左右。雪量平均20～30 cm，积雪日期为120 d左右，最大可出现50 cm以上积雪。冻土日期最短年份为182 d，最长年份为216 d。冻土深度，最大深度为1.8 m，最小深度为1.2 m，年平均深度为1.5 m。

植物学特征：

屋根草为被子植物门 Angiospermae、双子叶植物纲 Dicotyledoneae、合瓣花亚纲 Sympetalae、桔梗目 Campanulales、菊科 Compositae、舌状花亚科 Cichorioideae、菊苣族 Lactuceae、莴苣亚族 Lactucinae、还阳参属 Crepis。屋根草为一年生或两年生草本植物，具有以下植物学特征：

根：直根系，圆锥状，生多数须根。

屋根草——全株　　　　屋根草——根　　　　　　屋根草——茎

茎：茎直立，高30～90 cm，基部直径2～5 mm，自基部或自中部伞房花序状或伞房圆锥花序状分枝，分枝多数，斜升，极少自上部少分枝，全部茎枝被白色的蛛丝状短柔毛，上部粗糙，被稀疏的头状具柄的短腺毛或被淡白色的小刺毛。

叶：基生叶及下部茎叶全形披针状线形、披针形或倒披针形，包括叶柄长5～10 cm，宽0.5～1 cm，顶端急尖，基部楔形渐窄成短翼柄，边缘有稀疏的锯齿或凹缺状锯齿至羽状全裂，羽片披针形或线形；中部茎叶与基生叶及下部茎叶同形或线形，等样分裂或不裂，但无柄，基部尖耳状或圆耳状抱茎；上部茎叶线状披针形或线形，无柄，基部亦不抱茎，边缘全缘；全部叶两面被稀疏的小刺毛及头状具柄的腺毛。

花：头状花序多数或少数，在茎枝顶端排成伞房花序或伞房圆锥花序。总苞钟状，长 7.5～8.5 mm；总苞片 3～4 层，外层及最外层短，不等长，线形，长 2 mm，宽不足 0.2 mm，顶端急尖，内层及最内层长，等长，长 7.5～8.5 mm，长椭圆状披针形，顶端渐尖，边缘白色膜质，内面被贴伏的短糙毛；全部总苞片外面被稀疏的蛛丝状毛及头状具柄的长或短腺毛。舌状小花黄色，花冠管外面被白色短柔毛。

果：屋根草的瘦果纺锤形，长 3 mm，向顶端渐狭，顶端无喙，有 10 条等粗的纵肋，沿肋有指上的小刺毛。冠毛白色，长 4 mm。花果期 7～10 月。

生物学特征：

屋根草多分布于我国黑龙江(哈尔滨、北安)、内蒙古(大兴安岭)、新疆(富蕴、阿勒泰、哈巴河、布尔津)。欧洲、蒙古、俄罗斯(西伯利亚、远东地区)、哈萨克斯坦也有分布。生于山地林缘、河谷草地、田间或撂荒地，海拔 900～1 800 m。

屋根草——叶

屋根草——头状花序

屋根草——瘦果

园林价值：

在《吉林省野生草本地被植物在园林中的应用》一文中，筛选出具有较大园林应用价值的野生草本地被植物 86 种，分属于毛茛科、菊科、景天科等 31 个科；其中阳性植物 30 种，阴性植物 37 种，半阴性植物 19 种；多数为多年生草本，少数为 1 年生。根据不同的植物组成、用途和位置在园林中应用野生草本地被植物，采用多种形式组合，使吉林省野生草本地被植物在园林造景上具备个体美、群体美、富于季相变化与景观多样化等特点，其中使用了屋根草。

林 泽 兰

学　　名：*Eupatorium lindleyanum* DC.
别　　名：白鼓钉、升麻、土升麻、路边升麻、秤杆升麻、尖佩兰。

采集地点：乌裕尔河中游草甸草原,北纬47°51′,东经124°52′,土壤主要为草甸沼泽土,其次是潜育草甸土和碳酸盐草甸土,气候为温带湿润大陆性季风气候。年平均降水量为427.4 mm,最少只有284 mm,降水最多的月份一般在7月,最少的月份一般在1月。年平均气温3.1 ℃,最低气温出现在1月,平均气温-19.2 ℃,极端最低气温-39.5 ℃。最高气温出现在7月,平均气温22.8 ℃,平均最高气温27.8 ℃,极端最高气温39.9 ℃。平均无霜期为130 d左右,降雪期为150 d左右。雪量平均20～30 cm,积雪日期为120 d左右,最大可出现50 cm以上积雪。冻土日期最短年份为182 d,最长年份为216 d。冻土深度,最大深度为1.8 m,最小深度为1.2 m,年平均深度为1.5 m。

植物学特征

林泽兰为被子植物门 Angiospermae、双子叶植物纲 Dicotyledoneae、合瓣花亚纲 Sympetalae、桔梗目 Campanulales、菊科 Compositae、管状花亚科 Carduoideae、泽兰族 Trib. Eupatorieae、泽兰属 Eupatorium。林泽兰为多年生草本植物,具有以下植物学特征:

根:根茎短,有多数细根。

林泽兰——全株

林泽兰——根

林泽兰——茎、叶　　　　　林泽兰——花序

茎：株高30～150 cm。茎直立，下部及中部红色或淡紫红色，基部茎达2 cm，常自基部分枝或不分枝而上部仅有伞房状花序分枝；全部茎枝被稠密的白色长或短柔毛。

叶：下部茎叶花期脱落；中部茎叶长椭圆状披针形或线状披针形，长3～12 cm，宽0.5～3 cm，不分裂或三全裂，质厚，基部楔形，顶端急尖，三出基脉，两面粗糙，被白色长或短粗毛及黄色腺点，上面及沿脉的毛密；自中部向上与向下的叶渐小，与中部茎叶同形同质；全部茎叶基出三脉，边缘有深或浅犬齿，无柄或几乎无柄。

花：头状花序多数在茎顶或枝端排成紧密的伞房花序，花序茎2.5～6 cm，或排成大型的复伞房花序，花序茎达20 cm；花序枝及花梗紫红色或绿色，被白色密集的短柔毛。总苞钟状，含5个小花；总苞片覆瓦状排列，约3层；外层苞片短，长1～2 mm，披针形或宽披针形，中层及内层苞片渐长，长5～6 mm，长椭圆形或长椭圆状披针形；全部苞片绿色或紫红色，顶端急尖。花白色、粉红色或淡紫红色，花冠长4.5 mm，外面散生黄色腺点。

果：瘦果黑褐色，长3 mm，椭圆状，5棱，散生黄色腺点；冠毛白色，与花冠等长或稍长；花果期5～12月。

生物学特征：
　　林泽兰除新疆未见记录外，遍布全国各地。俄罗斯西伯利亚地区、朝鲜、日本都有分布。生于山谷阴处水湿地、林下湿地或草原上，海拔200～2 600 m。

药用价值：
　　林泽兰的枝叶入药，有发表祛湿、和中化湿之效。

全叶马兰

学　　名：*Aster pekinensis* (Hance) F. H. Chen.

别　　名：全叶鸡儿肠(《江苏南部种子植物手册》)、全缘叶马兰、黄花三草、野白菊(湖北)。

采集地点：乌裕尔河中游草甸草原,北纬47°51′,东经124°52′,土壤主要为草甸沼泽土,其次是潜育草甸土和碳酸盐草甸土,气候为温带湿润大陆性季风气候。年平均降水量为427.4 mm,最少只有284 mm,降水最多的月份一般在7月,最少的月份一般在1月。年平均气温3.1 ℃,最低气温出现在1月,平均气温-19.2 ℃,极端最低气温-39.5 ℃。最高气温出现在7月,平均气温22.8 ℃,平均最高气温27.8 ℃,极端最高气温39.9 ℃。平均无霜期为130 d左右,降雪期为150 d左右。雪量平均20~30 cm,积雪日期为120 d左右,最大可出现50 cm以上积雪。冻土日期最短年份为182 d,最长年份为216 d。冻土深度,最大深度为1.8 m,最小深度为1.2 m,年平均深度为1.5 m。

植物学特征：

全叶马兰为被子植物门Angiospermae、双子叶植物纲Dicotyledoneae、合瓣花亚纲Sympetalae、桔梗目Campanulales、菊科Compositae、管状花亚科Carduoideae、紫菀族Trib. Astereae、马兰属Kalimeris、马兰组Sect. Kalimeris。全叶马兰为根蘖型多年生草本植物,具有以下植物学特征:

根：长纺锤状直根,主根上布满根须。

茎：茎直立,高30~70 cm,单生或数个丛生,被细硬毛,中部以上有近直立的帚状分枝。

叶：下部叶在花期枯萎;中部叶多而密,条状披针形、倒披针形或矩圆形,长2.5~4 cm,宽0.4~0.6 cm,顶端钝或渐尖,常有小尖头,基部渐狭无柄,全缘,边缘稍

全叶马兰——全株

全叶马兰——根

全叶马兰——叶　　　　全叶马兰——茎　　　　全叶马兰——头状花序

反卷；上部叶较小，条形；全部叶下面灰绿，两面密被粉状短绒毛；中脉在下面凸起。

花：头状花序单生枝端且排成疏伞房状。总苞半球形，径7～8 mm，长4 mm；总苞片3层，覆瓦状排列，外层近条形，长1.5 mm，内层矩圆状披针形，长达4 mm，顶端尖，上部单质，有短粗毛及腺点。舌状花1层，20余个，管部长1 mm，有毛；舌片淡紫色，长11 mm，宽2.5 mm。管状花冠长3 mm，管部长1 mm，有毛。花期6～10月。

果：瘦果倒卵形，长1.8～2 mm，宽1.5 mm，浅褐色，扁，有浅色边肋，或一面有肋而果呈三棱形，上部有短毛及腺。冠毛带褐色，长0.3～0.5 mm，不等长，弱而易脱落。果期7～11月。

生物学特征：

生于山坡、林缘、灌丛、路旁。广泛分布于我国西部、中部、东部、北部及东北部（四川、陕西南部、湖北、湖南、安徽、浙江、江苏、山东、河南、山西、河北、辽宁、吉林、黑龙江及内蒙古东部）。朝鲜、日本、俄罗斯、西伯利亚东部也有分布。

饲用价值：

全叶马兰对各种家畜有较好的适口性。全叶马兰的营养成分，在粗蛋白质和粗脂肪的含量中偏上，灰分含量较高，1 g鲜叶含维生素C约0.6 mg。青草和干草，马、牛、羊均喜食，还可作兔和猪的饲草，加水蒸煮，拌入精料，气味浓香。虽然产量不甚高，但饲用品质良好，整个植株几乎都可供家畜饲用，花期过后，植株并不明显硬化，较长期间保持质地柔软，可以作饲料用。

药用价值：

清热解毒，止咳。主治感冒发热、咳嗽、咽炎、扁桃体炎、黄疸、小儿疳疾、胃、十二指肠溃疡、肠炎、痢疾、吐血、衄血、疮疖肿毒、乳腺炎、外伤出血等。全叶马兰的干燥或新鲜全草入药，8～9月采收，洗净，晒干；全叶马兰味苦，性寒；内服，煎汤，用量9～18 g，鲜者30～60 g，外用，15～30 g，适量捣敷、研末掺或煎水洗。

旋 覆 花

学　　名：*Inula japonica* Thunb.

别　　名：猫耳朵、六月菊、金佛草、金佛花、金钱花、金沸草、小旋覆花、条叶旋覆花、旋复花。

采集地点：乌裕尔河中游草甸草原，北纬47°51′，东经124°52′，土壤主要为草甸沼泽土，其次是潜育草甸土和碳酸盐草甸土，气候为温带湿润大陆性季风气候。年平均降水量为427.4 mm，最少只有284 mm，降水最多的月份一般在7月，最少的月份一般在1月。年平均气温3.1 ℃，最低气温出现在1月，平均气温-19.2 ℃，极端最低气温-39.5 ℃。最高气温出现在7月，平均气温22.8 ℃，平均最高气温27.8 ℃，极端最高气温39.9 ℃。平均无霜期为130 d左右，降雪期为150 d左右。雪量平均20~30 cm，积雪日期为120 d左右，最大可出现50 cm以上积雪。冻土日期最短年份为182 d，最长年份为216 d。冻土深度，最大深度为1.8 m，最小深度为1.2 m，年平均深度为1.5 m。

植物学特征：

旋覆花为被子植物门 Angiospermae、双子叶植物纲 Dicotyledoneae、合瓣花亚纲 Sympetalae、桔梗目 Campanulales、菊科 Compositae、管状花亚科 Carduoideae、旋覆花族 Trib. Inuleae、旋覆花亚族 Subtrib. Inulinae、旋覆花属 Inula、旋覆花组 Sect. Inula，旋覆花系 Ser. Britanicae。旋覆花为多年生草本植物，具有以下植物学特征：

根：直根系，多分枝和须根，根状茎短，横走或斜升。

茎：茎单生，有时2~3个簇生，直立，高30~70 cm，有时基部具不定根，基部径

旋覆花——全株

旋覆花——根

旋覆花——茎

3~10 mm，有细沟，被长伏毛，或下部有时脱毛，上部有上升或开展的分枝，全部有叶；节间长2~4 cm。

叶：基部叶常较小，在花期枯萎；中部叶长圆形，长圆状披针形或披针形，长1~13 cm，宽1.5~3.5 cm，基部多少狭窄，常有圆形半抱茎的小耳，无柄，顶端稍尖或渐尖，边缘有小尖头状疏齿或全缘，上面有疏毛或近无毛，下面有疏伏毛和腺点；中脉和侧脉有较密的长毛；上部叶渐狭小，线状披针形。

花：头状花序径3~4 cm，多数或少数排列成疏散的伞房花序；花序梗细长。总苞半球形，径13~17 mm，长7~8 mm；总苞片约6层，线状披针形，近等长，但最外层常叶质而较长；外层基部革质，上部叶质，背面有伏毛或近无毛，有缘毛；内层除绿色中脉外干膜质，渐尖，有腺点和缘毛。舌状花黄色，较总苞长2~2.5倍；舌片线形，长10~13 mm；管状花花冠长约5 mm，有三角披针形裂片；冠毛1层，白色有20余个微糙毛，与管状花近等长。花期6~10月。

果：瘦果长1~1.2 mm，圆柱形，有10条沟，顶端截形，被疏短毛，果期9~11月。

生物学特征：

旋覆花分布于我国的北部、东北部、中部、东部、广东、贵州、四川、福建等地，蒙古、俄罗斯、日本、朝鲜也有分布。生于海拔150~2 400 m的山坡路旁、湿润草地、湿润坡地、河岸、田埂上和路旁。以温暖湿润的气候最适宜，以肥沃的沙质壤土或腐殖质壤土生长良好。

药用价值：

根及叶治刀伤、疗毒，煎服可平喘镇咳；花是健胃祛痰药，也治胸中丕闷、胃部膨胀、嗳气、咳嗽、呕逆等（《江苏省药材志》）。古方祛痰、除湿、利肠，又为治水肿的主要药。旋覆花含有的化学成分天人菊内酯有抗癌作用。

园林价值：

旋覆花花色鲜艳，可用于园林。

旋覆花——叶

旋覆花——头状花序

女 菀

学　　名：*Turczaninowia fastigiata* (Fisch.) DC.
别　　名：白菀、织女菀、女肠、茆、羊须草。
采集地点：乌裕尔河中游草甸草原，北纬47°51′，东经124°52′，土壤主要为草甸沼泽土，其次是潜育草甸土和碳酸盐草甸土，气候为温带湿润大陆性季风气候。年平均降水量为427.4 mm，最少只有284 mm，降水最多的月份一般在7月，最少的月份一般在1月。年平均气温3.1 ℃，最低气温出现在1月，平均气温-19.2 ℃，极端最低气温-39.5 ℃。最高气温出现在7月，平均气温22.8 ℃，平均最高气温27.8 ℃，极端最高气温39.9 ℃。平均无霜期为130 d左右，降雪期为150 d左右。雪量平均20～30 cm，积雪日期为120 d左右，最大可出现50 cm以上积雪。冻土日期最短年份为182 d，最长年份为216 d。冻土深度，最大深度为1.8 m，最小深度为1.2 m，年平均深度为1.5 m。

植物学特征：

女菀为被子植物门 Angiospermae、双子叶植物纲 Dicotyledoneae、合瓣花亚纲 Sympetalae、桔梗目 Campanulales、菊科 Compositae、管状花亚科 Carduoideae、紫菀族 Trib. Astereae、女菀属 Turczaninowia。女菀为多年生草本植物，具有以下植物学特征：

根：根为肉质根，根茎粗壮。
茎：茎直立，高30～100 cm，被短柔毛，下部常脱毛，上部有伞房状细枝。
叶：下部叶在花期枯萎，条状披针形，长3～12 cm，宽0.3～1.5 cm，基部渐狭成短柄，顶端渐尖，全缘，中部以上叶渐小，披针形或条形，下面灰绿色，被密短毛及腺点，

女菀——全株

女菀——根

女菀——茎、叶

女菀——花序　　　　　　　　　　　女菀——头状花序

上面无毛,边缘有糙毛,稍反卷;中脉及三出脉在下面凸起。

花:头状花序直径5～7 mm,多数在枝端密集;花序梗纤细,有长1～2 mm的苞叶。总苞长3～4 mm;总苞片被密短毛,顶端钝,外层矩圆形,长约1.5 mm;内层倒披针状矩圆形,上端及中脉绿色。花十余个;舌状花白色,管部长2～3 mm;管状花长3～4 mm。冠毛约与管状花花冠等长。

果:瘦果矩圆形,基部尖,长约1 mm,被密柔毛或后时稍脱毛,花果期8～10月。

生物学特征:

女菀广泛分布于我国东北部及河北、山西、山东、河南、陕西、湖北、湖南、江西、安徽、江苏、浙江等省。朝鲜、日本及俄罗斯西伯利亚东部也有分布。生于荒地、山坡润湿处、路旁,海拔50～150 m。

药用价值:

温肺化痰,健脾利湿。用于咳嗽气喘,泻痢,小便短涩。现常用于慢性支气管炎、支气管哮喘、慢性肠炎、慢性细菌性痢疾、尿路感染等。正月、二月采收,阴干。

其他:

女菀,其根似女体柔宛,故名。

毛 连 菜

学　名：*Picris hieracioides* L.
别　名：枪刀菜、希日-明占、查希巴-其其格。
采集地点：乌裕尔河中游草甸草原，北纬47°51′，东经124°52′，土壤主要为草甸沼泽土，其次是潜育草甸土和碳酸盐草甸土，气候为温带湿润大陆性季风气候。年平均降水量为427.4 mm，最少只有284 mm，降水最多的月份一般在7月，最少的月份一般在1月。年平均气温3.1 ℃，最低气温出现在1月，平均气温−19.2 ℃，极端最低气温−39.5 ℃。最高气温出现在7月，平均气温22.8 ℃，平均最高气温27.8 ℃，极端最高气温39.9 ℃。平均无霜期为130 d左右，降雪期为150 d左右。雪量平均20～30 cm，积雪日期为120 d左右，最大可出现50 cm以上积雪。冻土日期最短年份为182 d，最长年份为216 d。冻土深度，最大深度为1.8 m，最小深度为1.2 m，年平均深度为1.5 m。

植物学特征：

毛连菜为被子植物门 Angiospermae、双子叶植物纲 Dicotyledoneae、合瓣花亚纲 Sympetalae、桔梗目 Campanulales、菊科 Compositae、舌状花亚科 Cichorioideae、菊苣族 Lactuceae、猫儿菊亚族 Hypochaerinae、毛连菜属 Picris。毛连菜为两年生草本植物，具有以下植物学特征：

根：根垂直直伸，粗壮，多侧根。

茎：茎直立，高16～120 cm。上部伞房状或伞房圆锥状分枝，有纵沟纹，被稠密或稀疏的亮色分叉的钩状硬毛。

叶：基生叶花期枯萎脱落；下部茎叶长椭圆形或宽披针形，长8～34 cm，宽0.5～6 cm，先端渐尖或急尖或钝，边缘全缘或有尖锯齿或大而钝的锯齿，基部渐狭成长或短翼柄，中部和上部茎叶披针形或线形，较下部茎叶小，无柄，基部半抱茎；最上部茎小，全缘；全部茎叶两面特别是沿脉被亮色的钩状分叉的硬毛。

花：头状花序较多数，在茎枝顶端排成伞房花序或伞房圆锥花序，花序梗细长。

毛连菜——全株

毛连菜——根

毛连菜——茎

毛连菜——头状花序　　　　　　　　毛连菜——叶

总苞片3层,外层线形,短,长2~4 mm,宽不足1 mm,顶端急尖;内层长,线状披针形,长10~12 mm,宽约2 mm,边缘白色膜质,先端渐尖;全部总苞片外面被硬毛和短柔毛。舌状小花黄色,冠筒被白色短柔毛。

果:瘦果纺锤形,长约3 mm,棕褐色,有纵肋,肋上有横皱纹。冠毛白色,外层极短,糙毛状,内层长,羽毛状,长约6 mm。花果期6~9月。

生物学特征:

主要分布于我国吉林(桦甸)、河北(阜平、蔚县、内丘、张北)、山西(芮城、垣曲、晋城、临县)、陕西(华县、横山、子长、西县)、甘肃(夏河、天水)、青海(大通、昂欠)、山东(烟台、栖霞)、河南(嵩县、新县)、湖北(竹溪、房县)、湖南(城步)、四川(松潘、宝兴、南川、乾宁、奉节、木里、巫山)、云南(中甸、洱源、富民)、贵州(贵阳)、西藏(波密、林芝)。生于山坡草地、林下、沟边、田间、撂荒地或沙滩地,海拔560~3 400 m。欧洲、地中海地区、伊朗、俄罗斯(欧洲部分、西西伯利亚)及哈萨克斯坦也有分布。

药用价值:

全草入药,地上部分含黄酮类化合物、生物碱。叶、花及皮中含齐墩果酸、蒲公英赛醇(Taraxerol)、熊果酸、白桦脂酸、蛇麻脂醇(Lupeol)、β-谷甾醇、β-香树脂醇,还含萜类物质。中药味苦、辛,性凉。泻火解毒,祛瘀止痛,利小便。蒙药味苦,性凉、糙。清热,解毒,消肿,杀"粘",止痛。中药治痈疮肿毒,跌打损伤,泄泻,小便不利。蒙药治瘟疫,流感,阵刺痛,"发症",乳痈。

紫 菀

学　　名：Aster tataricus L. f.
别　　名：青牛舌头花、山白菜、驴夹板菜、驴耳朵菜、青菀、还魂草。
采集地点：乌裕尔河中游草甸草原，北纬47°51′，东经124°52′，土壤主要为草甸沼泽土，其次是潜育草甸土和碳酸盐草甸土，气候为温带湿润大陆性季风气候。年平均降水量为427.4 mm，最少只有284 mm，降水最多的月份一般在7月，最少的月份一般在1月。年平均气温3.1 ℃，最低气温出现在1月，平均气温-19.2 ℃，极端最低气温-39.5 ℃。最高气温出现在7月，平均气温22.8 ℃，平均最高气温27.8 ℃，极端最高气温39.9 ℃。平均无霜期为130 d左右，降雪期为150 d左右。雪量平均20～30 cm，积雪日期为120 d左右，最大可出现50 cm以上积雪。冻土日期最短年份为182 d，最长年份为216 d。冻土深度，最大深度为1.8 m，最小深度为1.2 m，年平均深度为1.5 m。

植物学特征：

紫菀为被子植物门Angiospermae、双子叶植物纲Dicotyledoneae、合瓣花亚纲Sympetalae、桔梗目Campanulales、菊科Compositae、管状花亚科Carduoideae、紫菀族Trib. Astereae、紫菀属Aster、紫菀组Sect. Aster、大花系Ser. Macrocephali。紫菀为多年生草本植物，具有以下植物学特征：

根：根为须根，根状茎斜升。

茎：茎直立，高40～50 cm，粗壮，基部有纤维状枯叶残片且常有不定根，有棱及沟，被疏粗毛，有疏生的叶。

叶：基部叶在花期枯落，长圆状或椭圆状匙形，下半部渐狭成长柄，连柄长20～50 cm，宽3～13 cm，顶端尖或渐尖，边缘有具小尖头的圆齿或浅齿。下部叶匙状长圆形，常较小，下部渐狭或急狭成具宽翅的柄，渐尖，边缘除顶部外有密锯齿；中部叶长圆形

紫菀——全株　　　　紫菀——根

或长圆披针形，无柄，全缘或有浅齿，上部叶狭小；全部叶厚纸质，上面被短糙毛，下面被稍疏的但沿脉被较密的短粗毛；中脉粗壮，与5～10对侧脉在下面突起，网脉明显。

花：头状花序多数，径2.5～4.5 cm，在茎和枝端排列成复伞房状；花序梗长，有线形苞叶。总苞半球形，长7～9 mm，径10～25 mm；总苞片3层，线形或线状披针形，顶端尖或圆形，外层长3～4 mm，宽1 mm，全部或上部草质，被密短毛，内层长达8 mm，宽达1.5 mm，边缘宽膜质且带紫红色，有草质中脉。舌状花约20余个；管部长3 mm，

紫菀——茎　　　　　　　　紫菀——叶　　　　　　　紫菀——头状花序

舌片蓝紫色,长15～17 mm,宽2.5～3.5 mm,有4至多脉;管状花长6～7 mm且稍有毛,裂片长1.5 mm;花柱附片披针形,长0.5 mm。花期7～9月。

果:瘦果倒卵状长圆形,紫褐色,长2.5～3 mm,两面各有1或少有3脉,上部被疏粗毛。冠毛污白色或带红色,长6 mm,有多数不等长的糙毛。果期8～10月。

生物学特征:

生于海拔400～2 000 m的低山阴坡湿地、山顶和低山草地及沼泽地,耐涝、怕干旱,耐寒性较强。分布于我国黑龙江、吉林、辽宁、内蒙古东部及南部、山西、河北、河南西部(卢氏)、陕西及甘肃南部(临洮、成县等)等地。朝鲜、日本及俄罗斯西伯利亚东部也有分布。

药用价值:

紫菀有温肺,下气,消痰,止咳。治风寒咳嗽气喘,虚劳咳吐脓血,喉痹,小便不利。有毒性,紫菀皂甙有溶血作用,制剂不宜静脉注射。

园林价值:

可作为园林观赏植物。

植物文化:

传说为痴情女子所化。一位痴情的女子,为了追随早亡的爱人,竟在爱人的坟前化作一朵淡紫色的美丽小花,与漂泊的爱人灵魂相聚。

花语:

回忆、真挚的爱。

草地风毛菊

学　　名：*Saussurea amara* (L.) DC.
别　　名：驴耳风毛菊、羊耳朵。
采集地点：乌裕尔河中游草甸草原，北纬47°51′，东经124°52′，土壤主要为草甸沼泽土，其次是潜育草甸土和碳酸盐草甸土，气候为温带湿润大陆性季风气候。年平均降水量为427.4 mm，最少只有284 mm，降水最多的月份一般在7月，最少的月份一般在1月。年平均气温3.1 ℃，最低气温出现在1月，平均气温-19.2 ℃，极端最低气温-39.5 ℃。最高气温出现在7月，平均气温22.8 ℃，平均最高气温27.8 ℃，极端最高气温39.9 ℃。平均无霜期为130 d左右，降雪期为150 d左右。雪量平均20～30 cm，积雪日期为120 d左右，最大可出现50 cm以上积雪。冻土日期最短年份为182 d，最长年份为216 d。冻土深度，最大深度为1.8 m，最小深度为1.2 m，年平均深度为1.5 m。

植物学特征：

草地风毛菊为被子植物门 Angiospermae、双子叶植物纲 Dicotyledoneae、合瓣花亚纲 Sympetalae、桔梗目 Campanulales、菊科 Compositae、管状花亚科 Carduoideae、菜蓟族 Cynareae、飞廉亚族 Carduinae、风毛菊属 Saussurea、附片亚属 Subgen. Theodorea。草地风毛菊为多年生草本植物，具有以下植物学特征：

根：根为直根系，多分枝。

茎：茎直立，高(9)15～60 cm，基部直径7 mm，无翼，被白色稀疏的短柔毛或通常无毛，上部或仅在顶端有短伞房花序状分枝或自中下部有长伞房花序状分枝。

叶：基生叶与下部茎叶有长或短柄，柄长2～4 cm，叶片披针状长椭圆形、椭圆形、长圆状椭圆形或长披针形，长1～18 cm，宽0.7～6 cm，顶端钝或急尖，基部楔形渐狭，

草地风毛菊——全株

草地风毛菊——茎、叶

草地风毛菊——根

草地风毛菊——叶

草地风毛菊——头状花序

边缘通常全缘或有极少的钝而大的锯齿或波状浅齿而锯齿不等大；中上部茎叶渐小，有短柄或无柄，椭圆形或披针形，基部有时有小耳；全部叶两面绿色，下面色淡，两面被稀疏的短柔毛及稠密的金黄色小腺点。

花：头状花序，在茎枝顶端排成伞房状或伞房圆锥花序，总苞钟状或圆柱形，径8～12 mm；总苞片4层，外层披针形或卵状披针形，长3～5 mm，宽约1 mm，顶端急尖，有时黑绿色，有细齿或3裂，外层被稀疏的短柔毛，中层与内层线状长椭圆形或线形，长约9 mm，宽1.5 mm，外面有白色稀疏短柔毛，顶端有淡紫红色而边缘有小锯齿的扩大的圆形附片，全部苞片外面绿色或淡绿色，有少数金黄色小腺点或无腺点。小花淡紫色，长约1.5 cm，细管部长约9 mm，檐部长约6 mm。

果：瘦果长圆形，长约3 mm，有4肋。冠毛白色，2层，外层短，糙毛状，长约1 mm，内层长，羽毛状，长约1.7 cm。花果期7～10月。

生物学特征：

分布于我国黑龙江(安达、哈尔滨)、吉林(白城)、辽宁(彰武)、内蒙古(海拉尔、满洲里、鄂克拉旗、赤峰)、河北(张家口、张北、康保)、山西(五寨、宁武、五台、榆林、河曲)、北京(金山)、陕西(靖边、安寨)、甘肃(民乐)、青海(西宁)、新疆(塔城、阿巴河县)。生于荒地、路边、森林草地、山坡、草原、盐碱地、河堤、沙丘、湖边、水边，海拔510～3 200 m。欧洲、俄罗斯、哈萨克斯坦、乌兹别克斯坦、塔吉克斯坦及蒙古也有分布。

药用价值：

全草入药。于夏、秋季采收，除去杂质，洗净泥土，鲜用或晒干，切段备用。草地风毛菊气微，味苦，性寒；具有清热解毒，消肿，止痛；主治瘰疬，痄腮，疖肿，流感，瘟疫，麻疹，猩红热，"发症"，结喉，痢疾，心热，搏热，实热，久热，伤热，"协日"热，血热，肠蒯痛，阵刺痛。

翅 果 菊

学　　名：*Lactuca indica* L.
别　　名：山莴苣、苦莴苣(江西)、山马草(广东)、野莴苣(《海南植物志》)。
采集地点：乌裕尔河中游草甸草原,北纬47°51′,东经124°52′,土壤主要为草甸沼泽土,其次是潜育草甸土和碳酸盐草甸土,气候为温带湿润大陆性季风气候。年平均降水量为427.4 mm,最少只有284 mm,降水最多的月份一般在7月,最少的月份一般在1月。年平均气温3.1 ℃,最低气温出现在1月,平均气温-19.2 ℃,极端最低气温-39.5 ℃。最高气温出现在7月,平均气温22.8 ℃,平均最高气温27.8 ℃,极端最高气温39.9 ℃。平均无霜期为130 d左右,降雪期为150 d左右。雪量平均20～30 cm,积雪日期为120 d左右,最大可出现50 cm以上积雪。冻土日期最短年份为182 d,最长年份为216 d。冻土深度,最大深度为1.8 m,最小深度为1.2 m,年平均深度为1.5 m。

植物学特征：

翅果菊为被子植物门 Angiospermae、双子叶植物纲 Dicotyledoneae、合瓣花亚纲 Sympetalae、桔梗目 Campanulales、菊科 Compositae、舌状花亚科 Cichorioideae、菊苣族 Lactuceae、莴苣亚族 Lactucinae、翅果菊属 Pterocypsela 的一年生或两年生草本植物,具有以下植物学特征：

根：根垂直直伸,生多数须根。

茎：茎直立,单生,高0.4～2 m,基部直径3～10 mm,上部圆锥状或总状圆锥状分枝,全部茎枝无毛。

叶：全部茎叶线形,中部茎叶长达21 cm或过之,宽0.5～1 cm,边缘大部全缘或仅基部或中部以下两侧边缘有小尖头或稀疏细锯齿或尖齿,或全部茎叶线状长椭圆形、

翅果菊——全株

翅果菊——根

翅果菊——茎

翅果菊——叶

翅果菊——头状花序

长椭圆形或倒披针状长椭圆形,中下部茎叶长13~22 cm,宽1.5~3 cm,边缘有稀疏的尖齿或几全缘或全部茎叶椭圆形,中下部茎叶长15~20 cm,宽6~8 cm,边缘有三角形锯齿或偏斜卵状大齿;全部茎叶顶端长渐急尖或渐尖,基部楔形渐狭,无柄,两面无毛。

花: 头状花序果期卵球形,多数沿茎枝顶端排成圆锥花序或总状圆锥花序。总苞长1.5 cm,宽9 mm,总苞片4层,外层卵形或长卵形,长3~3.5 mm,宽1.5~2 mm,顶端急尖或钝,中内层长披针或线状披针形,长1 cm或过之,宽1~2 mm,顶端钝或圆形,全部苞片边缘染紫红色。舌状小花25枚,黄色。

果: 瘦果椭圆形,长3~5 mm,宽1.5~2 mm,黑色,压扁,边缘有宽翅,顶端急尖或渐尖成0.5~1.5 mm细或稍粗的喙,每面有1条细纵脉纹。冠毛2层,白色,几单毛状,长8 mm。花果期1~11月。

生物学特征:

分布于我国北京、吉林(安图)、河北(具体地点不详)、陕西(略阳)、山东(烟台)、江苏(无锡)、安徽(全椒、舒城)、浙江(杭州、昌化)、江西(遂川)、湖北(合丰)、湖南(保靖、新宁、武岗、宜章)、广东(乐昌)、海南(保亭、澄迈)、四川(广汉、绵阳、万源)、贵州(习水、遵义、江口、兴义、贵阳)、云南(金屏、西畴)、西藏(墨脱)。生于山谷、山坡林缘及林下、灌丛中或水沟边、山坡草地或田间。俄罗斯东西伯利亚及远东地区、日本、菲律宾、印度尼西亚与印度西北部也有分布。

多裂翅果菊

学　　名：*Pterocypsela laciniata* (Houtt.) Shih

采集地点：乌裕尔河中游草甸草原，北纬47°51′，东经124°52′，土壤主要为草甸沼泽土，其次是潜育草甸土和碳酸盐草甸土，气候为温带湿润大陆性季风气候。年平均降水量为427.4 mm，最少只有284 mm，降水最多的月份一般在7月，最少的月份一般在1月。年平均气温3.1 ℃，最低气温出现在1月，平均气温-19.2 ℃，极端最低气温-39.5 ℃。最高气温出现在7月，平均气温22.8 ℃，平均最高气温27.8 ℃，极端最高气温39.9 ℃。平均无霜期为130 d左右，降雪期为150 d左右。雪量平均20～30 cm，积雪日期为120 d左右，最大可出现50 cm以上积雪。冻土日期最短年份为182 d，最长年份为216 d。冻土深度，最大深度为1.8 m，最小深度为1.2 m，年平均深度为1.5 m。

植物学特征：

多裂翅果菊为被子植物门 Angiospermae、双子叶植物纲 Dicotyledoneae、合瓣花亚纲 Sympetalae、桔梗目 Campanulales、菊科 Compositae、舌状花亚科 Cichorioideae、菊苣族 Lactuceae、莴苣亚族 Lactucinae、翅果菊属 Pterocypsela。多裂翅果菊为多年生草本植物，具有以下植物学特征：

根：直根系，根粗厚，分枝成萝卜状。

茎：茎单生，直立，粗壮，高0.6～2 m，上部圆锥状花序分枝，全部茎枝无毛。

叶：中下部茎叶倒披针形、椭圆形或长椭圆形，规则或不规则二回羽状深裂，长达30 cm，宽达17 cm，无柄，基部宽大，顶裂片狭线形，一回侧裂片5对或更多，中上部的侧裂片较大，向下的侧裂片渐小，二回侧裂片线形或三角形，长短不等，全部茎叶或中下部茎叶极少一回羽状深裂，全形披针形、倒披针形或长椭圆形，长14～30 cm，宽

多裂翅果菊——全株　　　　　　多裂翅果菊——根　　　　　　多裂翅果菊——茎

多裂翅果菊——叶   多裂翅果菊——头状花序

4.5~8 cm，侧裂片1~6对，镰刀形、长椭圆形或披针形，顶裂片线形、披针形、线状长椭圆形或宽线形；向上的茎叶渐小，与中下部茎叶同形并等样分裂或不裂而为线形。

花：头状花序多数，在茎枝顶端排成圆锥花序。总苞果期卵球形，长约1.6 cm，宽约9 mm；总苞片4~5层，外层卵形、宽卵形或卵状椭圆形，长4~9 mm，宽2~3 mm，中内层长披针形，长约1.4 cm，宽约3 mm，全部总苞片顶端急尖或钝，边缘或上部边缘染红紫色。舌状小花21枚，黄色。

果：瘦果椭圆形，压扁，棕黑色，长约5 mm，宽约2 mm，边缘有宽翅，每面有1条高起的细脉纹，顶端急尖成长约0.5 mm的粗喙。冠毛2层，白色，长8层，几为单毛状。花果期7~10月。

生物学特征：

主要分布于我国北京、黑龙江(哈尔滨、虎林)、吉林(延吉)、河北(涞源、内丘、琢鹿、易县、赞皇)、陕西(城固、佛坪、眉县、平利、西县、洋县、周至、志丹)、山东(烟台)、江苏(句容)、安徽(全椒、舒城)、浙江(杭州、昌化)、江西(安源、萍乡)、福建(连城、长汀、南靖)、河南(卢氏、伊川)、湖南(东安)、广东(广州、仁化)、四川(天全)、云南(昆明)。多生于山谷、山坡林缘、灌丛、草地及荒地，海拔300~2 000 m。朝鲜、日本也有分布。

狗 舌 草

学　　名：*Tephroseris kirilowii* (Turcz. ex DC.) Holub

别　　名：狗舌头草、白火丹草、铜交杯、糯米青、铜盘一枝香。

采集地点：乌裕尔河中游草甸草原，北纬47°51′，东经124°52′，土壤主要为草甸沼泽土，其次是潜育草甸土和碳酸盐草甸土，气候为温带湿润大陆性季风气候。年平均降水量为427.4 mm，最少只有284 mm，降水最多的月份一般在7月，最少的月份一般在1月。年平均气温3.1 ℃，最低气温出现在1月，平均气温-19.2 ℃，极端最低气温-39.5 ℃。最高气温出现在7月，平均气温22.8 ℃，平均最高气温27.8 ℃，极端最高气温39.9 ℃。平均无霜期为130 d左右，降雪期为150 d左右。雪量平均20～30 cm，积雪日期为120 d左右，最大可出现50 cm以上积雪。冻土日期最短年份为182 d，最长年份为216 d。冻土深度，最大深度为1.8 m，最小深度为1.2 m，年平均深度为1.5 m。

植物学特征：

狗舌草为被子植物门 Angiospermae、双子叶植物纲 Dicotyledoneae、瓣花亚纲 Sympetalae、桔梗目 Campanulales、菊科 Compositae、管状花亚科 Carduoideae、千里光族 Senecioneae、狗舌草亚族 Subtrib. Tephroseridinae、狗舌草属 *Tephroseris*、狗舌草组 Sect. *Tephroseris*。狗舌草为多年生草本植物，具有以下植物学特征：

根：须根系，根多数，常覆盖以褐色宿存叶柄，具多数纤维状根。

茎：茎单生，稀2～3，近葶状，直立，高20～60 cm，不分枝，被密白色蛛丝状毛，有时或多或少脱毛。

叶：基生叶数个，莲座状，具短柄，在花期生存，长圆形或卵状长圆形，长5～10 cm，宽1.5～2.5 cm，顶端钝，具小尖，基部楔状至渐狭成具狭至宽翅叶柄，两面被密或疏白色蛛丝状绒毛；茎叶少数，向茎上部渐小，下部叶倒披针形，或倒披针状长圆形，长4～8 cm，宽0.5～1.5 cm，钝至尖，无柄，基部半抱茎，上部叶小，披针形，苞片状，顶端尖。

花：头状花序直径1.5～2 cm，3～11个排列，伞形状顶生伞房花序；花序梗长1.5～5 cm，被密蛛丝状绒毛，被黄褐色腺毛，基部具苞片，上部无小苞片。总苞近圆柱

狗舌草——全株

狗舌草——根

狗舌草——茎　　　狗舌草——叶　　　　　　狗舌草——头状花序

状钟形，长6～8 mm，宽6～9 mm，无外层苞片；总苞片18～20个，披针形或线状披针形，宽1～1.5 mm，顶端渐尖或急尖，绿色或紫色，草质，具狭膜质边缘，外面被密或有时疏蛛丝状毛，或多少脱毛。舌状花13～15，管部长3～3.5 mm；舌片黄色，长圆形，长6.5～7 mm，宽2.5～3 mm，顶端钝，具3细齿，4脉。管状花多数，花冠黄色，长约8 mm，管部长4 mm，檐部漏斗状；裂片卵状披针形，长1.2 mm，急尖，顶端具乳头状毛。花药长2.2 mm，基部钝，附片卵状披针形；花柱分枝长约1 mm。

果： 瘦果圆柱形，长2.5 mm，被密硬毛。冠毛白色，长约6 mm。花果期2～8月。

生物学特征：

主产于我国黑龙江、辽宁、吉林、内蒙古、河北、山西、山东、河南、陕西、甘肃、湖北、湖南、四川、贵州、江苏、浙江、安徽、江西、福建、广东及台湾。常生于草地山坡或山顶阳处，海拔250～2 000 m。俄罗斯远东地区、朝鲜、日本也有分布。

药用价值：

具有清热解毒，利尿。用于治疗肺脓疡，尿路感染，小便不利，白血病，口腔炎，疔肿等。

三 肋 果

学　　名：*Tripleurospermum limosum* (Maxim.) Pobed.
别　　名：幼母菊。
采集地点：乌裕尔河中游草甸草原，北纬47°51′，东经124°52′，土壤主要为草甸沼泽土，其次是潜育草甸土和碳酸盐草甸土，气候为温带湿润大陆性季风气候。年平均降水量为427.4 mm，最少只有284 mm，降水最多的月份一般在7月，最少的月份一般在1月。年平均气温3.1 ℃，最低气温出现在1月，平均气温-19.2 ℃，极端最低气温-39.5 ℃。最高气温出现在7月，平均气温22.8 ℃，平均最高气温27.8 ℃，极端最高气温39.9 ℃。平均无霜期为130 d左右，降雪期为150 d左右。雪量平均20～30 cm，积雪日期为120 d左右，最大可出现50 cm以上积雪。冻土日期最短年份为182 d，最长年份为216 d。冻土深度，最大深度为1.8 m，最小深度为1.2 m，年平均深度为1.5 m。

植物学特征：

三肋果为被子植物门 Angiospermae、双子叶植物纲 Dicotyledoneae、合瓣花亚纲 Sympetalae、桔梗目 Campanulales、菊科 Compositae、管状花亚科 Carduoideae、春黄菊族 Anthemideae、菊亚族 Chrystheminae、三肋果属 Tripleurospermum。三肋果为一年或两年生草本植物，具有以下植物学特征：

根：直根系，主根粗壮，呈淡红色，侧根较多，呈白色。

茎：株高10～35 cm，茎直立，不分枝或自基部分枝，有条纹，无毛。

叶：基部叶花期枯萎，茎下部和中部叶倒披针状矩圆形或矩圆形，长5.5～9.5 cm，宽2.5～3 cm，三回羽状全裂，基部抱茎，裂片狭条形，宽0.5 mm，两面无毛，上部叶渐小。

花：头状花序异型，少数或多数单生于茎枝顶端，直径1～1.5 cm，花序梗顶端膨大

三肋果——全株

三肋果——根

三肋果——茎

三肋果——叶

三肋果——头状花序

且常疏生柔毛；总苞半球形；总苞片2～3层，近等长，外层宽披针形，内层矩圆形，顶端圆形，淡绿色或苍白色，光滑，有宽而亮的白色或稍带褐色的膜质边缘；花托卵状圆锥形。舌状花舌片白色，短而宽，长4(6)mm，宽1.5(2)mm，管部长约1 mm。管状花黄色，长约2 mm，冠檐5裂，裂片顶端有红色腺点。

果：瘦果褐色，有3条淡白色宽肋，长2.5 mm，宽1 mm，有皱纹，背面顶部有2个大的红色腺体，冠状冠毛膜质，长约0.5 mm，有3个三角状裂齿，花果期6～7月。

生物学特征：

主产于我国东北、河北。朝鲜、日本、蒙古、俄罗斯远东地区也有分布。生于江河湖岸沙地、草甸以及干旱沙质山坡。

小花鬼针草

学　　名：*Bidens parviflora* Willd.

别　　名：细叶刺针草、小刺叉、小鬼叉、锅叉草、一包针。

采集地点：乌裕尔河中游草甸草原，北纬47°51′，东经124°52′，土壤主要为草甸沼泽土，其次是潜育草甸土和碳酸盐草甸土，气候为温带湿润大陆性季风气候。年平均降水量为427.4 mm，最少只有284 mm，降水最多的月份一般在7月，最少的月份一般在1月。年平均气温3.1 ℃，最低气温出现在1月，平均气温-19.2 ℃，极端最低气温-39.5 ℃。最高气温出现在7月，平均气温22.8 ℃，平均最高气温27.8 ℃，极端最高气温39.9 ℃。平均无霜期为130 d左右，降雪期为150 d左右。雪量平均20～30 cm，积雪日期为120 d左右，最大可出现50 cm以上积雪。冻土日期最短年份为182 d，最长年份为216 d。冻土深度，最大深度为1.8 m，最小深度为1.2 m，年平均深度为1.5 m。

植物学特征：

小花鬼针草为被子植物门 Angiospermae、双子叶植物纲 Dicotyledoneae、合瓣花亚纲 Sympetalae、桔梗目 Campanulales、菊科 Compositae、管状花亚科 Carduoideae、向日葵族 Trib. Heliantheae、鬼针草属 Bidens、裸果组 Sect. Psilocarpaea。小花鬼针草为一年生草本植物，具有以下植物学特征：

根：主根粗壮，褐色，须根细长，白色。

茎：茎高20～90 cm，下部圆柱形，有纵条纹，中上部常为钝四方形，无毛或被稀疏短柔毛。

叶：叶对生，具柄，柄长2～3 cm，背面微凸或扁平，腹面有沟槽，槽内及边缘有疏柔毛，叶片长6～10 cm，2～3回羽状分裂，第一次分裂深达中肋，裂片再次羽状分裂，小裂片具1～2个粗齿或再做第三回羽裂，最后一次裂片条形或条状披针形，宽约2 mm，先端锐尖，边缘稍向上反卷，上面被短柔毛，下面无毛或沿叶脉被稀疏柔毛，

小花鬼针草——全株

小花鬼针草——根

小花鬼针草——茎

小花鬼针草——叶

小花鬼针草——头状花序

上部叶互生，二回或一回羽状分裂。头状花序单生茎端及枝端，具长梗，开花时直径 1.5～2.5 mm，高 7～10 mm。

花：总苞筒状，基部被柔毛，外层苞片 4～5 枚，草质，条状披针形，长约 5 mm，边缘被疏柔毛，果时长可达 8～15 mm，内层苞片稀疏，常仅 1 枚，托片状。托片长椭圆状披针形，开花时长 6～7 mm，膜质，具狭而透明的边缘，果时长达 10～13 mm。无舌状花，盘花两性，6～12 朵，花冠筒状，长 4 mm，冠檐 4 齿裂。

果：瘦果条形，略具 4 棱，长 13～16 cm，宽 1 mm，两端渐狭，有小刚毛，顶端芒刺 2 枚，长 2～3.5 mm，有倒刺毛。

生物学特征：

产于我国东北、华北、西南及山东、河南、陕西、甘肃等地。日本、朝鲜及俄罗斯西伯利亚地区均有分布。生于路边荒地、林下及水沟边。喜长于温暖湿润气候区，以疏松肥沃、富含腐殖质的沙质壤土及黏壤土为宜。为一年生晚春性杂草。以种子繁殖，一般 4 月中旬至 5 月种子发芽出苗，发芽适温为 15～30 ℃，5 月上、中旬发芽高峰期，8～10 月为结实期。种子可借风、流水与粪肥传播，经越冬休眠后萌发。

药用价值：

全草入药，性味苦平。可清热解毒，活血散瘀。主治感冒发热、咽喉肿痛、肠炎、阑尾炎、痔疮、跌打损伤、冻疮、毒蛇咬伤等。外用时将鲜品捣烂敷患处。

牛 蒡

学　　名：*Arctium lappa* L.
别　　名：恶实、大力子。

采集地点：乌裕尔河中游草甸草原，北纬47°51′，东经124°52′，土壤主要为草甸沼泽土，其次是潜育草甸土和碳酸盐草甸土，气候为温带湿润大陆性季风气候。年平均降水量为427.4 mm，最少只有284 mm，降水最多的月份一般在7月，最少的月份一般在1月。年平均气温3.1 ℃，最低气温出现在1月，平均气温–19.2 ℃，极端最低气温–39.5 ℃。最高气温出现在7月，平均气温22.8 ℃，平均最高气温27.8 ℃，极端最高气温39.9 ℃。平均无霜期为130 d左右，降雪期为150 d左右。雪量平均20～30 cm，积雪日期为120 d左右，最大可出现50 cm以上积雪。冻土日期最短年份为182 d，最长年份为216 d。冻土深度，最大深度为1.8 m，最小深度为1.2 m，年平均深度为1.5 m。

植物学特征：

牛蒡为被子植物门Angiospermae、双子叶植物纲Dicotyledoneae、合瓣花亚纲Sympetalae、桔梗目Campanulales、菊科Compositae、管状花亚科Carduoideae、菜蓟族Cynareae、飞廉亚族Carduinae、牛蒡属Arctium的两年生草本植物，具有以下植物学特征：

根：具粗大的肉质直根，长达15 cm，径可达2 cm，有分枝支根。

茎：茎直立，高达2 m，粗壮，基部直径达2 cm，通常带紫红色或淡紫红色，有多数高起的条棱，分枝斜升，多数，全部茎枝被稀疏的乳突状短毛及长蛛丝毛并混杂以棕黄色的小腺点。

牛蒡——全株

牛蒡——茎、叶

叶：基生叶宽卵形，长达30 cm，宽达21 cm，边缘稀疏的浅波状凹齿或齿尖，基部心形，有长达32 cm的叶柄，两面异色，上面绿色，有稀疏的短糙毛及黄色小腺点，下面灰白色或淡绿色，被薄绒毛或绒毛稀疏，有黄色小腺点，叶柄灰白色，被稠密的蛛丝状绒毛及黄色小腺点，但中下部常脱毛。茎生叶与基生叶同形或近同形，具等样的及等量的毛被，接花序下部的叶小，基部平截或浅心形。

花：头状花序多数或少数在茎枝顶端排成疏松的伞房花序或圆锥状伞房花序，花序梗粗壮。总苞卵形或卵球形，直径1.5～2 cm。总苞片多层，多数，外层三角状或披针状钻形，宽约1 mm，中内层披针状或线状钻形，宽1.5～3 mm；全部苞近等长，长约1.5 cm，顶端有软骨质钩刺。小花紫红色，花冠长1.4 cm，细管部长8 mm，檐部长6 mm，外面无腺点，花冠裂片长约2 mm。

果：瘦果倒长卵形或偏斜倒长卵形，长5～7 mm，宽2～3 mm，两侧压扁，浅褐色，有多数细脉纹，有深褐色的色斑或无色斑。冠毛多层，浅褐色；冠毛刚毛糙毛状，不等长，长达3.8 mm，基部不连合成环，分散脱落。花果期6～9月。

生物学特征：

全国各地普遍分布。生于山坡、山谷、林缘、林中、灌木丛中、河边潮湿地、村庄路旁或荒地，海拔750～3 500 m。

食用价值：

牛蒡含菊糖、纤维素、蛋白质、钙、磷、铁等人体所需的多种维生素及矿物质，其中胡萝卜素含量比胡萝卜高150倍，蛋白质和钙的含量为根茎类之首。牛蒡根含有菊糖及挥发油、牛蒡酸、多种多酚物质及醛类，并富含纤维素和氨基酸。牛蒡根含有人体必需的各种氨基酸，且含量较高，尤其是具有特殊药理作用的氨基酸含量高，如具有健脑作用的天门冬氨酸占总氨基酸的25%～28%，精氨酸占18%～20%，且含有Ca、Mg、Fe、Mn、Zn等人体必需的宏量元素和微量元素。

牛蒡——根

牛蒡——头状花序

药用价值：

由于牛蒡的瘦果和根入药，各国各地亦有普遍栽培。果实入药，性味辛、苦寒，疏散风热，宜肺透疹、散结解毒；根入药，有清热解毒、疏风利咽之效。

经济价值：

牛蒡茎、叶含挥发油、鞣质、黏液质、咖啡酸、绿原酸、异绿原酸等。牛蒡果实含牛蒡甙、脂肪油、甾醇、硫胺素、牛蒡酚等多种化学成分，其中脂肪油占25%～30%，碘值为138.83，可作工业用油。

植物文化：

在古代，有一个旁姓老农，一家五口，两亩薄地，一头老黄牛，男耕女织，也能维持温饱。家中老母患病，已经视力模糊（也就是今天的糖尿病所致）。一天，老农耕地累了，就让老牛吃草，自己躺在树下睡着了。等他醒来，继续犁地时却感觉到，老牛比休息前更有劲了，有点跟不上趟了，心里禁不住有些纳闷。第二天休息，老牛又去吃草，老农便注意观察，老牛吃的是什么草。这时他看到，老牛吃的草，是一种个头高大，叶子跟大象耳朵一样大的草。出于好奇心，老农伸手拔下一棵来看。好家伙，那棵草的根，居然长得吓人，足有三尺多长，像山药一样。他用手掰开，里面是白色，尝了一口，有点黏，还有一股土腥气味。老农试着吃了一块，没有啥怪味。于是，把根吃下去了。老农吃了以后，不但没有不好的感觉，反倒比休息前更有精神了。于是，他拔了一些带回家去，跟萝卜一起熬汤喝。一连喝了七八天，奇迹在老母亲的身上出现了，老母亲的眼睛明亮了，身上也有劲了，能做些家务活了。其他人也有改变，小儿子原来脸色蜡黄，嘴唇发白，如今小脸红扑扑的，十分招人喜爱。一天晚饭后，全家人坐在一起，琢磨给这种草取个名字。老农说："是老牛吃了这种草，才被我发现的，我姓旁，就在旁字上加一个草字头，那就叫'牛蒡'吧。"小儿子也插话说："老牛吃了根才有劲的，应当叫'大力根'。"从此以后，人们就管这种草叫"牛蒡"，也有管它叫"大力根"的。

小 蓬 草

学　　名：*Erigeron canadensis* L.
别　　名：小飞蓬、飞蓬、加拿大蓬、小白酒草、蒿子草。
采集地点：乌裕尔河中游草甸草原，北纬47°51′，东经124°52′，土壤主要为草甸沼泽土，其次是潜育草甸土和碳酸盐草甸土，气候为温带湿润大陆性季风气候。年平均降水量为427.4 mm，最少只有284 mm，降水最多的月份一般在7月，最少的月份一般在1月。年平均气温3.1 ℃，最低气温出现在1月，平均气温-19.2 ℃，极端最低气温-39.5 ℃。最高气温出现在7月，平均气温22.8 ℃，平均最高气温27.8 ℃，极端最高气温39.9 ℃。平均无霜期为130 d左右，降雪期为150 d左右。雪量平均20～30 cm，积雪日期为120 d左右，最大可出现50 cm以上积雪。冻土日期最短年份为182 d，最长年份为216 d。冻土深度，最大深度为1.8 m，最小深度为1.2 m，年平均深度为1.5 m。

植物学特征：

小蓬草为被子植物门Angiospermae、双子叶植物纲Dicotyledoneae、合瓣花亚纲Sympetalae、桔梗目Campanulales、菊科Compositae、管状花亚科Carduoideae、紫菀族Trib. Astereae、白酒草属Conyza。小蓬草为一年生草本植物，具有以下植物学特征：

根：根纺锤状，具纤维状根，多须根。

茎：株高50～100 cm或更高，茎直立，圆柱状，具棱，有条纹，被疏长硬毛，上部多分枝。

叶：叶密集，基部叶花期常枯萎，下部叶倒披针形，长6～10 cm，宽1～1.5 cm，顶端尖或渐尖，基部渐狭成柄，边缘具疏锯齿或全缘，中部和上部叶较小，线状披针形或

小蓬草——全株

小蓬草——根　　　　　小蓬草——茎、叶　　　　小蓬草——头状花序

线形，近无柄或无柄，全缘或少有具1~2个齿，两面或仅上面被疏短毛，边缘常被上弯的硬缘毛。

花：头状花序多数，小，径3~4 mm，排列成顶生多分枝的大圆锥花序；花序梗细，长5~10 mm，总苞近圆柱状，长2.5~4 mm；总苞片2~3层，淡绿色，线状披针形或线形，顶端渐尖，外层约短于内层之半，背面被疏毛，内层长3~3.5 mm，宽约0.3 mm，边缘干膜质，无毛；花托平，径2~2.5 mm，具不明显的突起；雌花多数，舌状，白色，长2.5~3.5 mm，舌片小，稍超出花盘，线形，顶端具2个钝小齿；两性花淡黄色，花冠管状，长2.5~3 mm，上端具4或5个齿裂，管部上部被疏微毛；花期5~9月。

果：瘦果线状披针形，长1.1~1.5 mm稍扁压，被贴微毛；冠毛污白色，1层，糙毛状，长2.5~3 mm。

生物学特征：
我国南北各省区均有分布。原产于北美洲，现在各地广泛分布。常生长于旷野、荒地、田边和路旁，为一种常见的杂草。

饲用价值：
小蓬草全草的嫩茎、叶可作猪饲料。

药用价值：
全草可入药，有消炎止血、祛风湿、治血尿、水肿、肝炎、胆囊炎、小儿头疮等症。据国外文献记载，北美洲用作治痢疾、腹泻、创伤以及驱蠕虫；中部欧洲，常用新鲜的植株作止血药，但其液汁和捣碎的叶有刺激皮肤的作用。

大刺儿菜

学　　名：*Cirsium setosum* (Willd.) Besser ex M. Bieb.
别　　名：大刺儿菜、野红花(浙江)、大小蓟、小蓟、大蓟、小刺盖、蓟蓟芽、刺刺菜。
采集地点：乌裕尔河中游草甸草原，北纬47°51′，东经124°52′，土壤主要为草甸沼泽土，其次是潜育草甸土和碳酸盐草甸土，气候为温带湿润大陆性季风气候。年平均降水量为427.4 mm，最少只有284 mm，降水最多的月份一般在7月，最少的月份一般在1月。年平均气温3.1 ℃，最低气温出现在1月，平均气温-19.2 ℃，极端最低气温-39.5 ℃。最高气温出现在7月，平均气温22.8 ℃，平均最高气温27.8 ℃，极端最高气温39.9 ℃。平均无霜期为130 d左右，降雪期为150 d左右。雪量平均20～30 cm，积雪日期为120 d左右，最大可出现50 cm以上积雪。冻土日期最短年份为182 d，最长年份为216 d。冻土深度，最大深度为1.8 m，最小深度为1.2 m，年平均深度为1.5 m。

植物学特征：

大刺儿菜为被子植物门 Angiospermae、双子叶植物纲 Dicotyledoneae、合瓣花亚纲 Sympetalae、桔梗目 Campanulales、菊科 Compositae、管状花亚科 Carduoideae、菜蓟族 Cynareae、飞廉亚族 Carduinae、蓟属 Cirsium、大刺儿菜组 Sect. Cephalonoplos。大刺儿菜为多年生草本植物，具有以下植物学特征：

根：直根系，主根圆锥形，粗壮垂直，须根较多，呈黄白色。

茎：茎直立，株高30～80(100～120)cm，基部直径3～5 mm，有时可达1 cm，上部有分枝，花序分枝无毛或有薄绒毛。

叶：基生叶和中部茎叶椭圆形、长椭圆形或椭圆状倒披针形，顶端钝或圆形，基部楔形，有时有极短的叶柄，通常无叶柄，长7～15 cm，宽1.5～10 cm，上部茎叶渐小，椭圆形或披针形或线状披针形，或全部茎叶不分裂，叶缘具缺刻状粗锯齿，或大部茎叶羽状浅裂或半裂或边缘粗大圆锯齿，裂片或锯齿斜三角形，顶端钝，齿顶及裂片顶端

大刺儿菜——全株

大刺儿菜——根

大刺儿菜——头状花序

菊科 Compositae

大刺儿菜——茎　　　　　　　　大刺儿菜——叶

有较长的针刺,齿缘及裂片边缘的针刺较短且贴伏。全部茎叶两面同色,绿色或下面色淡,两面无毛,极少两面异色,上面绿色,无毛,下面被稀疏或稠密的绒毛而呈现灰色,亦极少两面同色,灰绿色,两面被薄绒毛。

花:头状花序单生茎端,或植株含少数或多数头状花序在茎枝顶端排成伞房花序。总苞卵形、长卵形或卵圆形,直径1.5～2 cm。总苞片约6层,覆瓦状排列,向内层渐长,外层与中层宽1.5～2 mm,包括顶端针刺长5～8 mm;内层及最内层长椭圆形至线形,长1.1～2 cm,宽1～1.8 mm;中外层苞片顶端有长不足0.5 mm的短针刺,内层及最内层渐尖,膜质,短针刺。小花紫红色或白色,雌花花冠长2.4 cm,檐部长6 mm,细管部细丝状,长18 mm,两性花花冠长1.8 cm,檐部长6 mm,细管部细丝状,长1.2 mm。

果:瘦果淡黄色,椭圆形或偏斜椭圆形,压扁,长3 mm,宽1.5 mm,顶端斜截形。冠毛污白色,多层,整体脱落;冠毛刚毛长羽毛状,长3.5 cm,顶端渐细;花果期5～9月。

生物学特征:

大刺儿菜除西藏、云南、广东、广西外,几乎遍布全国各地。分布于平原、丘陵和山地。生于山坡、河旁或荒地、田间,海拔170～2 650 m。欧洲东部、中部、俄罗斯东西西伯利亚及远东、蒙古、朝鲜、日本广有分布。中生植物,适应性很强,任何气候条件下均能生长,普遍群生于撂荒地、耕地、路边、村庄附近,为常见的杂草。

食用价值:

大刺儿菜的嫩苗是野菜,炒食、做汤均可。

药用价值:

主要功能为凉血止血,祛瘀消肿。主治衄血,吐血,尿血,便血,崩漏下血,外伤出血,痈肿疮毒。

饲用价值:

大刺儿菜幼嫩时期羊、猪喜食,牛、马较少采食。植株秋后仍保持绿色,仍可用以喂猪,大刺儿菜的茎有硬刺,茎秆木质化后粗硬,利用期为5～7月。早期供放牧,或带根采回,去掉泥土,茎切碎生饲喂猪或做青贮料,开花前后植株,割取晒干后,可供冬春制粉喂猪。

其他:

大刺儿菜为秋季蜜源植物。

烟 管 蓟

学　　名：*Cirsium pendulum* Fisch. ex DC.
别　　名：大蓟。
采集地点：乌裕尔河中游草甸草原，北纬47°51′，东经124°52′，土壤主要为草甸沼泽土，其次是潜育草甸土和碳酸盐草甸土，气候为温带湿润大陆性季风气候。年平均降水量为427.4 mm，最少只有284 mm，降水最多的月份一般在7月，最少的月份一般在1月。年平均气温3.1 ℃，最低气温出现在1月，平均气温-19.2 ℃，极端最低气温-39.5 ℃。最高气温出现在7月，平均气温22.8 ℃，平均最高气温27.8 ℃，极端最高气温39.9 ℃。平均无霜期为130 d左右，降雪期为150 d左右。雪量平均20~30 cm，积雪日期为120 d左右，最大可出现50 cm以上积雪。冻土日期最短年份为182 d，最长年份为216 d。冻土深度，最大深度为1.8 m，最小深度为1.2 m，年平均深度为1.5 m。

植物学特征：

烟管蓟为被子植物门Angiospermae、双子叶植物纲Dicotyledoneae、合瓣花亚纲Sympetalae、桔梗目Campanulales、菊科Compositae、管状花亚科Carduoideae、菜蓟族Cynareae、飞廉亚族Carduinae、蓟属Cirsium、蓟组Sect. Cirsium。烟管蓟为多年生草本植物，具有以下植物学特征：

根：直根系，多分枝和须根。

茎：株高1~3 m。茎直立，粗壮，上部分枝，全部茎枝有条棱，被极稀疏的蛛丝状及多细胞长节毛，上部花序分枝上的蛛丝毛稍稠密。

叶：基生叶及下部茎叶全形长椭圆形、偏斜椭圆形、长倒披针形或椭圆形，下部渐狭成长或短翼柄或无柄，明显的但却不规则二回羽状分裂，一回为深裂，一回侧裂片

烟管蓟——全株

烟管蓟——茎、叶

烟管蓟——根

烟管蓟——头状花序

5～7对，半长椭圆形或偏斜披针形，中部侧裂片较大，长1～16 cm，宽1.5～6 cm，向上向下的侧裂片渐小，全部一回侧裂片仅一侧深裂或半裂，而另侧不裂，边缘有针刺状缘毛或兼有少数小型刺齿，二回侧裂片斜三角形，二回顶裂片长披针形或宽线形，全部二回裂片边缘及顶端有针刺；向上的叶渐小，无柄或扩大耳状抱茎。全部叶两面同色，绿色或下面稍淡，无毛，边缘及齿顶或裂片顶端针刺长可达3 mm。

花：头状花序下垂，在茎枝顶端排成总状圆锥花序。总苞钟状，径3.5～5 cm，无毛。总苞片约10层，覆瓦状排列，外层与中层长三角形至钻状披针形，全长1～4 cm，宽1～2.5 mm，上部或中部以上钻状，向外反折或开展，内层及最内层披针形或线状披针形，长1.2～2.5 cm，宽1.5～2 mm，顶端短钻状渐尖。小花紫色或红色，花冠长2.2 cm，细管部细丝状，长1.6 cm，檐部短，长6 mm，5浅裂。

果：瘦果偏斜楔状倒披针形，顶端斜截形，长4 mm，宽2 mm，稍压扁。冠毛污白色，多层，基部连合成环，整体脱落；冠毛长羽毛状，长达2.2 cm，向顶端渐细。花果期6～9月。

生物学特征：

分布在我国黑龙江、吉林、辽宁、河北、山西、内蒙古、陕西及甘肃。生于山谷、山坡草地、林缘、林下、岩石缝隙、溪旁及村旁，海拔300～2 240 m。俄罗斯(东西伯利亚及远东)、朝鲜、日本也有分布。

药用价值：

烟管蓟的根、全草入药，味甘、淡，性平。滋阴益气，凉血解毒，涩精。用于病后气血两虚，少气无力，气虚白带，遗精，失眠，燥咳，咽喉肿痛，缠腰火丹，肾虚，肺痨咯血，消渴，小儿暑热症；外用于毒蛇咬伤，疮肿。

苍 耳

学　　名：*Xanthium strumarium* L.

别　　名：葈耳（《本草经》）、粘头婆、虱马头（广州）、苍耳子（四川、云南、河南、山东、山西、东北）、老苍子（辽宁、江西、河北）、野茄子、敝子（东北）、道人头、刺八裸（河南）、苍浪子、绵苍浪子、羌子裸子、青棘子（江苏）、抢子（安徽）、痴头婆、胡苍子（湖南）、野茄（河北）、猪耳、菜耳（甘肃）。

采集地点：乌裕尔河中游草甸草原，北纬47°51′，东经124°52′，土壤主要为草甸沼泽土，其次是潜育草甸土和碳酸盐草甸土，气候为温带湿润大陆性季风气候。年平均降水量为427.4 mm，最少只有284 mm，降水最多的月份一般在7月，最少的月份一般在1月。年平均气温3.1 ℃，最低气温出现在1月，平均气温-19.2 ℃，极端最低气温-39.5 ℃。最高气温出现在7月，平均气温22.8 ℃，平均最高气温27.8 ℃，极端最高气温39.9 ℃。平均无霜期为130 d左右，降雪期为150 d左右。雪量平均20～30 cm，积雪日期为120 d左右，最大可出现50 cm以上积雪。冻土日期最短年份为182 d，最长年份为216 d。冻土深度，最大深度为1.8 m，最小深度为1.2 m，年平均深度为1.5 m。

植物学特征：

苍耳为被子植物门Angiospermae、双子叶植物纲 Dicotyledoneae、合瓣花亚纲 Sympetalae、桔梗目 Campanulales、菊科 Compositae、管状花亚科 Carduoideae、向日葵族 Trib. Helianthae、苍耳属 Xanthium、苍耳组 Sect. Xanthium、直喙亚组 Subsect. Orthorrhyncha。苍耳为一年生草本植物，具有以下植物学特征：

苍耳——全株

苍耳——根

苍耳——叶

苍耳——雄头状花序和雌头状花序

根：直根系，根纺锤状，分枝或不分枝，多须根。

茎：株高20～90 cm。茎直立不分枝或少有分枝，下部圆柱形，径4～10 mm，上部有纵沟，被灰白色糙伏毛。

叶：叶三角状卵形或心形，长4～9 cm，宽5～10 cm，近全缘，或有3～5不明显浅裂，顶端尖或钝，基部稍心形或截形，与叶柄连接处成相等的楔形，边缘有不规则的粗锯齿，有三基出脉，侧脉弧形，直达叶缘，脉上密被糙伏毛，上面绿色，下面苍白色，被糙伏毛；叶柄长3～11 cm。

花：雄性的头状花序球形，径4～6 mm，有或无花序梗，总苞片长圆状披针形，长1～1.5 mm，被短柔毛，花托柱状，托片倒披针形，长约2 mm，顶端尖，有微毛，有多数的雄花，花冠钟形，管部上端有5宽裂片；花药长圆状线形；雌性的头状花序椭圆形，外层总苞片小，披针形，长约3 mm，被短柔毛，内层总苞片结合成囊状，宽卵形或椭圆形，绿色、淡黄绿色或有时带红褐色，在瘦果成熟时变坚硬，连同喙部长11～15 mm，宽4～7 mm，外面有疏生的具钩状的刺，刺极细而直，基部微增粗或几不增粗，长1～1.5 mm，基部被柔毛，常有腺点，或全部无毛；喙坚硬，锥形，上端略呈镰刀状，长1.5～2.5 mm，常不等长，少有结合而成1个喙；花期7～8月。

果：瘦果2，倒卵形，果期9～10月。

生物学特征：

广泛分布于我国东北、华北、华东、华南、西北及西南各省区。俄罗斯、伊朗、印度、朝鲜和日本也有分布。常生长于平原、丘陵、低山、荒野路边、田边。此植物的总苞具钩状的硬刺，常贴附于家畜和人体上，故易于散布。为一种常见的田间杂草。苍耳喜温暖稍湿润气候。以选疏松肥沃、排水良好的沙质壤土栽培为宜。耐干旱瘠薄。4月下旬发芽，5～6月出苗，7～9月开花，9～10月成熟。种子易混入农作物种子中，根系发达，入土较深，不易清除和拔出。

飞 廉

学　　名：*Carduus nutans* L.
别　　名：飞帘、飞轻、天荠、伏猪、伏兔、飞雉、木禾、老牛错、红花草。
采集地点：乌裕尔河中游草甸草原，北纬47°51′，东经124°52′，土壤主要为草甸沼泽土，其次是潜育草甸土和碳酸盐草甸土，气候为温带湿润大陆性季风气候。年平均降水量为427.4 mm，最少只有284 mm，降水最多的月份一般在7月，最少的月份一般在1月。年平均气温3.1 ℃，最低气温出现在1月，平均气温-19.2 ℃，极端最低气温-39.5 ℃。最高气温出现在7月，平均气温22.8 ℃，平均最高气温27.8 ℃，极端最高气温39.9 ℃。平均无霜期为130 d左右，降雪期为150 d左右。雪量平均20~30 cm，积雪日期为120 d左右，最大可出现50 cm以上积雪。冻土日期最短年份为182 d，最长年份为216 d。冻土深度，最大深度为1.8 m，最小深度为1.2 m，年平均深度为1.5 m。

植物学特征：

飞廉为被子植物门Angiospermae、双子叶植物纲Dicotyledoneae、合瓣花亚纲Sympetalae、桔梗目Campanulales、菊科Compositae、管状花亚科Carduoideae、菜蓟族Cynareae、飞廉亚族Carduinae、飞廉属Carduus。飞廉为两年生或多年生草本植物，具有以下植物学特征：

根：直根系，根系粗壮，深入地下，无分枝。

茎：株高30~100 cm。茎单生或少数茎成簇生，通常多分枝，分枝细长，极少不分枝，全部茎枝有条棱，被稀疏的蛛丝毛和多细胞长节毛，上部或接头状花序下部常呈灰白色，被密厚的蛛丝状绵毛。

叶：中下部茎叶长卵圆形或披针形，长(5)10~40 cm，宽(1.5)3~10 cm，羽状半裂

飞廉——全株

飞廉——根

飞廉——头状花序

飞廉——叶　　　　飞廉——茎　　　　　　　飞廉——头状花序

或深裂，侧裂片5～7对，斜三角形或三角状卵形，顶端有淡黄白或褐色的针刺，针刺长达4～6 mm，边缘针刺较短；向上茎叶渐小，羽状浅裂或不裂，顶端及边缘具等样针刺，但通常比中下部茎叶裂片边缘及顶端的针刺为短。全部茎叶两面同色，两面沿脉被多细胞长节毛，但上面的毛稀疏，或两面兼被稀疏蛛丝毛，基部无柄，两侧沿茎下延成茎翼，但基部茎叶渐狭成短柄。茎翼连续，边缘有大小不等的三角形刺齿裂，齿顶和齿缘有黄白色或褐色的针刺，接头状花序下部的茎叶常呈针刺状。

花：头状花序通常下垂或下倾，单生茎顶或长分枝的顶端，但不形成明显的伞房花序排列，植株通常生4～6个头状花序，极少多于4～6个头状花序，更少植株含1个头状花序的。总苞钟状或宽钟状，总苞直径4～7 cm。总苞片多层，不等长，覆瓦状排列，向内层渐长；最外层长三角形，长1.1～1.5 cm，宽4～4.5 mm；中层及内层三角状披针形，长椭圆形或椭圆状披针形，长1.5～2 cm，宽约5 mm；最内层苞片宽线形或线状披针形，长2～2.2 cm，宽2～3 mm。全部苞片无毛或被稀疏蛛丝状毛，除最内层苞片以外，其余各层苞片中部或上部曲膝状弯曲，中脉高起，在顶端成长或短针刺状伸出。小花紫色，长2.5 cm，檐部长1.2 cm，5深裂，裂片狭线形，长达6.5 mm，细管部长1.3 cm。

果：瘦果灰黄色，楔形，稍压扁，长3.5 mm，有多数浅褐色的细纵线纹及细横皱纹，下部收窄，基底着生面稍偏斜，顶端斜截形，有果缘，果缘全缘，无锯齿。冠毛白色，多层，不等长，向内层渐长，长达2 cm；冠毛刚毛锯齿状，向顶端渐细，基部连合成环，整体脱落。花果期6～10月。

生物学特征：

分布于我国新疆天山(乌鲁木齐、特克斯)、准噶尔阿拉套(塔城)、准噶尔盆地(沙湾、查布查尔)，遍布全国各地。生于山坡草地、田间、荒地、河旁及林下，海拔400～3 600 m。欧洲、北美洲、俄罗斯(西伯利亚、中亚)、蒙古、朝鲜都有分布。

药用价值：

味微苦，性平；以全草或根入药。夏、秋季花盛开时采割全草；春、秋挖根，去杂质，鲜用或晒干用。功能主治散瘀止血，清热利湿。用于吐血，鼻衄，尿血，功能性子宫出血，白带，乳糜尿，泌尿系感染；外用治痈疖、疔疮。内服：煎汤，9～30 g，鲜品30～60 g；外用适量，鲜品捣烂敷患处。

饲用价值：

嫩茎叶可食用，可作牲畜饲料。

其他：

飞廉是一种优良的蜜源植物。

黄花婆罗门参

学　　名：*Tragopogon orientalis* L.

采集地点：乌裕尔河中游草甸草原，北纬47°51′，东经124°52′，土壤主要为草甸沼泽土，其次是潜育草甸土和碳酸盐草甸土，气候为温带湿润大陆性季风气候。年平均降水量为427.4 mm，最少只有284 mm，降水最多的月份一般在7月，最少的月份一般在1月。年平均气温3.1 ℃，最低气温出现在1月，平均气温-19.2 ℃，极端最低气温-39.5 ℃。最高气温出现在7月，平均气温22.8 ℃，平均最高气温27.8 ℃，极端最高气温39.9 ℃。平均无霜期为130 d左右，降雪期为150 d左右。雪量平均20~30 cm，积雪日期为120 d左右，最大可出现50 cm以上积雪。冻土日期最短年份为182 d，最长年份为216 d。冻土深度，最大深度为1.8 m，最小深度为1.2 m，年平均深度为1.5 m。

植物学特征：

黄花婆罗门参为被子植物门Angiospermae、双子叶植物纲Dicotyledoneae、合瓣花亚纲Sympetalae、桔梗目Campanulales、菊科Compositae、舌状花亚科Cichorioideae、菊苣族Lactuceae、鸦葱亚族Scorzonerinae、婆罗门参属Tragopogon。黄花婆罗门参为两年生草本植物，具有以下植物学特征：

根： 根圆柱状，垂直直伸，根颈被残存的基生叶柄。

茎： 株高30~60(90) cm，茎直立，不分枝或分枝，有纵条纹，无毛。

叶： 基生叶及下部茎叶线形或线状披针形，长10~25(40) cm，宽3~18(24) mm，灰

黄花婆罗门参——全株

黄花婆罗门参——根

黄花婆罗门参——茎

黄花婆罗门参——叶

黄花婆罗门参——果

黄花婆罗门参——头状花序

绿色，先端渐尖，全缘或皱波状，基部宽，半抱茎；中部及上部茎叶披针形或线形，长3～8 cm，宽3～10 mm。

花：头状花序单生茎顶或植株含少数头状花序，生枝端。总苞圆柱状，长2～3 cm。总苞片8～10枚，披针形或线状披针形，长1.5～3.5 cm，宽5～10 mm，先端渐尖，边缘狭膜质，基部棕褐色，舌状小花黄色。

果：瘦果长纺锤形，褐色，稍弯曲，长1.5～2 cm，有纵肋，沿肋有疣状突起，上部渐狭成细喙，喙长6～8 mm，顶端稍增粗，与冠毛连接处有蛛丝状毛环。冠毛淡黄色，长1～1.5 cm。花果期5～9月。

生物学特征：

分布于我国新疆（青河、富蕴、阿勒泰、哈巴河、布尔津、尼勒克）、内蒙古（大兴安岭）。生于山地、林缘及草地。欧洲、俄罗斯（欧洲部分、西伯利亚）、哈萨克斯坦也有分布。

长叶火绒草

学　　名：*Leontopodium junpeianum* Kitam.
别　　名：兔耳子草(山西)、狭叶长叶火绒草。
采集地点：乌裕尔河中游草甸草原,北纬47°51′,东经124°52′,土壤主要为草甸沼泽土,其次是潜育草甸土和碳酸盐草甸土,气候为温带湿润大陆性季风气候。年平均降水量为427.4 mm,最少只有284 mm,降水最多的月份一般在7月,最少的月份一般在1月。年平均气温3.1 ℃,最低气温出现在1月,平均气温-19.2 ℃,极端最低气温-39.5 ℃。最高气温出现在7月,平均气温22.8 ℃,平均最高气温27.8 ℃,极端最高气温39.9 ℃。平均无霜期为130 d左右,降雪期为150 d左右。雪量平均20~30 cm,积雪日期为120 d左右,最大可出现50 cm以上积雪。冻土日期最短年份为182 d,最长年份为216 d。冻土深度,最大深度为1.8 m,最小深度为1.2 m,年平均深度为1.5 m。

植物学特征：

长叶火绒草为被子植物门Angiospermae、双子叶植物纲Dicotyledoneae、合瓣花亚纲Sympetalae、桔梗目Campanulales、菊科Compositae、管状花亚科Carduoideae、旋覆花族Trib. Inuleae、鼠麴草亚族Subtrib. Gnaphalinae、火绒草属Leontopodium、火绒草亚属Subgen. Leontopodium、火绒草组Sect. Leontopodium、高山亚组Subsect. Alpinoidea、美花系Ser. Calocephala。长叶火绒草为多年生草本植物,具有以下植物学特征:

根：根状茎分枝短,有顶生的莲座状叶丛,或分枝长,平卧,有叶鞘和多数近丛生的花茎,或分枝细长(达30 cm)成匍枝状,有短节间、细根和散生的莲座状叶丛。

茎：茎直立,或斜升,高2~45 cm,不分枝,纤细或粗壮,草质,被白色或银白色疏柔毛或密茸毛,全部有密或疏生的叶,节间短或达3 cm,上部节间有时较长。

叶：基部叶或莲座状叶常狭长匙形,渐狭成宽柄状,近基部又扩大成紫红色无

长叶火绒草——全株

长叶火绒草——叶

长叶火绒草——根

长叶火绒草——头状花序

毛的长鞘部；茎中部叶直立，部分基部叶线形、宽线形或舌状线形，长1～13 cm，宽1.5～9 mm，基部等宽或下半部稍狭窄，顶端急尖或近圆形，有隐没于毛茸中的小尖头，两面被同样的，或下面被较密的白色或银白色疏柔毛或密茸毛，上面不久脱毛或无毛；中脉在叶下面凸起，有时另有2条基出脉。苞叶多数，较茎上部叶短，但较宽，卵圆披针形或线状披针形，基部急狭，上面或两面被白色长柔毛状茸毛，较花序长1.5～2或3倍，开展成径约2～6 cm的苞叶群，或有长序梗而成径达9 cm的复苞叶群。

花：头状花序径6～9 mm，3～30个密集。总苞长约5 mm，被长柔毛；总苞片约3层，椭圆披针形，顶端无毛，有时啮蚀状，露出毛茸之上。小花雌雄异株，少有异形花。花冠长约4 mm；雄花花冠管状漏斗状，有三角形深裂片；雌花花冠丝状管状，有披针形裂片。冠毛白色，较花冠稍长，基部有细锯齿；雄花冠毛向上端渐粗厚，有齿；雌花冠毛较细，上部全缘；花期7～8月。

果：瘦果无毛或有乳头状突起，或有短粗毛。

生物学特征：

产自我国西藏西部和北部、青海东部、四川西部、甘肃南部、西部和西北部的高原及昆仑、祁连等山脉、陕西中部、山西中部的秦岭和吕梁山脉、河北北部、内蒙古南部和东部、黑龙江。生于高山和亚高山的湿润草地、洼地、灌丛或岩石上。海拔1 500～4 800 m。克什米尔地区也有分布。

药用价值：

长叶火绒草味辛，性凉。归肺经。具有解表清热，止咳化痰之功效；用于外感发热、头痛、咳嗽、支气管炎。内服：煎汤，3～9 g。

漏 芦

学　　名：*Rhaponticum uniflorum* (L.) DC

别　　名：祁州漏芦(河北)、大脑袋花、土烟叶(陕西)、打锣锤(河南)、老虎爪(山西)、郎头花、狼头花、牛馒土(内蒙古)、大口袋花(内蒙古)、和尚头(内蒙古)。

采集地点：乌裕尔河中游草甸草原,北纬47°51′,东经124°52′,土壤主要为草甸沼泽土,其次是潜育草甸土和碳酸盐草甸土,气候为温带湿润大陆性季风气候。年平均降水量为427.4 mm,最少只有284 mm,降水最多的月份一般在7月,最少的月份一般在1月。年平均气温3.1 ℃,最低气温出现在1月,平均气温-19.2 ℃,极端最低气温-39.5 ℃。最高气温出现在7月,平均气温22.8 ℃,平均最高气温27.8 ℃,极端最高气温39.9 ℃。平均无霜期为130 d左右,降雪期为150 d左右。雪量平均20～30 cm,积雪日期为120 d左右,最大可出现50 cm以上积雪。冻土日期最短年份为182 d,最长年份为216 d。冻土深度,最大深度为1.8 m,最小深度为1.2 m,年平均深度为1.5 m。

植物学特征：

漏芦为被子植物门Angiospermae、双子叶植物纲Dicotyledoneae、合瓣花亚纲Sympetalae、桔梗目Campanulales、菊科Compositae、管状花亚科Carduoideae、菜蓟族Cynareae、矢车菊亚族Centaureinae、漏芦属Stemmacantha的多年生草本植物,具有以下植物学特征：

根：根状茎粗厚。根直伸,直径1～3 cm。

茎：茎直立,高(6)30～100 cm。不分枝,簇生或单生,灰白色,被棉毛,基部直径0.5～1 cm,被褐色残存的叶柄。

叶：基生叶及下部茎叶全形椭圆形、长椭圆形、倒披针形,长10～24 cm,宽4～9 cm,羽状深裂或几全裂,有长叶柄,叶柄长6～20 cm。侧裂片5～12对,椭圆形

漏芦——全株

漏芦——总苞

漏芦——根

漏芦——叶

漏芦——头状花序

或倒披针形，边缘有锯齿或锯齿稍大而使叶呈现二回羽状分裂状态，或边缘少锯齿或无锯齿，中部侧裂片稍大，向上或向下的侧裂片渐小，最下部的侧裂片小耳状，顶裂片长椭圆形或几匙形，边缘有锯齿。中上部茎叶渐小，与基生叶及下部茎叶同形并等样分裂，无柄或有短柄。全部叶质地柔软，两面灰白色，被稠密的或稀疏的蛛丝毛及多细胞糙毛和黄色小腺点。叶柄灰白色，被稠密的蛛丝状棉毛。

花：头状花序单生茎顶，花序梗粗壮，裸露或有少数钻形小叶。总苞半球形，大直径3.5～6 cm。总苞片约9层，覆瓦状排列，向内层渐长，外层不包括顶端膜质附属长三角形，长4 mm，宽2 mm；中层不包括顶端膜质附属物椭圆形至披针形；内层及最内层不包括顶端附属物披针形，长约2.5 cm，宽约5 mm。全部苞片顶端有膜质附属物，附属物宽卵形或几圆形，长达1 cm，宽达1.5 cm，浅褐色。全部小花两性，管状，花冠紫红色，长3.1 cm，细管部长1.5 cm，花冠裂片长8 mm。

果：瘦果3～4棱，楔状，长4 mm，宽2.5 mm，顶端有果缘，果缘边缘细尖齿，侧生着生面。冠毛褐色，多层，不等长，向内层渐长，长达1.8 cm，基部连合成环，整体脱落；冠毛刚毛糙毛状。花果期4～9月。

生物学特征：
分布于我国黑龙江、吉林、辽宁、河北、内蒙古、陕西、甘肃、青海、山西、河南、四川、山东等地。生于山坡丘陵地、松林下或桦木林下、海拔390～2 700 m。俄罗斯远东及东西伯利亚、蒙古、朝鲜和日本也有分布。

药用价值：
根及根状茎入药，性寒、味苦咸。清热、解毒、排脓、消肿和通乳。

山 莴 苣

学　　名：*Lactuca sibirica* (L.) Benth. ex Maxim.
别　　名：北山莴苣（东北植物检索表）、山苦菜（内蒙古）。
采集地点：乌裕尔河中游草甸草原，北纬47°51′，东经124°52′，土壤主要为草甸沼泽土，其次是潜育草甸土和碳酸盐草甸土，气候为温带湿润大陆性季风气候。年平均降水量为427.4 mm，最少只有284 mm，降水最多的月份一般在7月，最少的月份一般在1月。年平均气温3.1 ℃，最低气温出现在1月，平均气温−19.2 ℃，极端最低气温−39.5 ℃。最高气温出现在7月，平均气温22.8 ℃，平均最高气温27.8 ℃，极端最高气温39.9 ℃。平均无霜期为130 d左右，降雪期为150 d左右。雪量平均20～30 cm，积雪日期为120 d左右，最大可出现50 cm以上积雪。冻土日期最短年份为182 d，最长年份为216 d。冻土深度，最大深度为1.8 m，最小深度为1.2 m，年平均深度为1.5 m。

植物学特征：

山莴苣为被子植物门Angiospermae、双子叶植物纲Dicotyledoneae、合瓣花亚纲Sympetalae、桔梗目Campanulales、菊科Compositae、舌状花亚科Cichorioideae、菊苣族Lactuceae、莴苣亚族Lactucinae、山莴苣属Lagedium。山莴苣为多年生草本植物，具有以下植物学特征：

根：直根系，根垂直直伸，主根呈红褐色，侧根短于主根，较多，呈白色。

茎：株高50～130 cm。茎直立，通常单生，常淡红紫色，上部伞房状或伞房圆锥状花序分枝，全部茎枝光滑无毛。

叶：中下部茎叶披针形、长披针形或长椭圆状披针形，长10～26 cm，宽2～3 cm，

山莴苣——全株

山莴苣——根

山莴苣——叶

山莴苣——头状花序

顶端渐尖、长渐尖或急尖,基部收窄,无柄,心形、心状耳形或箭头状半抱茎,边缘全缘、几全缘、小尖头状微锯齿或小尖头,极少边缘缺刻状或羽状浅裂,向上的叶渐小,与中下部茎叶同形,全部叶两面光滑无毛。

花:头状花序含舌状小花约20枚,多数在茎枝顶端排成伞房花序或伞房圆锥花序,果期长1.1 cm,不为卵形;总苞片3～4层,不成明显的覆瓦状排列,通常淡紫红色,中外层三角形、三角状卵形,长1～4 mm,宽约1 mm,顶端急尖,内层长披针形,长1.1 cm,宽1.5～2 mm,顶端长渐尖,全部苞片外面无毛,舌状小花蓝色或蓝紫色。

果:瘦果长椭圆形或椭圆形,褐色或橄榄色,压扁,长约4 mm,宽约1 mm,中部有4～7条线形或线状椭圆形的不等粗的小肋,顶端短收窄,果颈长约1 mm,边缘加宽加厚成厚翅。冠毛白色,2层,冠毛刚毛纤细,锯齿状,不脱落。花果期7～9月。

生物学特征:

分布于我国黑龙江、吉林、辽宁、内蒙古(呼伦贝尔市、通辽市、昭乌达盟、锡林郭勒盟、大青山)、河北、山西、陕西、甘肃、青海、新疆。生于林缘、林下、草甸、河岸、湖地水湿地。欧洲、俄罗斯(欧洲部分、西伯利亚、远东地区)及日本、蒙古也有分布。山莴苣喜温、抗旱、怕涝,肥沃且适度适宜的地块生长良好。喜微酸性至中性土壤。在水肥条件充足的情况下,6～8月生长旺盛,再生力强。

食用价值:

山莴苣干茎叶中含粗蛋白,还含有较多的胡萝卜素、维生素C等。山莴苣也可作为人的一种蔬菜直接食用,生食清新鲜美,是一道有凉血、败火作用的佳肴。每100 g

山莴苣鲜菜含胡萝卜素4.88 mg，VB_2 0.63 mg，VC 29 mg，粗蛋白2.25 g，粗脂肪0.74 g，粗纤维2.62 g，钙0.7 g，磷0.3 g。

药用价值：

全草均可入药，夏秋季采收，性寒，味苦，有清热解毒，活血祛瘀，健胃之功效，可治疗阑尾炎、扁桃腺炎、疮疖肿毒、宿食不消、产后瘀血。

药理作用：

山莴苣所含的豆甾醇可明显降低小鸡血中胆固醇，而对心和肺无明显影响。

饲用价值：

山莴苣由于粗纤维含量少，畜禽的采食率和消化率都很高。鲜茎叶中所含有的白色乳汁清鲜爽口，有促进食欲、帮助消化、祛火防病、消炎止痛等作用，对提高母猪泌乳力、仔猪增重、提高禽产蛋率和防病均有良好效果。经过饲喂试验表明，用山莴苣喂蛋鸡，产蛋率提高11.2%，节省精料12.3%，又节省维生素、矿物质添加剂的开支。用山莴苣喂猪、养鱼效果更佳。可切碎后直接饲喂或打浆后直接饲喂。

园林价值：

山莴苣头状花序顶生，淡紫色或淡黄色，中午开放，夜晚闭合，总苞下部膨大，苞片多列，呈覆瓦状排列；茎有绿色、绿白色、紫色等，叶有紫红色、红色、褐红色等。山莴苣可以作为一种观赏植物在园林绿化中广泛应用。

短 瓣 蓍

学　　名：*Achillea ptarmicoides* Maxim.

采集地点：乌裕尔河中游草甸草原，北纬47°51′，东经124°52′，土壤主要为草甸沼泽土，其次是潜育草甸土和碳酸盐草甸土，气候为温带湿润大陆性季风气候。年平均降水量为427.4 mm，最少只有284 mm，降水最多的月份一般在7月，最少的月份一般在1月。年平均气温3.1 ℃，最低气温出现在1月，平均气温-19.2 ℃，极端最低气温-39.5 ℃。最高气温出现在7月，平均气温22.8 ℃，平均最高气温27.8 ℃，极端最高气温39.9 ℃。平均无霜期为130 d左右，降雪期为150 d左右。雪量平均20～30 cm，积雪日期为120 d左右，最大可出现50 cm以上积雪。冻土日期最短年份为182 d，最长年份为216 d。冻土深度，最大深度为1.8 m，最小深度为1.2 m，年平均深度为1.5 m。

植物学特征：

短瓣蓍为被子植物门Angiospermae、双子叶植物纲 Dicotyledoneae、合瓣花亚纲 Sympetalae、桔梗目Campanulales、菊科Compositae、管状花亚科Carduoideae、春黄菊族Anthemideae、春黄菊亚族Anthemidinae、蓍属 Achillea、长舌组Sect. Ptarmica的多年生草本植物，具有以下植物学特征：

根：主根不明显，多分枝，侧根少而短，呈褐色，具短的根状茎。

茎：茎直立，高70～100 cm，疏生白色柔毛及黄色的腺点，通常不分枝，中部叶腋有不育枝。

叶：叶无柄，条形至条状披针形，长6～8 cm，宽5～7 mm，篦齿状羽状深裂或近全裂；裂片条形，急尖，宽约1 mm，边缘有不整齐的锯齿，裂片顶端和齿端具白色软骨质

短瓣蓍——全株

短瓣蓍——根

短瓣蓍——茎

短瓣蓍——叶　　　　　　　　　　短瓣蓍——花序

尖头，裂片间距小于或大于裂片的宽度，叶轴宽约1.5～2 mm，上面疏生柔毛，下面较密，两面密生黄色腺点；下部叶近花期凋落，上部叶向上渐小。

花：头状花序矩圆形，长5～6 mm，宽3.5～4 mm，生于被短柔毛的细梗上，多数头状花序集成伞房状；总苞钟状，淡黄绿色，被疏毛或近无毛；总苞片3层，覆瓦状排列，外层卵形，长1.5～2 mm，宽约1.1～1.5 mm，顶端稍尖，中层椭圆形，长2.8 mm，宽1.5 mm，顶端钝，内层矩圆形，长3.2 mm，宽近2 mm，顶端圆形，中间草质，淡绿色，有凸起的中肋，边缘膜质，淡黄色或有狭的淡棕色的外缘。托片与内层总苞片相似，向内渐小，边缘宽膜质。边花6～8朵，长2.8 mm；舌片淡黄白色，极小，广椭圆形，长0.8～1.5 mm，宽1.1 mm，多少卷曲，顶端具深浅不一的3圆齿，管部翅状压扁，长1.5 mm，有腺点。管状花白色，长约2.2 mm，顶端5齿，管部压扁，具腺点。

果：瘦果矩圆形或宽倒披针形，长2.2 mm，宽1.2 mm，具宽的淡白色边肋，无毛，花果期7～9月。

生物学特征：

产于我国东北至河北北部。生于河谷草甸、山坡路旁、灌丛间。朝鲜、日本、蒙古、俄罗斯西伯利亚和远东地区也有分布。

饲用价值：

可作饲料。

药用价值：

【蒙药】功用同蓍（《蒙植药志》）。

麻 花 头

学　　名：*Klasea centauroides* (L.) Cass.
别　　名：菠叶麻花头、草地麻花头、菠菜帘子。
采集地点：乌裕尔河中游草甸草原，北纬47°51′，东经124°52′，土壤主要为草甸沼泽土，其次是潜育草甸土和碳酸盐草甸土，气候为温带湿润大陆性季风气候。年平均降水量为427.4 mm，最少只有284 mm，降水最多的月份一般在7月，最少的月份一般在1月。年平均气温3.1 ℃，最低气温出现在1月，平均气温-19.2 ℃，极端最低气温-39.5 ℃。最高气温出现在7月，平均气温22.8 ℃，平均最高气温27.8 ℃，极端最高气温39.9 ℃。平均无霜期为130 d左右，降雪期为150 d左右。雪量平均20～30 cm，积雪日期为120 d左右，最大可出现50 cm以上积雪。冻土日期最短年份为182 d，最长年份为216 d。冻土深度，最大深度为1.8 m，最小深度为1.2 m，年平均深度为1.5 m。

植物学特征：

麻花头属于被子植物门 Angiospermae、双子叶植物纲 Dicotyledoneae、合瓣花亚纲 Sympetalae、桔梗目 Campanulales、菊科 Compositae、管状花亚科 Carduoideae、菜蓟族 Cynareae、矢车菊亚族 Centaureinae、麻花头属 Serratula。麻花头为多年生草本植物，高40～100 cm，具有以下植物学特征：

根：根状茎横走，黑褐色，具多数根。

茎：茎直立，上部少分枝或不分枝，中部以下被稀疏的或稠密的节毛，基部被残存的纤维状撕裂的叶柄。

叶：基生叶及下部茎叶长椭圆形，长8～12 cm，宽2～5 cm，羽状深裂，有长3～9 cm的叶柄；侧裂片5～8对；全部裂片长椭圆形至宽线形，全缘或有锯齿或少锯齿，宽0.4～0.8(1.3)cm，顶端急尖；中部茎叶与基生叶及下部茎叶同形，并等样分裂，但无柄

麻花头——全株

麻花头——根

麻花头——叶

或有极短的柄，裂片全缘无锯齿或少锯齿；上部的叶更小，5～7羽状全缘，裂片全缘，无锯齿，或不裂，线形，边缘无锯齿。全部叶两面粗糙，两面被多细胞长或短节毛。

花：头状花序少数，单生茎枝顶端，但不形成明显的伞房花序式排列，或植株含1个头状花序，单生茎端，花序梗或花序枝伸长，几裸露，无叶。总苞卵形或长卵形，直径1.5～2 cm，上部有收缢或稍见收缢。总苞片10～12层，覆瓦状排列，向内层渐长，外层与中层三角形、三角状卵形至卵状披针形，长4.5～8.5 mm，宽3～3.5 mm，顶端急尖，有长2.5 mm的短针刺或刺尖；内层及最内层椭圆形、披针形或长椭圆形至线形，长1～2 cm，宽1～4 mm，最内层最长，上部淡黄白色，硬膜质。全部小花红色、红紫色或白色，花冠长2.1 cm，细管部长9 mm，檐部长1.2 cm，花冠裂片长7 mm。

果：瘦果楔状长椭圆形，褐色，有4条高起的肋棱，长5 mm，宽2 mm。冠毛褐色或略带土红色，长达7 mm。冠毛刚毛糙毛状，分散脱落。花果期6～9月。

生物学特征：
分布于我国黑龙江、辽宁、吉林、内蒙古、山西、河北、陕西等。生于山坡林缘、草原、草甸、路旁或田间，海拔1 100～1 590 m。俄罗斯与蒙古也有分布。

饲用价值：
早春返青后的基生叶片，牛、马、羊均喜食。随着植株的生长，其他优良牧草的增多，其适口性逐渐下降，到夏季放牧时家畜基本不采食。秋季刈割调制干草后，各种家畜均喜食。冬季放牧时各种家畜均采食。从化学成分看，粗蛋白质含量中等，粗脂肪含量较低，无氮浸出物较丰富，属中等牧草。

园林价值：
由于麻花头的花大美丽，可作观赏植物。

麻花头——茎

麻花头——头状花序

多花麻花头

学　　　名：*Klasea centauroides* subsp. *polycephala* (Iljin) L. Martins

别　　　名：多头麻花头(《中国高等植物图鉴》)。

采集地点：乌裕尔河中游草甸草原，北纬47°51′，东经124°52′，土壤主要为草甸沼泽土，其次是潜育草甸土和碳酸盐草甸土，气候为温带湿润大陆性季风气候。年平均降水量为427.4 mm，最少只有284 mm，降水最多的月份一般在7月，最少的月份一般在1月。年平均气温3.1 ℃，最低气温出现在1月，平均气温-19.2 ℃，极端最低气温-39.5 ℃。最高气温出现在7月，平均气温22.8 ℃，平均最高气温27.8 ℃，极端最高气温39.9 ℃。平均无霜期为130 d左右，降雪期为150 d左右。雪量平均20～30 cm，积雪日期为120 d左右，最大可出现50 cm以上积雪。冻土日期最短年份为182 d，最长年份为216 d。冻土深度，最大深度为1.8 m，最小深度为1.2 m，年平均深度为1.5 m。

植物学特征：

多花麻花头为被子植物门Angiospermae、双子叶植物纲Dicotyledoneae、合瓣花亚纲Sympetalae、桔梗目Campanulales、菊科Compositae、管状花亚科Carduoideae、菜蓟族Cynareae、矢车菊亚族Centaureinae、麻花头属Serratula的多年生草本植物，具有以下植物学特征：

根：根状茎极短，粗厚，有少量须根较长，呈白色。

茎：茎高40～80 cm，上部伞房状分枝，基部被残存的纤维状撕裂的棕褐色叶柄，全部茎枝被多细胞长节毛，向上脱毛至无毛。

多花麻花头——全株

多花麻花头——根

多花麻花头——叶

多花麻花头——头状花序　　　　　　　　多花麻花头——头状花序

叶：基部叶及下部茎叶长倒披针形、椭圆状披针形或长椭圆形，长5~15 cm，宽2.5~5 cm，下部有长2~6 cm的叶柄，羽状深裂；侧裂片5~9对，中部侧裂片较大，向上或向下的侧裂片渐小，顶裂较小，全部裂片长椭圆形、宽线形或线状长三角形，顶端急尖或渐尖，边缘全缘无锯齿；中上部茎叶渐小，与基生叶及下部茎叶同形并等样分裂，但无柄，最上部及接头状花序下部的线形或钻形，不分裂，边缘无锯齿。全部叶两面粗涩，两面沿脉有稀疏的多细胞节毛。

花：头状花序多数(10~20个)在茎枝顶端排成伞房花序。总苞长卵形，直径1~1.5 cm，上部无收缢。总苞片8~9层，外层卵形或卵状宽三角形，长3~5 mm，宽1~2.5 mm，顶端急尖，有长0.2~0.4 mm的刺头，中层长椭圆状披针形或披针形，长8~11 mm，宽2.5 mm，顶端短渐尖，有类似于外层苞片顶端的短刺头；内层线状披针形或线形，长1.6 cm，宽1~2 mm，上部淡黄色，硬膜质。小花两性，花冠紫色或粉红色，长2.2 cm，细管部长约1 cm，檐部长1.2 cm。

果：瘦果淡白色或褐色，楔状长椭圆状，宽2.5 mm，有3条肋棱。冠毛褐色，长达7 mm；冠毛刚毛锯齿状，分散脱落。花果期7~9月。

生物学特征：

分布于我国辽宁、山西、河北及内蒙古。生于山坡、路旁或农田中，海拔600~2 000 m。

大 籽 蒿

学　　名：*Artemisia sieversiana* Ehrhart ex Willd.

别　　名：山艾(山西)，白蒿(河北、甘肃)，大白蒿、臭蒿子(甘肃)，大头蒿、苦蒿(新疆)，"额尔木""埃勒姆-察乌尔"(蒙语名)，"肯甲"(藏语名)。

采集地点：乌裕尔河中游草甸草原，北纬47°51′，东经124°52′，土壤主要为草甸沼泽土，其次是潜育草甸土和碳酸盐草甸土，气候为温带湿润大陆性季风气候。年平均降水量为427.4 mm，最少只有284 mm，降水最多的月份一般在7月，最少的月份一般在1月。年平均气温3.1 ℃，最低气温出现在1月，平均气温-19.2 ℃，极端最低气温-39.5 ℃。最高气温出现在7月，平均气温22.8 ℃，平均最高气温27.8 ℃，极端最高气温39.9 ℃。平均无霜期为130 d左右，降雪期为150 d左右。雪量平均20～30 cm，积雪日期为120 d左右，最大可出现50 cm以上积雪。冻土日期最短年份为182 d，最长年份为216 d。冻土深度，最大深度为1.8 m，最小深度为1.2 m，年平均深度为1.5 m。

植物学特征：

大籽蒿为被子植物门 Angiospermae、双子叶植物纲 Dicotyledoneae、合瓣花亚纲 Sympetalae、桔梗目 Campanulales、菊科 Compositae、管状花亚科 Carduoideae、春黄菊族 Anthemideae、菊亚族 Chrysantheminae、蒿属 Artemisia、蒿亚属 Subgen. Artiemisia、莳萝蒿组 Sect. Absinthium、大花蒿系 Ser. Sieversianae。大籽蒿为一或两年生草本植物，具有以下植物学特征：

根：直根系，粗壮，主根明显，垂直，狭纺锤形，附着须根和分枝根。

茎：茎单生，直立，高50～150 cm，细，有时略粗，稀下部稍木质化，基部直径可达2 cm，纵棱明显，分枝多；茎、枝被灰白色微柔毛。

叶：下部与中部叶宽卵形或宽卵圆形，两面被微柔毛，长4～8(～13)cm，宽3～6(～15)cm，两至三回羽状全裂，稀为深裂，每侧有裂片2～3枚，裂片常再成不规则的羽

大籽蒿——全株

大籽蒿——叶

大籽蒿——茎

大籽蒿——根

大籽蒿——头状花序

大籽蒿——头状花序

状全裂或深裂，基部侧裂片常有第三次分裂，小裂片线形或线状披针形，长1～10 mm，宽1～1.5(～2)mm，有时小裂片边缘有缺齿，先端钝或渐尖，叶柄长(1～)2～4 cm，基部有小型羽状分裂的假托叶；上部叶及苞片叶羽状全裂或不分裂，而为椭圆状披针形或披针形，无柄。头状花序大，多数，半球形或近球形，直径(3～)4～6 mm，具短梗，稀近无梗，基部常有线形的小苞叶。

花： 花在分枝上排成总状花序或复总状花序，而在茎上组成开展或略狭窄的圆锥花序；总苞片3～4层，近等长，外层、中层总苞片长卵形或椭圆形，背面被灰白色微柔毛或近无毛，中肋绿色，边缘狭膜质，内层长椭圆形，膜质；花序托凸起，半球形，有白色托毛；雌花2(～3)层，20～30朵，花冠狭圆锥状，檐部具(2～)3～4裂齿，花柱线形，略伸出花冠外，先端2叉，叉端钝尖；两性花多层，80～120朵，花冠管状，花药披针形或线状披针形，上端附属物尖，长三角形，基部有短尖头，花柱与花冠等长，先端叉开，叉端截形，有睫毛。

果： 瘦果长圆形，花果期6～10月。

种子： 种子偏圆形，千粒重 0.47 g左右，萌发能力强，发芽率可达到90%以上。大籽蒿具有植冠种子库，新种子不休眠。

生物学特征：

广布于温带或亚热带高山地区。我国自黑龙江、吉林、辽宁、内蒙古、河北、山西、陕西、宁夏、甘肃、青海、新疆至四川、贵州、云南及西藏等省区有分布，山东、江苏等省有栽培；东北、华北、西北省区分布在海拔500～2 200 m地区，西南省区最高分布到海拔4 200 m地区。大籽蒿多生于路旁、荒地、河漫滩、草原、森林草原、干山坡或林缘等，局部地区成片生长，为植物群落的建群种或优势种。大籽蒿抗寒性较强，当年株丛在零下30 ℃能安全越冬。生长期，由于植株高大，要求水肥较高，在干旱少雨的地区栽培，需进行灌溉。大籽蒿最适于疏松、肥沃的土壤条件下栽培。

饲用价值：

大籽蒿由于具有特殊气味，放牧或直接饲喂时家畜不喜采食。因此，目前将其作为粗饲料利用的比例很小。大籽蒿种子富含粗蛋白、脂肪等营养成分，具有较高的营养价值。青贮可以有效提高其适口性。调制青贮饲料后的大籽蒿异味明显降低，其营养成分也可得到有效保存。

药用价值：

据《中药大辞典》中记载，大籽蒿性味甘平，主治风寒湿痹、黄疸、热痢、疥癞恶疮。大籽蒿也是藏医、蒙医习用草药，主要含有黄酮类、木质素类、倍半萜类以及挥发油类等化学成分，具有祛痰、平喘、消炎、提高缺氧耐力、预防肺水肿、抗菌等作用。此外，从大籽蒿分离得到的洋艾素和 Achillin 对肝癌细胞的生长具有明显的抑制作用。

经济价值：

大籽蒿含有桉油精、丁酸香叶酯等挥发油，可用于香皂和化妆品(唇膏、发蜡等)的香料原料。

艾

学　　名：*Artemisia argyi* Lévl. et Van.

别　　名：艾蒿(《尔雅》《本草纲目》)，白蒿(《神农本草经》部分、《本草纲目》部分)，冰台(《尔雅》)，医草(《名医别录》)，甜艾(《本草求原》)，灸草(《埤雅》)，海艾、白艾、蕲艾(《本草纲目》)，阿及艾(《江苏南部种子植物手册》)，家艾、艾叶、陈艾(中药俗称)，大叶艾、祁艾(河北)，大艾、艾绒、艾蓬(江苏、江西、上海)，五月艾(福建、广东、四川)，黄草(台湾)，野艾(湖北、湖南、广东、四川)，白陈艾、家陈艾(四川)，红艾、火艾(云南)，"恰尔古斯-苏伊加""菱哈"(蒙语名)，"黑阴威"(瑶族土名)。

采集地点：乌裕尔河中游草甸草原，北纬47°51′，东经124°52′，土壤主要为草甸沼泽土，其次是潜育草甸土和碳酸盐草甸土，气候为温带湿润大陆性季风气候。年平均降水量为427.4 mm，最少只有284 mm，降水最多的月份一般在7月，最少的月份一般在1月。年平均气温3.1 ℃，最低气温出现在1月，平均气温−19.2 ℃，极端最低气温−39.5 ℃。最高气温出现在7月，平均气温22.8 ℃，平均最高气温27.8 ℃，极端最高气温39.9 ℃。平均无霜期为130 d左右，降雪期为150 d左右。雪量平均20～30 cm，积雪日期为120 d左右，最大可出现50 cm以上积雪。冻土日期最短年份为182 d，最长年份为216 d。冻土深度，最大深度为1.8 m，最小深度为1.2 m，年平均深度为1.5 m。

植物学特征：

艾为被子植物门Angiospermae、双子叶植物纲Dicotyledoneae、合瓣花亚纲Sympetalae、桔梗目Campanulales、菊科Compositae、管状花亚科Carduoideae、春黄菊族Anthemideae、菊亚族Chrysantheminae、蒿属Artemisia、蒿亚属Subgen. Artiemisia、艾组Sect. Artemisia、真艾系Ser. Umbrosae (Pamp.) Y. R. Ling。艾为多年生草本植物，具有以下植物学特征：

根：直根系，主根明显，略粗长，直径达1.5 cm，侧根多；常有横卧地下根状茎及营养枝。

茎：茎单生或少数，高80～150(～250)cm，有明显纵棱，褐色或灰黄褐色，基部稍木质化，上部草质，并有少数短的分枝，枝长3～5 cm；茎、枝均被灰色蛛丝状柔毛。

叶：叶厚纸质，上面被灰白色短柔毛，并有白色腺点与小凹点，背面密被灰白色蛛丝状密绒毛；基生叶具长柄，花期萎谢；茎下部叶近圆形或宽卵形，羽状深裂，每侧具裂片2～3枚，裂片椭圆形或倒卵状长椭圆形，每裂片有2～3枚小裂齿，干后背面主、侧脉多为深褐色或锈色，叶柄长0.5～0.8 cm；中部叶卵形、三角状卵形或近菱形，长5～8 cm，宽4～7 cm，一(至二)回羽状深裂至半裂，每侧裂片2～3枚，裂片卵形、卵状披针形或披针形，长2.5～5 cm，宽1.5～2 cm，不再分裂或每侧有1～2枚缺齿，叶基部宽楔形渐狭成短柄，叶脉明显，在背面凸起，干时锈色，叶柄长0.2～0.5 cm，基部通常无假托叶或极小的假托叶；上部叶与苞片叶羽状半裂、浅裂或3深裂或3浅裂，或不分裂，而为椭圆形、长椭圆状披针形、披针形或线状披针形。

艾——全株　　　　　艾——茎　　　　　艾——叶

花：头状花序椭圆形，直径2.5～3(～3.5)mm，无梗或近无梗，每数枚至10余枚在分枝上排成小型的穗状花序或复穗状花序，并在茎上通常再组成狭窄、尖塔形的圆锥花序，花后头状花序下倾；总苞片3～4层，覆瓦状排列，外层总苞片小，草质，卵形或狭卵形，背面密被灰白色蛛丝状绵毛，边缘膜质，中层总苞片较外层长，长卵形，背面被蛛丝状绵毛，内层总苞片质薄，背面近无毛；花序托小；雌花6～10朵，花冠狭管状，檐部具2裂齿，紫色，花柱细长，伸出花冠外甚长，先端2叉；两性花8～12朵，花冠管状或高脚杯状，外面有腺点，檐部紫色，花药狭线形，先端附属物尖，长三角形，基部有不明显的小尖头，花柱与花冠近等长或略长于花冠，先端2叉，花后向外弯曲，叉端截形，并有睫毛。

果：瘦果长卵形或长圆形，花果期7～10月。

生物学特征：

艾分布广，除极干旱与高寒地区外，几乎遍及全国。艾生长在路旁荒野、草地，其适应性强，只要是向阳而排水顺畅的地方都生长，但以湿润肥沃的土壤生长较好。生于低海拔至中海拔地区的荒地、路旁河边及山坡等地，也见于森林草原及草原地区，局部地区为植物群落的优势种。

食用价值：

艾是一种很好的食物，嫩芽及幼苗可作蔬菜。在中国南方传统食品中，有一种糍粑就是用艾作为主要原料做成的(参见艾糍)。即用清明前后鲜嫩的艾草和糯米粉按1:2的比例和在一起，包上花生、芝麻及白糖等馅料(部分地区会加上绿豆蓉)，再将之蒸熟即可。在广东东江流域，当地人在冬季和春季采摘鲜嫩的艾叶子和芽，作蔬菜食用。

艾——根与根状茎　　　　　　　　艾——头状花序

每逢立春时分赣州客家人有采集艾做成艾米果的习俗。艾米果的形状与饺子有点像，但体积更大内有馅，美味中可当主食。

药用价值：

艾全草入药，有温经、祛湿、散寒、止血、消炎、平喘、止咳、安胎、抗过敏等作用。历代医籍记载为"止血要药"，又是妇科常用药之一，治虚寒性的妇科疾患尤佳，又治老年慢性支气管炎与哮喘，煮水洗浴时可防治产褥期母婴感染疾病，或制药枕头、药背心，防治老年慢性支气管炎或哮喘及虚寒胃痛等；艾叶晒干捣碎得"艾绒"，制艾条供艾灸用，又可作"印泥"的原料。此外全草作杀虫的农药或熏烟作房间消毒、杀虫药。艾叶熬汁，然后稀释兑水沐浴，可除身上长的小红疙瘩。此外还可以驱蚊蝇、灭菌消毒，预防疾病。艾还用于针灸术的"灸"，"灸"就是拿艾草点燃之后去熏、烫穴道。用艾草泡脚有很多保健功效。因为它有着治病的功能，特别是在端午节这天乘着露水采到后，药效最好。

经济价值：

艾可以做天然植物染料使用。艾具有特殊的馨香味，做成馨香枕头，还有安眠助睡解乏的功效。

沙 蒿

学　　名：*Artemisia desertorum* Spreng.

别　　名：漠蒿(《内蒙古植物志》)、薄蒿(四川康定)、草蒿(河北)、荒地蒿(陕西)、荒漠蒿(内蒙古)、"芒汗-沙里尔日"(蒙语名)。

采集地点：乌裕尔河中游草甸草原，北纬47°51′，东经124°52′，土壤主要为草甸沼泽土，其次是潜育草甸土和碳酸盐草甸土，气候为温带湿润大陆性季风气候。年平均降水量为427.4 mm，最少只有284 mm，降水最多的月份一般在7月，最少的月份一般在1月。年平均气温3.1 ℃，最低气温出现在1月，平均气温-19.2 ℃，极端最低气温-39.5 ℃。最高气温出现在7月，平均气温22.8 ℃，平均最高气温27.8 ℃，极端最高气温39.9 ℃。平均无霜期为130 d左右，降雪期为150 d左右。雪量平均20～30 cm，积雪日期为120 d左右，最大可出现50 cm以上积雪。冻土日期最短年份为182 d，最长年份为216 d。冻土深度，最大深度为1.8 m，最小深度为1.2 m，年平均深度为1.5 m。

植物学特征：

沙蒿为被子植物门Angiospermae、双子叶植物纲Dicotyledoneae、合瓣花亚纲Sympetalae、桔梗目Campanulales、菊科Compositae、管状花亚科Carduoideae、春黄菊族Anthemideae、菊亚族Chrysantheminae、蒿属Artemisia、龙蒿亚属Subgen. Dracunculus、牡蒿组Sect. Latilobus、草原蒿系Ser. Depauperatae。沙蒿为多年生草本植物，具有以下植物学特征：

根：主根明显，木质或半木质，侧根少数；根状茎稍粗，短，半木质，直径1～10 mm，有短的营养枝。

茎：茎单生或少数，高30～70 cm，具细纵棱；上部分枝，枝短或长，斜贴向茎端；茎、枝幼时被微柔毛，后渐脱落无毛。

叶：叶纸质，上面无毛，背面初时被薄绒毛，后无毛；茎下部叶与营养枝叶长圆形

沙蒿——全株

沙蒿——根

沙蒿——茎

或长卵形，长 2～5 cm，宽 1.5～4.5 cm，二回羽状全裂或深裂，每侧有裂片 2～3 枚，裂片椭圆形或长圆形，长 1～1.5(～2)cm，宽 0.3～0.6 cm，每裂片常再 3～5 深裂或浅裂，小裂片线形、线状披针形或长椭圆形，长 0.5～1.5 cm，宽 1～1.5 mm，叶柄长 1～3 cm，除基生叶外，叶柄基部有线形、半抱茎的假托叶；中部叶略小，长卵形或长圆形，一至二回羽状深裂，基部宽楔形，叶柄短，具小型、半抱茎的假托叶；上部叶 3～5 深裂，基部有小型的假托叶；苞片叶 3 深裂或不分裂，线状披针形或线形，基部假托叶小。

花：头状花序多数，卵球形或近球形，直径 2.5～3 mm，有短梗或近无梗，基部有小苞叶，在分枝上排成穗状花序式的总状花序或复总状花序，而在茎上组成狭而长的扫帚形的圆锥花序；总苞片 3～4 层，外层总苞片略小，卵形；中层总苞片长卵形；外、中层总苞片背面深绿色或带紫色，初时微有薄毛，后脱落无毛，边白色，膜质，内层总苞片长卵形，半膜质，背面无毛；雌花 4～8 朵，花冠狭圆锥状或狭管状，檐部具 2～3 裂齿，花柱长，伸出花冠外，先端 2 叉，叉端长锐尖；两性花 5～10 朵，不孕育，花冠管状，花药线形，先端附属物尖，长三角形，基部圆钝，花柱短，先端稍膨大，不叉开。

果：瘦果倒卵形或长圆形，花果期 8～9 月。

种子：种子黑色、卵圆形。

沙蒿——叶

沙蒿——花穗

沙蒿——头状花序

生物学特征：
　　沙蒿分布于我国的黑龙江、吉林、辽宁、内蒙古、河北、山西、陕西、宁夏、甘肃、青海、新疆、四川、贵州、云南及西藏；华北、西北、东北分布在低海拔至海拔 3 000 m 地区，西南省区分布在海拔 3 000～4 000 m 地区。沙蒿多生长于干河谷、河岸边、森林草原、高山草原、草甸、砾质坡地、林缘、路旁等。局部地区成片生长，荒坡、草原和为草原地区植物群落的主要伴生种，目前尚未由人工引种栽培。

食用价值：
　　我国西北地区很早就有利用沙蒿籽做面条的习惯。

饲用价值：

沙蒿在青绿时期因气味重而苦，大大降低了它的适口性。牧场上饲草充足情况下，牲畜很少采食或不食，只有骆驼一年四季可以采食。深秋霜枯后，适口性大增，山羊和绵羊采食或喜食，骆驼喜食；马和牛通常不吃它。在饲料缺乏的年景，它的重要性便大大提高，即使马和牛也可采食。

药用价值：

沙蒿籽有清热解毒、化瘀止痛的作用，对化脓性腹膜炎、盆腔脓肿等均有良效。

生态价值：

沙蒿由于茎多数丛生，阻沙作用好，为优良的固沙植物。

经济价值：

沙蒿籽所提取的沙蒿胶作为一种天然植物胶，能够在水中形成强韧的凝胶，且耐酸碱，性质十分稳定，在食品加工行业中用作增稠剂、品质改良剂、稳定剂及饵料黏合剂等。沙蒿籽的含油量在20%左右，富含亚油酸和维生素E。

蒙 古 蒿

学　　名：*Artemisia mongolica* (Fisch. ex Bess.) Nakai

别　　名：蒙蒿（《北京植物志》），狭叶蒿（江苏），狼尾蒿、水红蒿（辽宁），"蒙古-沙里尔日"（蒙语名）。

采集地点：乌裕尔河中游草甸草原，北纬47°51′，东经124°52′，土壤主要为草甸沼泽土，其次是潜育草甸土和碳酸盐草甸土，气候为温带湿润大陆性季风气候。年平均降水量为427.4 mm，最少只有284 mm，降水最多的月份一般在7月，最少的月份一般在1月。年平均气温3.1 ℃，最低气温出现在1月，平均气温-19.2 ℃，极端最低气温-39.5 ℃。最高气温出现在7月，平均气温22.8 ℃，平均最高气温27.8 ℃，极端最高气温39.9 ℃。平均无霜期为130 d左右，降雪期为150 d左右。雪量平均20～30 cm，积雪日期为120 d左右，最大可出现50 cm以上积雪。冻土日期最短年份为182 d，最长年份为216 d。冻土深度，最大深度为1.8 m，最小深度为1.2 m，年平均深度为1.5 m。

植物学特征：

蒙古蒿为被子植物门 Angiospermae、双子叶植物纲 Dicotyledoneae、合瓣花亚纲 Sympetalae、桔梗目 Campanulales、菊科 Compositae、管状花亚科 Carduoideae、春黄菊族 Anthemideae、菊亚族 Chrysantheminae、蒿属 Artemisia、蒿亚属 Subgen. Artiemisia、艾组 Sect. Artemisia、艾系 Ser. Artemisia。蒙古蒿为多年生草本植物，具有以下植物学特征：

蒙古蒿——全株

蒙古蒿——花

蒙古蒿——根　　　　　　　　　　　　　　蒙古蒿——穗状花序

根：根细，侧根多；根状茎短，半木质化，直径4～7 mm，有少数营养枝。

茎：茎少数或单生，高40～120 cm，具明显纵棱；分枝多，长(6～)10～20 cm，斜向上或略开展；茎、枝初时密被灰白色蛛丝状柔毛，后稍稀疏。

叶：叶纸质或薄纸质，上面绿色，初时被蛛丝状柔毛，后渐稀疏或近无毛，背面密被灰白色蛛丝状绒毛；下部叶卵形或宽卵形，二回羽状全裂或深裂，第一回全裂，每侧有裂片2～3枚，裂片椭圆形或长圆形，再次羽状深裂或为浅裂齿，叶柄长，两侧常有小裂齿，花期叶萎谢；中部叶卵形、近圆形或椭圆状卵形，长(3～)5～9 cm，宽4～6 cm，一至二回羽状分裂，第一回全裂，每侧有裂片2～3枚，裂片椭圆形、椭圆状披针形或披针形，再次羽状全裂，稀深裂或3裂，小裂片披针形、线形或线状披针形，先端锐尖，边缘不反卷，基部渐狭成短柄，叶柄长0.5～2 cm，两侧偶有1～2枚小裂齿，基部常有小型的假托叶；上部叶与苞片叶卵形或长卵形，羽状全裂或5或3全裂，裂片披针形或线形，无裂齿或偶有1～30浅裂齿，无柄。

花：头状花序多数，椭圆形，直径1.5～2 mm，无梗，直立或倾斜，有线形小苞叶，在分枝上排成密集的穗状花序，稀少为略疏松的穗状花序，并在茎上组成狭窄或中等开展的圆锥花序；总苞片3～4层，覆瓦状排列，外层总苞片较小，卵形或狭卵形，背面密被灰白色蛛丝状毛，边缘狭膜质，中层总苞片长卵形或椭圆形，背面密被灰白色蛛丝状柔毛，边宽膜质，内层总苞片椭圆形，半膜质，背面近无毛；雌花5～10朵，花冠狭管状，檐部具2裂齿，紫色，花柱伸出花冠外，先端2叉，反卷，叉端尖；两性花8～15朵，

菊科 Compositae

153

花冠管状，背面具黄色小腺点，檐部紫红色，花药线形，先端附属物尖，长三角形，基部圆钝，花柱与花冠近等长，先端2叉，叉端截形并有睫毛。

果：瘦果小，长圆状倒卵形，花果期8～10月。

生物学特征：

产于我国黑龙江、吉林、辽宁、内蒙古、河北、山西、陕西、宁夏、甘肃、青海、新疆、山东、江苏、安徽、江西、福建(北部)、台湾(中部高山地区)、河南、湖北、湖南、广东(北部)、四川及贵州等省区；多生于中或低海拔地区的山坡、灌丛、河湖岸边及路旁等，西北、华北地区还见于森林草原、草原和干河谷等地区。蒙古、朝鲜、日本及俄罗斯(西伯利亚)也有分布。该种广布于森林草原带的草原和草甸，特别在大兴安岭以西西侧山麓、东北平原、固定沙丘、山前丘陵地区分布最广，属于温带中生植物。经常生长在河岸沙地、草甸、河谷、撂荒地上，也经常侵入耕地、路旁。在草甸、草甸草原、典型草原群落中均能见到，在局部低湿的草甸中可以形成小群聚。早春4月末返青，10月枯死。

饲用价值：

蒙古蒿的适口性不高，春季的幼苗马、牛、羊均采食，到了夏季由于该种枝茎粗硬，其他优良牧草均已长出，生长茂盛，因此，各种家畜基本不采食。但是到了秋季，特别是在下霜后和冬季，各种家畜均采食，小家畜更喜食。从其化学成分的含量分析，该种属营养中下等牧草。

药用价值：

全草入药，作"艾"(家艾)的代用品，有温经、止血、祛湿、祛风散寒、散瘀消肿、理气安胎等功效。

经济价值：

可提取芳香油，供化工工业用；又可作纤维与造纸的原料。

碱 蒿

学　　名：*Artemisia anethifolia* Web. ex Stechm

别　　名：盐蒿(陕西)、大蒔萝蒿(内蒙古、甘肃)、縻縻蒿(内蒙古)、臭蒿(宁夏)、伪茵陈(山西)、"博知莫格""霍宁-沙里尔日"(蒙语名)。

采集地点：乌裕尔河中游草甸草原，北纬47°51′，东经124°52′，土壤主要为草甸沼泽土，其次是潜育草甸土和碳酸盐草甸土，气候为温带湿润大陆性季风气候。年平均降水量为427.4 mm，最少只有284 mm，降水最多的月份一般在7月，最少的月份一般在1月。年平均气温3.1 ℃，最低气温出现在1月，平均气温-19.2 ℃，极端最低气温-39.5 ℃。最高气温出现在7月，平均气温22.8 ℃，平均最高气温27.8 ℃，极端最高气温39.9 ℃。平均无霜期为130 d左右，降雪期为150 d左右。雪量平均20~30 cm，积雪日期为120 d左右，最大可出现50 cm以上积雪。冻土日期最短年份为182 d，最长年份为216 d。冻土深度，最大深度为1.8 m，最小深度为1.2 m，年平均深度为1.5 m。

植物学特征：

碱蒿为被子植物门 Angiospermae、双子叶植物纲 Dicotyledoneae、合瓣花亚纲 Sympetalae、桔梗目 Campanulales、菊科 Compositae、管状花亚科 Carduoideae、春黄菊族 Anthemideae、菊亚族 Chrysantheminae、蒿属 Artemisia、蒿亚属 Subgen. Artiemisia、蒔萝蒿组 Sect. Absinthium、碱蒿系 Ser. Anethifoliae。碱蒿为一或两年生草本植物，植株有浓烈的香气，具有以下植物学特征：

根：主根狭纺锤形，垂直，多分枝和须根。

茎：茎单生，稀少数，高20~50 cm，直立或斜上，具纵棱，下部半木质化，分枝多而长；茎、枝初时有短绒毛，后渐脱落无毛，叶初时被短柔毛，后渐稀疏，近无毛。

叶：基生叶椭圆形或长卵形，长3~4.5 cm，宽1.5~2.5(~3)cm，二至三回羽状全裂，每侧有裂片3~4枚，每裂片再次羽状全裂，小裂片狭线形，长(3~)4~8 mm，宽1~2 mm，先端钝尖，叶柄长2~4 cm，开花时渐萎谢；中部叶卵形、宽卵形或椭圆状卵形，长2.5~3 cm，宽1~2 cm，一至二回羽状全裂，每侧有裂片3~4枚，侧边中部裂片常再次羽状全裂，裂片或小裂片狭线形，开展，长0.6~1.2 cm，宽0.5~1.5 mm；上部叶

碱蒿——全株

碱蒿——根

碱蒿——茎

与苞片叶无柄,5或3全裂或不分裂,裂片或不分裂之苞片叶狭线形。

花：头状花序半球形或宽卵形,直径2~3(~4)mm,具短梗,下垂或斜生,基部有小苞叶,在分枝上排成穗状花序式的总状花序,并在茎上组成疏散、开展的圆锥花序;总苞片3~4层,外层、中层总苞片椭圆形或披针形,背面微有白色短柔毛或近无毛,有绿色中肋,边缘膜质,内层总苞片卵形,近膜质,背面无毛;花序托凸起,半球形,具白色托毛;雌花3~6朵,花冠狭管状,花柱伸出花冠外,上端分叉长,叉端稍钝;两性花18~28朵,花冠管状,檐部黄色或红色,花药线形,先端附属物尖,长三角形,花药基部有小尖头或稍钝,花柱与花冠近等长,先端2叉,叉端截形,叉口与叉端有睫毛。

果：瘦果椭圆形或倒卵形,顶端偶有不对称的冠状附属物,花果期8~10月。

生物学特征：

产于我国黑龙江(西部)、内蒙古、河北、山西(北部)、陕西、宁夏、甘肃、青海及新疆等省区。蒙古及俄罗斯(西伯利亚)也有分布。常生于海拔800~2 300 m附近的干山坡、干河谷、碱性滩地、盐渍化草原附近、荒地及固定沙丘附近,在低湿、盐渍化地常成区域性植物群落的主要伴生种。碱蒿是一种最耐盐碱的蒿类植物,在草甸草原及干草原的碱斑地、外围成圈生长。在固定沙丘群的低湿、盐碱滩上,形成小片群落,这种蒿

碱蒿——叶

碱蒿——头状花序

类增加,往往是过度放牧或草场退化的标志。在盐碱化的割草场、低湿的碱地、碱湖的古湖滩、碱沟、盐生草甸中均可大量生长,尤以草甸草原区的广大湖盆盐碱地上,生长最为茂盛,成为强碱性土壤的指示植物,并混生在辽阔的羊草盐湿草甸中,每亩产鲜草20~33 kg,冬季枯黄的枝叶残存在植物上。

饲用价值：

碱蒿有中等饲用价值,青鲜时,在放牧场上,羊和骆驼喜食,马和牛等大家畜不喜食或者根本不采食。秋冬季节,羊和骆驼最喜食,手工割下晒干储存,可作为冷季幼畜和瘦弱家畜的补充饲料。如果把调制的干草,混入一些碱蒿,马和牛等大家畜也喜食。可见,冬春季节在碱蒿的残株中,蛋白质及脂肪的含量减少很多,饲用价值降低。

猪 毛 蒿

学　　名：*Artemisia scoparia* Waldst. et Kit.

别　　名：石茵陈、山茵陈、西茵陈、北茵陈(《本草纲目》)，野茼蒿、白蒿(《救荒本草》《植物名实图考》)，扫帚艾(《广州植物志》)，土茵陈(南方省区俗称)，东北茵陈蒿(东北、华北省区俗称)，滨蒿(西北省区俗称)，白头蒿(河北)，香蒿(河北陕西)，臭蒿(河北、内蒙古)，米蒿(内蒙古)，棉蒿、沙蒿(山西)，白毛蒿、灰毛蒿、毛滨蒿(吉林)，黄蒿(内蒙古、黑龙江、吉林)，小白蒿(陕西)，迎春蒿、黄毛蒿(甘肃)，白茵陈、白青蒿、毛毛蒿(四川)，绒蒿(广西)，"阿各弄""伊麻干-沙里尔日""雅曼-沙里尔日"(蒙语名)，"亚布泉"(维吾尔语名)，"阿仲"(四川西部藏语名)，"察尔旺"(青海藏语名)。

采集地点：乌裕尔河中游草甸草原，北纬47°51′，东经124°52′，土壤主要为草甸沼泽土，其次是潜育草甸土和碳酸盐草甸土，气候为温带湿润大陆性季风气候。年平均降水量为427.4 mm，最少只有284 mm，降水最多的月份一般在7月，最少的月份一般在1月。年平均气温3.1 ℃，最低气温出现在1月，平均气温-19.2 ℃，极端最低气温-39.5 ℃。最高气温出现在7月，平均气温22.8 ℃，平均最高气温27.8 ℃。极端最高气温39.9 ℃。平均无霜期为130 d左右，降雪期为150 d左右，雪量平均20~30 cm，积雪日期为120 d左右，最大可出现50 cm以上积雪。冻土日期最短年份为182 d，最长年份为216 d。冻土深度，最大深度为1.8 m，最小深度为1.2 m，年平均深度为1.5 m。

植物学特征：

猪毛蒿为被子植物门Angiospermae、双子叶植物纲Dicotyledoneae、合瓣花亚纲Sympetalae、桔梗目Campanulales、菊科Compositae、管状花亚科Carduoideae、春黄菊族Anthemideae、菊亚族Chrystheminae、蒿属Artemisia、龙蒿亚属Subgen. Dracunculus、龙蒿组Sect. Dracunculus、猪毛蒿系Ser. Scopariae Krasch.。猪毛蒿为北温带与高寒地区一或两年生草本植物，具有以下植物学特征：

根：主根单一，狭纺锤形、垂直，半木质或木质化。

茎：根状茎粗短，直立，半木质或木质，常有细的营养枝，枝上密生叶。茎通常单生，稀2~3枚，高40~90(~130)cm，红褐色或褐色，有纵纹；常自下部开始分枝，枝长10~20 cm或更长，下部分枝开展，上部枝多斜上展；茎、枝幼时被灰白色或灰黄色绢质柔毛，以后脱落。

叶：基生叶与营养枝叶两面被灰白色绢质柔毛。叶近圆形、长卵形，二至三回羽状全裂，具长柄，花期叶凋谢；茎下部叶初时两面密被灰白色或灰黄色略带绢质的短柔毛，后毛脱落，叶长卵形或椭圆形，长1.5~3.5 cm，宽1~3 cm，二至三回羽状全裂，每侧有裂片3~4枚，再次羽状全裂，每侧具小裂片1~2枚，小裂片狭线形，长3~5 mm，宽0.1~1 mm，不再分裂或具1~2枚小裂齿，叶柄长2~4 cm；中部叶初时两面被短柔毛，后脱落，叶长圆形或长卵形，长1~2 cm，宽0.5~1.5 cm，一至二回羽状全裂，每侧具裂片2~3枚，不分裂或再3全裂，小裂片丝线形或为毛发状，长4~8 mm，宽0.2~0.3

(~0.5)mm,多少弯曲；茎上部叶与分枝上叶及苞片叶3~5全裂或不分裂。

花：猪毛蒿的头状花序近球形，稀近卵球形，极多数，直径1~1.5(~2)mm，具极短梗或无梗，基部有线形的小苞叶，在分枝上偏向外侧生长，并排成复总状或复穗状花序，而在茎上再组成大型、开展的圆锥花序；总苞片3~4层，外层总苞片草质、卵形，背面绿色、无毛，边缘膜质，中、内层总苞片长卵形或椭圆形，半膜质；花序托小，凸起；雌花5~7朵，花冠狭圆锥状或狭管状，冠檐具2裂齿，花柱线形，伸出花冠外，先端2叉，叉端尖；两性花4~10朵，不孕育，花冠管状，花药线形，先端附属物尖，长三角形，花柱短，先端膨大，2裂，不叉开，退化子房不明显。

果：猪毛蒿的瘦果倒卵形或长圆形，褐色，花果期7~10月。

猪毛蒿——全株

猪毛蒿——根

猪毛蒿——叶

猪毛蒿——花

生态学特征：

猪毛蒿遍及全国，东部、南部省区分布在中、低海拔地区的山坡、旷野、路旁等，西北省区分布在中、低海拔至2 800 m的地区。西南省区最高分布到3 800(~4 000) m地区，在半干旱或半温润地区的山坡、林缘、路旁、草原、黄土高原、荒漠边缘地区都有分布，局部地区构成植物群落的优势种。为欧、亚大陆温带与亚热带地区广布种。朝鲜、日本、伊朗、土耳其、阿富汗、巴基斯坦、印度、苏联及欧洲东部和中部各国都有。猪毛蒿的根垂直，茎单生；而在稍温暖地区则为多年生草本，其主根虽然单一，垂直，狭纺锤状，但地下部分经冬不死，当年生茎冬季枯死后，翌年春天又从根部萌发出新的地上茎，因此地上茎多2~3枚或数枚，植株有浓烈的香气。

食用价值：

猪毛蒿的幼苗可作为野菜采食。

药用价值：

猪毛蒿的基生叶、幼苗及幼叶等入药，民间称"土茵陈"，化学成分、功用等与"茵陈蒿"同。据考证：古本草书如《政和本草》《本草纲目》等书中称"北茵陈""山茵陈""西茵陈"及"石茵陈"等可能都是本种。亦作青蒿(即黄花蒿)的代用品。主治：中药治黄疸型肝炎，胆囊炎，小便色黄不利，湿疮瘙痒，湿温初起。蒙药治肺热咳嗽，喘证，肺脓肿，感冒咳嗽，"搏热"，咽喉肿痛。

其他：

猪毛蒿精油对储粮害虫具有忌避作用、生长发育和繁殖抑制作用；对农田害虫具有拒食和光活化毒杀作用。猪毛蒿精油对稗草、马唐、含羞草等杂草具有光活化防除效果。

植物文化：

说起猪毛蒿，有这样一个传说：相传远古时候，太阳一共弟兄十个。他们住在东海的一棵大桑树上。十兄弟中，只有小弟弟最老实，每天东出西落，给大地带来光明和温暖。人们赞颂小弟，使老大到老九都红了眼，于是一齐出来烘烤大地，使得土地龟裂，草木枯焦。天帝怜悯，赐给后羿彤弓丹矢，让他为民除害。后羿弯弓搭箭，一连射下了七个太阳。老八、老九慌忙躲在大葱和猪毛蒿下逃得性命。后羿射下太阳后，趾高气扬，自认为是盖世英雄，整天沉湎酒色，喝醉了就射星星，把星星射得七零八落，拖着长长尾巴栽下来，人们看到的扫帚星就是被射碎的星星。其他星星也吓得躲起来。后羿发狠道，要把那一颗太阳也射下来，让天地变成一片混沌。其妻嫦娥和其徒弟逢蒙扑上去拉住弓梢，箭头东南，咔嚓一声射折了东南天柱，东南地陷了，洪水从西北滚滚而来，嫦娥见后羿这样不可理喻，吞了后羿从西王母那里讨来准备自己服用的"不死药"飞上了月宫，后羿大怒，弯弓搭箭又对准了月亮，逢蒙见师父要射杀师娘，咬下一箭射穿了后羿的胸膛后，也一头撞死在地上。

后羿死后，躲起来的两个太阳见没人能奈何它们了，就再度出来逞起了威风，把无穷的大火倾向大地。可怜的老百姓又遭难了。这时候，又出了一位大英雄名叫夸父。夸父决心找太阳讲理，让它们不要张狂。太阳老八、老九自知理亏，一面仓惶西逃，一面放出更大的热量阻止夸父的追赶。夸父挥汗如雨，口渴难耐，俯下身来，几口吸干了黄河和渭河水，加快脚步继续追赶，眼看就要追上了，老八、老九放出毒焰，烧焦了夸父的头发、眉毛、胡子、衣服。最后，他的汗毛眼一个个冒出烟来，夸父想找点水润润喉咙再去和它们说理，背转身向云梦大泽走去。可叹一世英雄没走到目的地就扑倒在地，再也没有爬起来。他丢弃的手杖化作一片桃林。也有人说那硕大的水蜜桃是夸父的心血变的。希望后人不再像他那样遭受难耐的口渴。

　　夸父死了，两个太阳再没有什么顾忌了，依旧出来肆虐。整天就像钉在天中一样，肆意烧烤大地。人民的灾难逼得二郎神冥思苦想制服太阳的办法。他想，太阳的本领就是放热吗？我可以施展变化的神通让烈火不能侵身。我虽然没有后羿射它下来的本领，但我能搬得动大山，能把它压在山下，使它们永世不能害人……二郎神显出法象，用一根万丈长的铁扁担，挑起太行、王屋两座大山，迈开虎步向两个作孽的太阳走去。老八、老九两个太阳吓得胆颤心惊，慌忙滚下天空逃走。老八、老九和老十最要好，知道二郎的执着精神，自知凶多吉少，慌忙中告诉老十一定记住大葱和猪毛蒿的救命之恩，如果我哥俩有闪失，你要好自为之，善待自己，替我们回报大葱和猪毛蒿。说完就跑。二郎神哪里肯放，紧追不舍。追呀追呀，追了十万八千里，到了沁水边上不见了太阳的踪影。二郎神定睛一看，见河边的草木都焦了，石头也被烧成了红色，知道两个孽障就躲在这里。仰天一声长笑，两手一压扁担梢，稳稳地把两座山压到太阳头上，两个太阳痛苦地挣扎，压碎的身体变成火星，火块四处飞散，两座大山的子子孙孙哪敢怠慢，欠身将太阳老八、老九身体碎片座在屁股底下。

　　现在太行山槽沟口的崖壁上有个两丈多深的石孔，传说，它就是二郎神担山的扁担眼，而往西一百二十里王屋山上恰恰也有一眼扁担孔和它遥遥相对。太行山、王屋山之所以煤铁藏量丰富，就是因为当年山下压有大量烧焦的草木和烧红的石头。现在太行山下贺坡温泉的水温达摄氏92度，就是那被压太阳散出的余热造成的。

　　老十看到两位哥哥的悲惨命运，痛苦万分，他知道几位哥哥的过错，并没有因此而记恨天地，只是默默地工作，尽己之能、尽己之责。每天被公鸡呼唤三遍后就起床工作，但孤孤单单中免不了思念九位哥哥，早上的霜露就是老十的泪水……。

　　老十没有忘记八哥、九哥的嘱托，照顾大葱和猪毛蒿。可当时老八、老九并不知道大葱和猪毛蒿的姓名，只是将形状和体征告诉他，所以老十错将猪毛蒿当成马齿菜。这不不管天气如何干旱，唯独葱和马齿菜长时间暴晒不死，据说这就是老十替两位哥哥报恩还愿的原因。

　　而猪毛蒿这个无名英雄确在秋天风天，不管身材如何魁梧，被风一吹也是满地乱跑，无人收留，背后还会传来嘲笑声。但猪毛蒿并不气馁，因为自己认为是无所谓的，做了就不后悔，不苛求什么报答，因为当初就不是为了图报……总会自己躲在地埂和沟渠里去反思。

矮 蒿

学　　名：*Artemisia lancea* Van.

别　　名：牛尾蒿(《植物名实图考》部分)、小艾(《台湾植物志》)、野艾蒿(《江苏植物志》)、细叶艾(南方俗称)、小蓬蒿(浙江)。

采集地点：乌裕尔河中游草甸草原，北纬47°51′，东经124°52′，土壤主要为草甸沼泽土，其次是潜育草甸土和碳酸盐草甸土，气候为温带湿润大陆性季风气候。年平均降水量为427.4 mm，最少只有284 mm，降水最多的月份一般在7月，最少的月份一般在1月。年平均气温3.1 ℃，最低气温出现在1月，平均气温−19.2 ℃，极端最低气温−39.5 ℃。最高气温出现在7月，平均气温22.8 ℃，平均最高气温27.8 ℃，极端最高气温39.9 ℃。平均无霜期为130 d左右，降雪期为150 d左右。雪量平均20～30 cm，积雪日期为120 d左右，最大可出现50 cm以上积雪。冻土日期最短年份为182 d，最长年份为216 d。冻土深度，最大深度为1.8 m，最小深度为1.2 m，年平均深度为1.5 m。

植物学特征：

矮蒿为被子植物门Angiospermae、双子叶植物纲 Dicotyledoneae、合瓣花亚纲 Sympetalae、桔梗目 Campanulales、菊科 Compositae、管状花亚科 Carduoideae、春黄菊族 Anthemideae、菊亚族 Chrysantheminae、蒿属 Artemisia、蒿亚属 Subgen. Artiemisia、艾组 Sect. Artemisia、矮蒿系 Ser. Microcephalae的多年生草本植物，具有以下植物学特征：

根：主根细长，侧根多；根状茎细或略粗，直径3～6 mm，直立或倾斜。

茎：茎多数，常成丛，高80～150 cm，具细棱，褐色或紫红色；中部以上有多数向上斜展的分枝；茎、枝初时微被蛛丝状微柔毛，后毛渐脱落。

叶：叶上面初时微有蛛丝状短柔毛及白色腺点和小凹点，后毛与腺点渐脱落，背面密被灰白色或灰黄色蛛丝状毛；基生叶与茎下部叶卵圆形，长3～5(～6)cm，宽2.5～4(～5)cm，二回羽状全裂，每侧有裂片3～4枚，中部裂片再次羽状深裂，每侧具小裂片2～3枚，小裂片线状披针形或线形，长3～6 mm，宽2～3 mm，叶柄短，花期叶

矮蒿——全株

矮蒿——根

矮蒿——茎

矮蒿——叶　　　　矮蒿——穗　　　　矮蒿——头状花序

萎谢；中部叶长卵形或椭圆状卵形，长1.5～2.5(～3)cm，宽1～2(～2.5)cm，一(至二)回羽状全裂，稀深裂，每侧裂片2～3枚，裂片披针形或线状披针形，长1.5～2.5 cm，宽1～2 mm，先端锐尖，边外卷，基部1对裂片小；成假托叶状，具短柄或近无柄；上部叶与苞片叶5或3全裂或不分裂，裂片或不分裂之苞片叶披针形或线状披针形，有时基部1对小裂片成假托叶状。

花： 头状花序多数，卵形或长卵形，无梗，直径1～1.5 mm，在分枝上端或小枝上排成穗状花序或复穗状花序，而在茎上端组成狭长或稍开展的圆锥花序；总苞片3层，覆瓦状排列，外层总苞片小，狭卵形，背面初时微有短柔毛，后脱落无毛，中肋绿色，边缘狭膜质，中、内层总苞片长卵形或倒披针形，背面无毛，边缘宽膜质或全为半膜质；雌花1～3朵，花冠狭管状，檐部具2裂齿或无裂齿，紫红色，花柱细长，伸出花冠外，先端2叉，叉端尖，外卷；两性花2～5朵，花冠长管状，檐部紫红色，花药线形，先端附属物尖，长三角形，基部圆或有短尖头，花柱略长于花冠，先端2叉，叉端截形或扇形，并有睫毛。

果： 瘦果小，长圆形，花果期8～10月。

生物学特征：

分布广，产自我国黑龙江、吉林、辽宁、内蒙古(南部)、河北、山西、陕西(南部)、甘肃(南部)、山东、江苏、浙江、安徽、江西、福建、台湾、河南、湖北、湖南、广东、广西、四川、云南、贵州等省区；生于低海拔至中海拔地区的林缘、路旁、荒坡及疏林下。日本、朝鲜、印度、俄罗斯(东部)也有分布。

药用价值：

含挥发油，成分为乙酸乙酯、莰烯、艾醇A(yomogi alcohol A)等。民间作"艾"(家艾)与"茵陈"的代用品，有散寒、温经、止血、安胎、清热、祛湿、消炎、驱虫之功效。根：用于淋症。叶(细叶艾)：辛、苦、温，有小毒。散寒止痛，温经止血。用于小腹冷痛，月经不调，宫冷不孕，吐血，衄血，崩漏，妊娠下血，皮肤瘙痒。

黄 花 蒿

学　　名：Artemisia annua L.

别　　名：香蒿、草蒿(《神农本草经》(部分))，青蒿(《神农本草经》、中药俗称)，臭蒿(《日华本草》)，犹蒿(《蜀本草》)，黄蒿(俗称)，臭黄蒿(内蒙古)，茼蒿(山西)，黄香蒿、野茼蒿(江苏)，秋蒿、香苦草、野苦草(上海)，鸡虱草(江西)，黄色土因呈(湖南)，假香菜、香丝草、酒饼草(广东、海南岛)，苦蒿(四川、云南)，"沙拉翁""莫林-沙里尔日"(蒙语名)，"好尼-沙里勒吉"(蒙药名)，"康帕"(维吾尔语名)，"克朗"(藏语名)。

采集地点：乌裕尔河中游草甸草原，北纬47°51′，东经124°52′，土壤主要为草甸沼泽土，其次是潜育草甸土和碳酸盐草甸土，气候为温带湿润大陆性季风气候。年平均降水量为427.4 mm，最少只有284 mm，降水最多的月份一般在7月，最少的月份一般在1月。年平均气温3.1 ℃，最低气温出现在1月，平均气温−19.2 ℃，极端最低气温−39.5 ℃。最高气温出现在7月，平均气温22.8 ℃，平均最高气温27.8 ℃，极端最高气温39.9 ℃。平均无霜期为130 d左右，降雪期为150 d左右。雪量平均20～30 cm，积雪日期为120 d左右，最大可出现50 cm以上积雪。冻土日期最短年份为182 d，最长年份为216 d。冻土深度，最大深度为1.8 m，最小深度为1.2 m，年平均深度为1.5 m。

植物学特征：

黄花蒿为被子植物门 Angiospermae、双子叶植物纲 Dicotyledoneae、合瓣花亚纲 Sympetalae、桔梗目 Campanulales、菊科 Compositae、管状花亚科 Carduoideae、春黄菊族 Anthemideae、菊亚族 Chrysantheminae、蒿属 Artemisia、蒿亚属 Subgen. Artiemisia、艾蒿组 Sect. Abrotanum、黄花蒿系 Ser. Annuae (Rydb.) Poljak.的一年生草本植物，植株有浓烈的挥发性香气，具有以下植物学特征：

根：根单生，垂直，狭纺锤形。

茎：茎单生，高100～200 cm，基部直径可达1 cm，有纵棱，幼时绿色，后变褐色或红褐色，多分枝；茎、枝、叶两面及总苞片背面无毛或初时背面微有极稀疏短柔毛，后脱落无毛。

叶：叶纸质，绿色；茎下部叶宽卵形或三角状卵形，长3～7 cm，宽2～6 cm，绿色，

黄花蒿——全株

黄花蒿——根

黄花蒿——茎、叶

两面具细小脱落性的白色腺点及细小凹点，三(至四)回栉齿状羽状深裂，每侧有裂片5~8(~10)枚，裂片长椭圆状卵形，再次分裂，小裂片边缘具多枚栉齿状三角形或长三角形的深裂齿，裂齿长1~2 mm，宽0.5~1 mm，中肋明显，在叶面上稍隆起，中轴两侧有狭翅而无小栉齿，稀上部有数枚小栉齿，叶柄长1~2 cm，基部有半抱茎的假托叶；中部叶二(至三)回栉齿状的羽状深裂，小裂片栉齿状三角形。稀少为细短狭线形，具短柄；上部叶与苞片叶一(至二)回栉齿状羽状深裂，近无柄。

花：头状花序球形，多数，直径1.5~2.5 mm，有短梗，下垂或倾斜，基部有线形的小苞叶，在分枝上排成总状或复总状花序，并在茎上组成开展、尖塔形的圆锥花序；总苞片3~4层，内、外层近等长，外层总苞片长卵形或狭长椭圆形，中肋绿色，边膜质，中层、内层总苞片宽卵形或卵形，花序托凸起，半球形；花深黄色，雌花10~18朵，花冠狭管状，檐部具2(~3)裂齿，外面有腺点，花柱线形，伸出花冠外，先端2叉，叉端钝尖；两性花10~30朵，结实或中央少数花不结实，花冠管状，花药线形，上端附属物尖，长三角形，基部具短尖头，花柱近与花冠等长，先端2叉，叉端截形，有短睫毛。

果：瘦果小，椭圆状卵形，略扁。花果期8~11月。

生物学特征：

遍及全国。东部省区分布在海拔1 500 m以下地区，西北及西南省区分布在2 000~3 000 m地区，西藏分布在3 650 m地区；生境适应性强，东部、南部省区生长在路旁、荒地、山坡、林缘等处；其他省区还生长在草原、森林草原、干河谷、半荒漠及砾质坡地等，也见于盐渍化的土壤上，局部地区可成为植物群落的优势种或主要伴生种。广布于欧洲、亚洲的温带、寒温带及亚热带地区，在欧洲的中部、东部、南部及亚洲北部、中部、东部最多，向南延伸分布到地中海及非洲北部，亚洲南部、西南部各国；另外还从亚洲北部迁入北美洲，并广布于加拿大及美国。

药用价值：

含挥发油，并含青蒿素、青蒿内脂I、II、a-蒎烯、樟脑、桉叶油素、青蒿酮等，此外还含黄酮类化合物；地上部分还含东莨菪内脂类化合物。青蒿素为倍半萜内脂化合物，为抗疟的主要有效成分，治各种类型疟疾，具速效、低毒的优点，对恶性疟及脑疟尤佳。

古本草书记述的"草蒿"(《神农本草经》)及"青蒿"(除花色淡青、淡黄色者外)与"黄花蒿"(《本草纲目》)无异，中药习称"青蒿"，而植物学通称为"黄花蒿"(A. annur Linn.)。该种在不同生态环境中生长，其体态略有变异。入药作清热、解暑、截疟、凉血、利尿、健胃、止盗汗用，此外，还作外用药。

本种不同于植物学上称的"青蒿"(A. carvifolia Buch.-Ham. ex Roxb.)，二者药用功能虽然接近，但植物学上称的"青蒿"不含"青蒿素"，亦无抗疟作用。

饲用价值：

在牧区可作牲畜饲料。

经济价值：

在南方民间取其枝叶制酒饼或制酱的香料。

柳 叶 蒿

学　　名：*Artemisia integrifolia* L.

别　　名：柳蒿(《内蒙古植物志》)、"乌达力格-沙里尔日"(蒙语名)、九牛草(《日本植物图鉴》)。

采集地点：乌裕尔河中游草甸草原,北纬47°51′,东经124°52′,土壤主要为草甸沼泽土,其次是潜育草甸土和碳酸盐草甸土,气候为温带湿润大陆性季风气候。年平均降水量为427.4 mm,最少只有284 mm,降水最多的月份一般在7月,最少的月份一般在1月。年平均气温3.1 ℃,最低气温出现在1月,平均气温-19.2 ℃,极端最低气温-39.5 ℃。最高气温出现在7月,平均气温22.8 ℃,平均最高气温27.8 ℃,极端最高气温39.9 ℃。平均无霜期为130 d左右,降雪期为150 d左右。雪量平均20～30 cm,积雪日期为120 d左右,最大可出现50 cm以上积雪。冻土日期最短年份为 182 d,最长年份为216 d。冻土深度,最大深度为1.8 m,最小深度为1.2 m,年平均深度为1.5 m。

植物学特征：

柳叶蒿为被子植物门Angiospermae、双子叶植物纲 Dicotyledoneae、合瓣花亚纲Sympetalae、桔梗目Campanulales、菊科Compositae、管状花亚科Carduoideae、春黄菊族Anthemideae、菊亚族Chrysantheminae、蒿属Artemisia、蒿亚属Subgen. Artiemisia、艾组Sect. Artemisia、歧茎蒿系Ser. Igniariae的多年生草本植物,具有以下植物学特征：

根：主根明显,侧根稍多；根状茎略粗,直径0.3～0.4 cm。

茎：茎通常单生,稀少数,高50～120 cm,紫褐色,具纵棱,中部以上有向上斜展的分枝,枝长1～10 cm,茎、枝被蛛丝状薄毛。

叶：叶无柄,不分裂,全缘或边缘具稀疏深或浅锯齿或裂齿,上面暗绿色,初时被灰白色短柔毛,后脱落无毛或近无毛,背面除叶脉外密被灰白色密绒毛；基生叶与茎下部叶狭卵形或椭圆状卵形,稀为宽卵形,边缘有少数深裂齿或锯齿,花期叶萎谢；中

柳叶蒿——全株

柳叶蒿——芽

柳叶蒿——茎　　　　　　　　　　　柳叶蒿——头状花序

部叶长椭圆形、椭圆状披针形或线状披针形,长4~7 cm,宽1.5~2.5(~3)cm,先端锐尖,每边缘具1~3枚深或浅裂齿或锯齿,基部楔形,渐狭成柄状,常有小型的假托叶或无假托叶;上部叶小,椭圆形或披针形,全缘,稀有数枚不明显的小锯齿。

花:头状花序多数,椭圆形或长圆形,直径(2.5~)3~4 mm,具短梗或近无梗,倾斜或直立,有小型披针形的小苞叶,在各分枝中部以上排成密集的穗状花序式的总状花序,并在茎上半部组成狭窄的圆锥花序;总苞片3~4层,覆瓦状排列,外层总苞片略小,卵形,中层总苞片长卵形,背面疏被灰白色蛛丝状柔毛,中肋绿色,边缘宽膜质,褐色或红褐色,内层总苞片长卵形,半膜质,背面近无毛;雌花10~15朵,花冠狭管状,基部稍宽,檐部具2裂齿,花柱长,伸出花冠外,先端2叉,叉端尖;两性花20~30朵,花冠管状,檐部外反,花药披针状线形,先端附属物尖,长三角形,基部有短尖头,花柱与花冠等长,先端2叉,花后外弯,叉端扇形并有睫毛。

果:瘦果倒卵形或长圆形,花果期8~10月。

生物学特征:
产自我国黑龙江、吉林、辽宁、内蒙古(东部)及河北;多生于低海拔或中海拔湿润或半湿润地区的林缘、路旁、河边、草地、草甸、森林草原、灌丛及沼泽地的边缘。蒙古、朝鲜、俄罗斯(西伯利亚及远东地区)也有分布。

药用价值:
【蒙药】主治痈疽疮肿(《蒙植药志》)。【达斡尔药】治高血脂症,胃出血,解酒。全草:苦、凉,有小毒,清热解毒,用于痈疽疮肿、风湿关节痛。

食用价值:
营养含量:柳叶蒿每100 g鲜品中含蛋白质3.7 g、脂肪0.7 g、碳水化合物9 g、粗纤维2.1 g、胡萝卜素4.4 mg、维生素B_2 0.3 mg、烟酸1.3 mg、维生素C 23 mg。每100 g干品中含钾1 960 mg、钙960 mg、镁200 mg、磷415 mg、钠38 mg、铁13.9 mg、锰11.9 mg、锌2.6 mg、铜1.7 mg。

食用方法:柳叶蒿的食用方法很多。春季采收的嫩茎叶可清炒、炖、凉拌、包馅、做汤,尤其以炖鱼最为鲜美。稍老的柳叶蒿可加工腌渍成咸菜或水烫后晾干菜,也可将腌制品加工成各种风味小菜。

植物文化：

柳叶蒿也叫柳蒿芽，达语叫"苦木勒"，是达斡尔族人民喜食的传统菜之一。历史上曾遇天灾闹粮荒时，是"苦木勒"拯救了达斡尔族一个民族，从此"苦木勒"与达斡尔族人民结下了不解之缘和难以割舍的情愫。不能说有"苦木勒"的地方就有达斡尔族居住，但有达斡尔族居住的地方一定有"苦木勒"。

菊科 Compositae

冷 蒿

学　　名：*Artemisia frigida* Willd.

别　　名：白蒿(《中药志》)、小白蒿(东北植物检索表)、兔毛蒿(内蒙古)、寒地蒿(甘肃)、刚蒿(甘肃、宁夏)、茵陈蒿(吉林、新疆)、"阿格"(蒙语名)、"杭姆巴"(蒙药名)。

采集地点：乌裕尔河中游草甸草原，北纬47°51′，东经124°52′，土壤主要为草甸沼泽土，其次是潜育草甸土和碳酸盐草甸土，气候为温带湿润大陆性季风气候。年平均降水量为427.4 mm，最少只有284 mm，降水最多的月份一般在7月，最少的月份一般在1月。年平均气温3.1 ℃，最低气温出现在1月，平均气温-19.2 ℃，极端最低气温-39.5 ℃。最高气温出现在7月，平均气温22.8 ℃，平均最高气温27.8 ℃，极端最高气温39.9 ℃。平均无霜期为130 d左右，降雪期为150 d左右，雪量平均20～30 cm，积雪日期为120 d左右，最大可出现50 cm以上积雪。冻土日期最短年份为182 d，最长年份为216 d。冻土深度，最大深度为1.8 m，最小深度为1.2 m，年平均深度为1.5 m。

植物学特征：

冷蒿为被子植物门Angiospermae、双子叶植物纲Dicotyledoneae、合瓣花亚纲Sympetalae、桔梗目Campanulales、菊科Compositae、管状花亚科Carduoideae、春黄菊族Anthemideae、菊亚族Chrysantheminae、蒿属Artemisia、蒿亚属Subgen. Artiemisia、莳萝蒿组Sect. Absinthium、苦蒿系Ser. Absinthium的多年生草本植物，有时略成半灌木状，具有以下植物学特征：

根：根细长或粗，木质化，侧根多；根状茎粗短或略细，有多条营养枝，并密生营养叶。

茎：茎直立，数枚或多数常与营养枝共组成疏松或稍密集的小丛，稀单生，高30～60(～70) cm，稀10～20 cm，基部多少木质化，上部分枝，枝短，稀略长，斜向上，或不分枝；茎、枝、叶及总苞片背面密被淡灰黄色或灰白色、稍带绢质的短绒毛，后茎上毛稍脱落。

叶：茎下部叶与营养枝叶长圆形或倒卵状长圆形，长、宽0.8～1.5 cm，二(至三)回

冷蒿——全株

冷蒿——叶

冷蒿——花序

羽状全裂，每侧有裂片(2～)3～4枚，小裂片线状披针形或披针形，叶柄长0.5～2 cm；中部叶长圆形或倒卵状长圆形，长、宽0.5～0.7 cm，一至二回羽状全裂，每侧裂片3～4枚，中部与上半部侧裂片常再3～5全裂，下半部侧裂片不再分裂或有1～2枚小裂片，小裂片长椭圆状披针形、披针形或线状披针形，长2～3 mm，宽0.5～1.5 mm，先端锐尖，基部裂片半抱茎，并成假托叶状，无柄；上部叶与苞片叶羽状全裂或3～5全裂，裂片长椭圆状披针形或线状披针形。

花：头状花序半球形、球形或卵球形，直径(2～)2.5～3(～4)mm，在茎上排成总状花序或为狭窄的总状花序式的圆锥花序；总苞片3～4层，外层、中层总苞片卵形或长卵形，背面密被短绒毛，有绿色中肋，边缘膜质，内层总苞片长卵形或椭圆形，背面近无毛，半膜质或膜质；花序托有白色托毛；雌花8～13朵，花冠狭管状，檐部具2～3裂齿，花柱伸出花冠外，上部2叉，叉枝长，叉端尖；两性花20～30朵，花冠管状，花药线形，先端附属物尖，长三角形，基部圆钝，花柱与花冠近等长，先端2叉，叉端截形。

果：瘦果长圆形或椭圆状倒卵形，上端圆，有时有不对称的膜质冠状边缘，花果期7～10月。

生物学特征：

产自我国黑龙江(西部)、吉林(西部)、辽宁(西部)、内蒙古、河北(北部)、山西(北部)、陕西(北部)、宁夏、甘肃、青海、新疆、西藏等省区；东北、华北省区分布在海拔1 000～2 500 m，西北省区分布在海拔1 000～3 800 m，西藏分布在海拔4 000 m附近；分布广，适应性强，在我国森林草原、草原、荒漠草原及干旱与半干旱地区的山坡、路旁、砾质旷地、固定沙丘、戈壁、高山草甸等地区都有，常构成山地干旱与半干旱地区植物群落的建群种或主要伴生种。蒙古、土耳其、伊朗、俄罗斯(中亚、西伯利亚及欧洲部分地区)及北美洲的加拿大北部、美国西部、中部及西南部都有分布。

药用价值：

全草入药，有止痛、消炎、镇咳作用，还作"茵陈"的代用品。

饲用价值：

在牧区为牲畜营养价值良好的饲料。俗话说："马无夜草不肥。"在草原牧民中间也流传着一种说法，"羊要肥壮，多吃冷蒿。"牧民对其评价极高，被认为是抓膘、保膘与催乳的植物之一，生长冷蒿之多少成为选择草场的条件之一。适口性，羊及马四季均喜食，而极喜食其营养枝及生殖枝。秋季可食率达80%以上，采食后尚有驱虫之效。产羔母羊采食后，下奶快而多，羔羊健壮。牛亦喜食，牧民认为，牛食后上膘快。夏季适口性降低至中等，家畜主要采食其生殖枝。冷蒿对冬季家畜尤其产羔母畜的放牧具有很大价值，在霜冻之后或冬季内，营养枝尚保存良好，柔软而多汁，保持其原有色泽，因此家畜，特别是绵羊、马极喜采食。骆驼终年喜食。干草也为家畜喜食。

长裂苦苣菜

学　　名：*Sonchus brachyotus* DC.
别　　名：苣荬菜。
采集地点：乌裕尔河中游草甸草原，北纬47°51′，东经124°52′，土壤主要为草甸沼泽土，其次是潜育草甸土和碳酸盐草甸土，气候为温带湿润大陆性季风气候。年平均降水量为427.4 mm，最少只有284 mm，降水最多的月份一般在7月，最少的月份一般在1月。年平均气温3.1 ℃，最低气温出现在1月，平均气温−19.2 ℃，极端最低气温−39.5 ℃。最高气温出现在7月，平均气温22.8 ℃，平均最高气温27.8 ℃，极端最高气温39.9 ℃。平均无霜期为130 d左右，降雪期为150 d左右。雪量平均20～30 cm，积雪日期为120 d左右，最大可出现50 cm以上积雪。冻土日期最短年份为182 d，最长年份为216 d。冻土深度，最大深度为1.8 m，最小深度为1.2 m，年平均深度为1.5 m。

植物学特征：

长裂苦苣菜为被子植物门Angiospermae、双子叶植物纲Dicotyledoneae、合瓣花亚纲Sympetalae、桔梗目Campanulales、菊科Compositae、舌状花亚科Cichorioideae、菊苣族Lactuceae、莴苣亚族Lactucinae、苦苣菜属Sonchus的一年生草本植物，具有以下植物学特征：

根： 根垂直直伸，粗壮，生多数须根。

茎： 高50～100 cm。茎直立，有纵条纹，基部直径达1.2 mm，上部有伞房状花序分枝，分枝长或短或极短，全部茎枝光滑无毛。

叶： 基生叶与下部茎叶全形卵形、长椭圆形或倒披针形，长6～19 cm，宽1.5～11 cm，羽状深裂、半裂或浅裂，极少不裂，向下渐狭，无柄或有长1～2 cm的短翼柄，基部圆耳状扩大，半抱茎，侧裂片3～5对或奇数，对生或部分互生或偏斜互生，线状长椭圆形、长三角形或三角形，极少半圆形，顶裂片披针形，全部裂片边缘全缘，有

长裂苦苣菜——全株

长裂苦苣菜——根

长裂苦苣菜——茎

长裂苦苣菜——叶

长裂苦苣菜——头状花序

缘毛或无缘毛或缘毛状微齿，顶端急尖或钝或圆形；中上部茎叶与基生叶和下部茎叶同形并等样分裂，但较小；最上部茎叶宽线形或宽线状披针形，接花序下部的叶常钻形；全部叶两面光滑无毛。

花：头状花序少数在茎枝顶端排成伞房状花序。总苞钟状，长 1.5~2 cm，宽 1~1.5 cm；总苞片 4~5 层，最外层卵形，长 6 mm，宽 3 mm，中层长三角形至披针形，长 9~13 mm，宽 2~5 mm，内层长披针形，长 1.5 cm，宽 2 mm，全部总苞片顶端急尖，外面光滑无毛。舌状小花多数，黄色。

果：瘦果长椭圆状，褐色，稍压扁，长约 3 mm，宽约 1.5 mm，每面有 5 条高起的纵肋，肋间有横皱纹。冠毛白色，纤细，柔软，纠缠，单毛状，长 1.2 cm。花果期 6~9 月。

生物学特征：

分布于我国黑龙江(具体地点不详)、吉林(安图、通余)、内蒙古(海拉尔、包头)、河北(内丘、石家庄、张家口)、山西(交城、榆次、宁武、垣曲)、陕西(商县、榆林、延安)、山东(济南)。生于山地草坡、河边或碱地，海拔 350~2 260 m。日本、蒙古、俄罗斯远东地区也有分布。

药用价值：

具有清热解毒、凉血利湿、消肿排脓、祛瘀止痛、补虚止咳的功效。对预防和治疗贫血病、维持人体正常生理活动，促进生长发育和消暑保健有较好的作用。苦菜水煎浓缩乙醇提取液，对急性淋巴细胞性白血病、急性及慢性粒细胞白血病都有抑制作用。

东北蒲公英

学　　名：*Taraxacum ohwianum* Kitam.
别　　名：婆婆丁。
采集地点：乌裕尔河中游草甸草原，北纬47°51′，东经124°52′，土壤主要为草甸沼泽土，其次是潜育草甸土和碳酸盐草甸土，气候为温带湿润大陆性季风气候。年平均降水量为427.4 mm，最少只有284 mm，降水最多的月份一般在7月，最少的月份一般在1月。年平均气温3.1 ℃，最低气温出现在1月，平均气温-19.2 ℃，极端最低气温-39.5 ℃。最高气温出现在7月，平均气温22.8 ℃，平均最高气温27.8 ℃，极端最高气温39.9 ℃。平均无霜期为130 d左右，降雪期为150 d左右。雪量平均20～30 cm，积雪日期为120 d左右，最大可出现50 cm以上积雪。冻土日期最短年份为182 d，最长年份为216 d。冻土深度，最大深度为1.8 m，最小深度为1.2 m，年平均深度为1.5 m。

植物学特征：

东北蒲公英为被子植物门 Angiospermae、双子叶植物纲 Dicotyledoneae、合瓣花亚纲 Sympetalae、桔梗目 Campanulales、菊科 Compositae、舌状花亚科 Cichorioideae、菊苣族 Lactuceae、莴苣亚族 Lactucinae、蒲公英属 Taraxacum、大头蒲公英组 Sect. Calanthodia。东北蒲公英为多年生草本植物，具有以下植物学特征：

根：直根系，主根明显，圆锥形，主根上多须根。

叶：倒披针形，长10～30 cm，先端尖或钝，不规则羽状浅裂至深裂，顶端裂片菱状三角形或三角形，每侧裂片4～5片，稍向后，裂片三角形或长三角形，全缘或边缘疏生齿，两面疏生短柔毛或无毛。

花：花葶多数，高10～20 cm，花期超出叶或与叶近等长，微被疏柔毛，近顶端处密被白色蛛丝状毛；头状花序直径25～35 mm；总苞长13～15 mm；外层总苞片花期伏贴，宽卵形，长6～7 mm，宽4.5～5 mm，先端锐尖或稍钝，无或有不明显的增厚，暗紫色，具狭窄的白色膜质边缘，边缘疏生缘毛；内层总苞片线状披针形，长于外层总苞片

东北蒲公英——全株

东北蒲公英——根

东北蒲公英——叶

东北蒲公英——头状花序

2～2.5倍，先端钝，无角状突起；舌状花黄色，边缘花舌片背面有紫色条纹。

果：瘦果长椭圆形，麦秆黄色，长3～3.5 mm，上部有刺状突起，向下近平滑，顶端略突然缢缩成圆锥至圆柱形喙基，长0.5～1 mm；喙纤细，长约8～11 mm；冠毛污白色，长8 mm；花果期4～6月。

生物学特征：

产自我国黑龙江、吉林、辽宁；生于低海拔地区山野或山坡路旁。朝鲜、俄罗斯远东地区也有分布。

食用价值：

腌泡的蒲公英花蕾，经常吃具有提神醒脑的功效。蒲公英的根可以吃，也可以用来替代咖啡。蒲公英的花可以做酒。蒲公英的叶子可生吃，其苦味与味道强烈的油和醋相混合时会产生一种不错的味道。蒲公英不仅可以生吃，也可烹食。蒲公英炒肉丝具有补中益气解毒的功效。用沸水焯蒲公英1～2 min，然后再烹饪可减少一些苦味。

药用价值：

东北蒲公英味苦、甘，性寒。归入肝、胃二经。可清热解毒、清利湿热。用于乳痈、瘰疬、疔毒疮肿、风眼赤肿、咽喉肿痛、湿热及小便淋沥涩痛等症。

植物文化：

相传在很久以前，有个十六岁的大姑娘患了乳痈，乳房又红又肿，疼痛难忍。但她羞于开口，只好强忍着。这事被她母亲知道了。封建社会，从未听说过大姑娘会患乳痈，以为女儿做了什么见不得人的事。姑娘见母亲怀疑自己的贞节，又羞又气，更无脸见人，便横下一条心，在夜晚偷偷逃出家园投河自尽。事有凑巧，当时河边有一渔船，上有一个蒲姓老公和女儿小英正在月光下撒网捕鱼。他们救起了姑娘，问清了投河的根由。第二天，小英按照父亲的指点，从山上挖了一种小草，洗净后捣烂成泥，敷在姑娘的乳痈上，没过几天就痊愈了。随后，姑娘便将这种草带回家里栽种。为了感谢渔家父女的救命之恩，便给这种野草起名叫蒲公英。

蒲公英花语：有着充满朝气的黄色花朵，花语是"无法停留的爱"。

亚洲蒲公英

学　　名：*Taraxacum asiaticum* Dahlst.
别　　名：戟叶蒲公英。
采集地点：乌裕尔河中游草甸草原，北纬47°51′，东经124°52′，土壤主要为草甸沼泽土，其次是潜育草甸土和碳酸盐草甸土，气候为温带湿润大陆性季风气候。年平均降水量为427.4 mm，最少只有284 mm，降水最多的月份一般在7月，最少的月份一般在1月。年平均气温3.1 ℃，最低气温出现在1月，平均气温-19.2 ℃，极端最低气温-39.5 ℃。最高气温出现在7月，平均气温22.8 ℃，平均最高气温27.8 ℃，极端最高气温39.9 ℃。平均无霜期为130 d左右，降雪期为150 d左右。雪量平均20～30 cm，积雪日期为120 d左右，最大可出现50 cm以上积雪。冻土日期最短年份为182 d，最长年份为216 d。冻土深度，最大深度为1.8 m，最小深度为1.2 m，年平均深度为1.5 m。

亚洲蒲公英——全株　　　　　　　　　　　亚洲蒲公英——根

植物学特征：

亚洲蒲公英为被子植物门 Angiospermae、双子叶植物纲 Dicotyledoneae、合瓣花亚纲 Sympetalae、桔梗目 Campanulales、菊科 Compositae、舌状花亚科 Cichorioideae、菊苣族 Lactuceae、莴苣亚族 Lactucinae、蒲公英属 Taraxacum、亚洲蒲公英组 Sect. Sinensia 的多年生草本植物，具有以下植物学特征：

根：直根系，主根粗壮，有少许侧根，呈红褐色，根颈部有暗褐色残存叶基。

叶：叶线形或狭披针形，长4～20 cm，宽3～9 mm，具波状齿，羽状浅裂至羽状深裂，顶裂片较大，戟形或狭戟形，两侧的小裂片狭尖，侧裂片三角状披针形至线形，裂片间常有缺刻或小裂片，无毛或被疏柔毛。

花： 花葶数个，高10～30 cm，与叶等长或长于叶，顶端光滑或被蛛丝状柔毛；头状花序直径30～35 mm；总苞长10～12 mm，基部卵形；外层总苞片宽卵形、豹形或卵状披针形，有明显的宽膜质边缘，先端有紫红色突起或较短的小角；内层总苞片线形或披针形，较外层总苞片长2～2.5倍，先端有紫色略钝突起或不明显的小角；舌状花黄色，稀白色，边缘花舌片背面有暗紫色条纹，柱头淡黄色或暗绿色。

果： 瘦果倒卵状披针形，麦秆黄色或褐色，长3～4 mm，上部有短刺状小瘤，下部近光滑，顶端逐渐收缩为长1 mm的圆柱形喙基，喙长5～9 mm；冠毛污白色，长5～7 mm；花果期4～9月。

生物学特征：

产于我国黑龙江、吉林、辽宁、内蒙古、河北、山西、陕西、甘肃、青海、湖北、四川等省区。生于草甸、河滩或林地边缘。俄罗斯、蒙古也有分布。

亚洲蒲公英——叶

亚洲蒲公英——头状花序

食用价值：

亚洲蒲公英的花蕾采摘晒干或腌制，经常吃具有提神醒脑的功效。蒲公英的根可以吃，也可以用来替代咖啡。蒲公英的花可以做酒。蒲公英的叶子或地上部分可生吃，是北方人习惯吃的蘸酱菜，其略有苦味。蒲公英不仅可以生吃，也可烹食。蒲公英炒肉丝具有补中益气解毒的功效。用沸水焯蒲公英1～2 min，然后再烹饪可减少一些苦味。

药用价值：

全草供药用，性味甘、苦，寒，入肝、脾、肾三经。有清热解毒、消肿散结的功效。可用于治疗流行性腮腺炎、扁桃体炎、咽喉炎、气管炎、淋巴腺炎、乳腺炎；还可用于治疗淋病、泌尿系感染；治疗恶疮疔毒。

华蒲公英

学　　名：*Taraxacum sinicum* Kitag.
别　　名：碱地蒲公英。

采集地点：乌裕尔河中游草甸草原，北纬47°51′，东经124°52′，土壤主要为草甸沼泽土，其次是潜育草甸土和碳酸盐草甸土，气候为温带湿润大陆性季风气候。年平均降水量为427.4 mm，最少只有284 mm，降水最多的月份一般在7月，最少的月份一般在1月。年平均气温3.1 ℃，最低气温出现在1月，平均气温-19.2 ℃，极端最低气温-39.5 ℃。最高气温出现在7月，平均气温22.8 ℃，平均最高气温27.8 ℃，极端最高气温39.9 ℃。平均无霜期为130 d左右，降雪期为150 d左右。雪量平均20～30 cm，积雪日期为120 d左右，最大可出现50 cm以上积雪。冻土日期最短年份为182 d，最长年份为216 d。冻土深度，最大深度为1.8 m，最小深度为1.2 m，年平均深度为1.5 m。

植物学特征：

华蒲公英为被子植物门Angiospermae、双子叶植物纲Dicotyledoneae、合瓣花亚纲Sympetalae、桔梗目Campanulales、菊科Compositae、舌状花亚科Cichorioideae、菊苣族Lactuceae、莴苣亚族Lactucinae、蒲公英属Taraxacum、亚洲蒲公英组Sect. Sinensia的多年生草本植物，具有以下植物学特征：

根：根颈部有褐色残存叶基，主根不明显，侧根较多。

叶：叶倒卵状披针形或狭披针形，稀线状披针形，长1～12 cm，宽6～20 mm，边缘叶羽状浅裂或全缘，具波状齿，内层叶倒向羽状深裂，顶裂片较大，长三角形或戟状三

华蒲公英——全株

华蒲公英——根

华蒲公英——叶　　　　　　华蒲公英——头状花序

角形,每侧裂片3~7片,狭披针形或线状披针形,全缘或具小齿,平展或倒向,两面无毛,叶柄和下面叶脉常紫色。

花：花葶1至数个,高5~20 cm,长于叶,顶端被蛛丝状毛或近无毛；头状花序直径约20~25 mm；总苞小,长8~12 mm,淡绿色；总苞片3层,先端淡紫色,无增厚,亦无角状突起,或有时有轻微增厚；外层总苞片卵状披针形,有窄或宽的白色膜质边缘；内层总苞片披针形,长于外层总苞片的2倍；舌状花黄色,稀白色,边缘花舌片背面有紫色条纹,舌片长约8 mm,宽约1~1.5 mm。

果：瘦果倒卵状披针形,淡褐色,长约3~4 mm,上部有刺状突起,下部有稀疏的钝小瘤,顶端逐渐收缩为长约1 mm的圆锥至圆柱形喙基,喙长3~4.5 mm；冠毛白色,长5~6 mm；花果期6~8月。

生物学特征：

产于我国黑龙江、吉林、辽宁、内蒙古、河北、山西、陕西、甘肃、青海、河南、四川、云南等省区。生于海拔300~2 900 m,稍潮湿的盐碱地或原野、砾石中。蒙古和俄罗斯也有分布。

药用价值：

全草供药用,有清热解毒、消肿散结的功效。

芥叶蒲公英

学 名: *Taraxacum brassicaefolium* Kitag.

采集地点: 乌裕尔河中游草甸草原,北纬47°51′,东经124°52′,土壤主要为草甸沼泽土,其次是潜育草甸土和碳酸盐草甸土,气候为温带湿润大陆性季风气候。年平均降水量为427.4 mm,最少只有284 mm,降水最多的月份一般在7月,最少的月份一般在1月。年平均气温3.1 ℃,最低气温出现在1月,平均气温-19.2 ℃,极端最低气温-39.5 ℃。最高气温出现在7月,平均气温22.8 ℃,平均最高气温27.8 ℃,极端最高气温39.9 ℃。平均无霜期为130 d左右,降雪期为150 d左右。雪量平均20～30 cm,积雪日期为120 d左右,最大可出现50 cm以上积雪。冻土日期最短年份为182 d,最长年份为216 d。冻土深度,最大深度为1.8 m,最小深度为1.2 m,年平均深度为1.5 m。

植物学特征:

芥叶蒲公英为被子植物门Angiospermae、双子叶植物纲Dicotyledoneae、合瓣花亚纲Sympetalae、桔梗目Campanulales、菊科Compositae、舌状花亚科Cichorioideae、菊苣族Lactuceae、莴苣亚族Lactucinae、蒲公英属Taraxacum、蒲公英组Sect. Mongolica的多年生草本植物,具有以下植物学特征:

根: 主根明显,粗壮。

叶: 叶宽倒披针形,或宽线形,似芥叶,长10～35 cm,宽2.5～6 cm,羽状深裂或大头羽裂半裂,基部渐狭成短柄,具翅;侧裂片正三角形或线形,常上倾或稀倒向,全缘或有小齿,裂片间无或有锐尖的小齿;顶端裂片正三角形,极宽,全缘。

花: 花葶数个,高30～50 cm,较粗壮,疏被蛛丝状柔毛,后光滑,常为紫褐色;头状花序直径达55 mm;总苞宽钟状,长22 mm,基部圆形或截圆形,先端具短角状突起;外层总苞片狭卵形或线状披针形;内层总苞片线状披针形,先端带紫色;花序托有小的卵形膜质托片;舌状花黄色,边缘花舌片背面具紫色条纹。

芥叶蒲公英——全株

芥叶蒲公英——头状花序

芥叶蒲公英——叶　　　　　　　　　　　芥叶蒲公英——果

果：瘦果倒卵状长圆形，淡绿褐色，长约4 mm，上部具刺状突起，中部有短而钝的小瘤，下部渐光滑，顶端略突然缢缩为圆柱形喙基，长0.5～0.7 mm，喙长10～15 mm；冠毛白色，长7～9 mm；花果期4～6月。

生物学特征：

产于我国黑龙江、吉林、辽宁、内蒙古东部、河北东部等。生于河边、林缘及路旁。

药用价值：

全草入药，具有清热解毒、除湿利尿功效。主治咽喉痛、痈肿、疔毒、乳痈、肺痈、肠痈、大头瘟等热毒壅盛者。用于湿热黄疸、小便淋涩痛。性味甘、苦，寒。归肝、胃二经。

用法用量：内服，煎汤，3～10 g。外用，适量捣敷患处，鲜品尤宜。

抱茎小苦荬

学　　名：Ixeridium sonchifolium (Maxim.) Shih
别　　名：苦碟子、抱茎苦荬菜、苦荬菜、秋苦荬菜、盘尔草、鸭子食。
采集地点：乌裕尔河中游草甸草原，北纬47°51′，东经124°52′，土壤主要为草甸沼泽土，其次是潜育草甸土和碳酸盐草甸土，气候为温带湿润大陆性季风气候。年平均降水量为427.4 mm，最少只有284 mm，降水最多的月份一般在7月，最少的月份一般在1月。年平均气温3.1 ℃，最低气温出现在1月，平均气温-19.2 ℃，极端最低气温-39.5 ℃。最高气温出现在7月，平均气温22.8 ℃，平均最高气温27.8 ℃，极端最高气温39.9 ℃。平均无霜期为130 d左右，降雪期为150 d左右。雪量平均20~30 cm，积雪日期为120 d左右，最大可出现50 cm以上积雪。冻土日期最短年份为182 d，最长年份为216 d。冻土深度，最大深度为1.8 m，最小深度为1.2 m，年平均深度为1.5 m。

植物学特征：

抱茎小苦荬为被子植物门 Angiospermae、双子叶植物纲 Dicotyledoneae、合瓣花亚纲 Sympetalae、桔梗目 Campanulales、菊科 Compositae、舌状花亚科 Cichorioideae、菊苣族 Lactuceae、莴苣亚族 Lactucinae、小苦荬属 Ixeridium 的多年生草本植物，具有以下植物学特征：

根：根垂直直伸，不分枝或分枝。根状茎极短。

抱茎小苦荬——全株

抱茎小苦荬——根

抱茎小苦荬——叶

茎：高15~60 cm。茎单生，直立，基部直径1~4 mm，上部伞房花序状或伞房圆锥花序状分枝，全部茎枝无毛。

叶：基生叶莲座状，匙形、长倒披针形或长椭圆形，包括基部渐狭的宽翼柄长3~15 cm，宽1~3 cm，或不分裂，边缘有锯齿，顶端圆形或急尖，或大头羽状深裂，顶裂片大，近圆形、椭圆形或卵状椭圆形，顶端圆形或急尖，边缘有锯齿，侧裂片3~7对，半椭圆形、三角形或线形，边缘有小锯齿；中下部茎叶长椭圆形、匙状椭圆形、倒披针形或披针形，与基生叶等大或较小，羽状浅裂或半裂，极少大头羽状分裂，向基部扩大，

抱茎小苦荬——头状花序

抱茎小苦荬——头状花序

心形或耳状抱茎；上部茎叶及接花序分枝处的叶心状披针形，边缘全缘，极少有锯齿或尖锯齿，顶端渐尖，向基部心形或圆耳状扩大抱茎；全部叶两面无毛。

花：头状花序多数或少数，在茎枝顶端排成伞房花序或伞房圆锥花序，含舌状小花约17枚。总苞圆柱形，长5～6 mm；总苞片3层，外层及最外层短，卵形或长卵形，长1～3 mm，宽0.3～0.5 mm，顶端急尖，内层长披针形，长5～6 mm，宽1 mm，顶端急尖，全部总苞片外面无毛。舌状小花黄色。

果：瘦果黑色，纺锤形，长2 mm，宽0.5 mm，有10条高起的钝肋，上部沿肋有上指的小刺毛，向上渐尖成细喙，喙细丝状，长0.8 mm。冠毛白色，微糙毛状，长3 mm。花果期3～5月。

生物学特征：

主要分布于我国东北、华北、华东和华南等省区；朝鲜、俄罗斯(远东地区)也有分布。抱茎小苦荬是中生性阔叶杂类草，适应性较强，为广布性植物。一般出现于荒野、路边、田间地头及疏林下，常见于麦田。

食用价值：

野生抱茎小苦荬嫩茎叶被人们所喜食，有药食两用功效。

饲用价值：

抱茎小苦荬嫩茎叶可作鸡鸭饲料；全株可为猪饲料。

药用价值：

全草可入药，能清热，解毒，消肿，具有镇静和镇痛作用。夏、秋季采收，除去杂质，洗净泥土，晒干备用。

窄叶小苦荬

学　　名：*Ixeridium gramineum* (Fisch.) Tzvel.
别　　名：剪刀甲(四川)、飞天台(四川)、颠倒菜。

采集地点：乌裕尔河中游草甸草原，北纬47°51′，东经124°52′，土壤主要为草甸沼泽土，其次是潜育草甸土和碳酸盐草甸土，气候为温带湿润大陆性季风气候。年平均降水量为427.4 mm，最少只有284 mm，降水最多的月份一般在7月，最少的月份一般在1月。年平均气温3.1 ℃，最低气温出现在1月，平均气温-19.2 ℃，极端最低气温-39.5 ℃。最高气温出现在7月，平均气温22.8 ℃，平均最高气温27.8 ℃，极端最高气温39.9 ℃。平均无霜期为130 d左右，降雪期为150 d左右。雪量平均20～30 cm，积雪日期为120 d左右，最大可出现50 cm以上积雪。冻土日期最短年份为182 d，最长年份为216 d。冻土深度，最大深度为1.8 m，最小深度为1.2 m，年平均深度为1.5 m。

植物学特征：

窄叶小苦荬为被子植物门 Angiospermae、双子叶植物纲 Dicotyledoneae、合瓣花亚纲 Sympetalae、桔梗目 Campanulales、菊科 Compositae、舌状花亚科 Cichorioideae、菊苣族 Lactuceae、莴苣亚族 Lactucinae、小苦荬属 Ixeridium 的多年生草本植物，具有以下植物学特征：

根：根垂直或弯曲，不分枝或有分枝，生多数或少数须根。

窄叶小苦荬——全株

窄叶小苦荬——根

窄叶小苦荬——头状花序

茎：高6～30 cm。茎低矮，主茎不明显，自基部多分枝，全部茎枝无毛。

叶：基生叶匙状长椭圆形、长椭圆形、长椭圆状倒披针形、披针形、倒披针形或线形，包括叶柄长3.5～7.5 cm，宽0.2～6 cm，不分裂或至少含有不分裂的基生叶，边缘全缘或有尖齿或羽状浅裂或深裂或至少基生叶中含有羽状分裂的叶，基部渐狭成长或短柄，侧裂片1～7对，集中在叶的中下部，中裂片较大，长椭圆形、镰刀形或狭线形，向两侧的侧裂片渐小，最上部或最下部的侧裂片常尖齿状；茎生叶少数，1～2枚，通常不裂，较小，与基生叶同形，基部无柄，稍见抱茎；全部叶两面无毛。

花：头状花序多数，在茎枝顶端排成伞房花序或伞房圆锥花序，含15～27枚舌状小花。总苞圆柱状，长7～8 mm；总苞片2～3层，外层及最外层小，宽卵形，长0.8 mm，宽0.5～0.6 mm，顶端急尖，内层长，线状长椭圆形，长7～8 mm，宽1～2 mm，顶端钝。舌状小花黄色，极少白色或红色。

果：瘦果红褐色，稍压扁，长椭圆形，长2.5 mm，宽0.7 mm，有10条高起的钝肋，沿肋有上指的小刺毛，向上渐狭成细喙，脉细丝状，长2.5 mm。冠毛白色，微粗糙，长近4 mm。花果期3～9月。

生物学特征：

分布于我国黑龙江(哈尔滨、安达)、吉林(通榆)、内蒙古(呼和浩特)、河北(小五台山、内丘、琢鹿)、山西(太原、晋城、沁县、永济、宁武、五台)、陕西(绥德、山阳、周至、太白山)、甘肃(兰州、固原、定西、眠县、永昌)、青海(柴达木)、新疆(善都)、山东(青岛、烟台)、江苏(宝应、盐城、淮安)、浙江(杭州、昌化)、江西(萍乡)、福建(长汀)、河南(焦作、卢氏、西峡、商城)、湖北(宣恩)、湖南(黔阳)、广东(增城)、四川(灌县、广元、宝兴、南川、奉节、屏山、马尔康、城口)、贵州(安龙)、云南(昆明、兰坪、屏边、中甸、维西、丽江)、西藏(贡觉、林芝、拉萨、米林)。生于山坡草地、林缘、林下、河边、沟边、荒地及沙地上，海拔100～4 000 m。朝鲜、蒙古、俄罗斯西伯利亚及远东地区也有分布。

中华苦荬菜

学　　名：*Ixeris chinensis* (Thunb.) Nakai.
别　　名：山鸭舌草、山苦荬、黄鼠草、小苦苣、苦麻子、苦菜、中华小苦荬。
采集地点：乌裕尔河中游草甸草原，北纬47°51′，东经124°52′，土壤主要为草甸沼泽土，其次是潜育草甸土和碳酸盐草甸土，气候为温带湿润大陆性季风气候。年平均降水量为427.4 mm，最少只有284 mm，降水最多的月份一般在7月，最少的月份一般在1月。年平均气温3.1 ℃，最低气温出现在1月，平均气温-19.2 ℃，极端最低气温-39.5 ℃。最高气温出现在7月，平均气温22.8 ℃，平均最高气温27.8 ℃，极端最高气温39.9 ℃。平均无霜期为130 d左右，降雪期为150 d左右，雪量平均20～30 cm，积雪日期为120 d左右，最大可出现50 cm以上积雪。冻土日期最短年份为182 d，最长年份为216 d。冻土深度，最大深度为1.8 m，最小深度为1.2 m，年平均深度为1.5 m。

植物学特征：
中华苦荬菜为被子植物门Angiospermae、双子叶植物纲Dicotyledoneae、合瓣花亚纲Sympetalae、桔梗目Campanulales、菊科Compositae、舌状花亚科Cichorioideae、菊苣族Lactuceae、莴苣亚族Lactucinae、小苦荬属Ixeridium的多年生草本植物，具有以下植物学特征：

根：根垂直直伸，通常不分枝，根状茎极短缩。

茎：高5～47 cm。茎直立单生或少数茎成簇生，基部直径1～3 mm，上部伞房花序状分枝。

叶：基生叶长椭圆形、倒披针形、线形或舌形，包括叶柄长2.5～15 cm，宽2～5.5 cm，顶端钝或急尖或向上渐窄，基部渐狭成有翼的短或长柄，全缘，不分裂亦无锯齿或边缘有尖齿或凹齿，或羽状浅裂、半裂或深裂，侧裂片2～7对，长三角形、线状三角形或线形，自中部向上或向下的侧裂片渐小，向基部的侧裂片常为锯齿状，有时为半圆形。茎生叶2～4枚，极少1枚或无茎叶，长披针形或长椭圆状披针形，不裂，边缘全缘，顶端渐狭，基部扩大，耳状抱茎或至少基部茎生叶的基部有明显的耳状抱茎；全部叶两面无毛。

花：头状花序通常在茎枝顶端排成伞房花序，含舌状小花21～25枚。总苞圆柱状，长8～9 mm；总苞片3～4层，外

中华苦荬菜——全株

中华苦荬菜——根

层及最外层宽卵形,长1.5 mm,宽0.8 mm,顶端急尖,内层长椭圆状倒披针形,长8~9 mm,宽1~1.5 mm,顶端急尖。舌状小花黄色,干时带红色。

果：瘦果褐色,长椭圆形,长2.2 mm,宽0.3 mm,有10条高起的钝肋,肋上有上指的小刺毛,顶端急尖成细喙,细丝状,长2.8 mm。冠毛白色,微糙,长5 mm。花果期1~10月。

生物学特征：

分布于我国黑龙江(哈尔滨、阿城)、河北(石家庄、涿鹿)、山西(太行山区、太原、古交、夏县、平鲁、左云、五台)、陕西(蓝田、太白山)、山东(昆嵛山)、江苏(宝应、南京)、安徽(台东)、浙江(淳安、昌化)、江西(南丰)、福建(厦门)、台湾(台南)、河南(嵩县)、四川(峨眉山、江津、马边、筠连、屏山、石棉)、贵州(安顺)、云南(丽江)、西藏(林芝、米林、芒康)。生于山坡、路旁、田野、河边灌丛或岩石缝隙中。俄罗斯远东地区及西伯利亚、日本、朝鲜也有分布。

药用价值：

全草入药,味苦,性寒。具有清热解毒,消肿排脓,凉血止血。主肠痈,肺脓疡,肺热咳嗽,肠炎,痢疾,胆囊炎,盆腔炎,疮疖肿毒,阴囊湿疹,吐血,衄血,血崩,跌打损伤。

《广西药植名录》：止泻,消肿。治蛇伤,尿结石。

《陕西中草药》：清热解毒,泻肺火,凉血,止血,止痛,调经,活血,化腐生肌。治无名肿毒,阴囊湿疹,肺炎,跌打损伤,骨折。

用法用量：

内服：煎汤,10~15 g;或研末,每次3 g。

外用：适量,捣敷;或研末调涂;或煎水熏洗。

中华苦荬菜——茎、叶

中华苦荬菜——头状花序

圆叶牵牛

学　　名：*Ipomoea purpurea* Lam.
别　　名：牵牛花、喇叭花、连簪簪(四川)、打碗花(山西)。

采集地点：乌裕尔河中游草甸草原，北纬47°51′，东经124°52′，土壤主要为草甸沼泽土，其次是潜育草甸土和碳酸盐草甸土，气候为温带湿润大陆性季风气候。年平均降水量为427.4 mm，最少只有284 mm，降水最多的月份一般在7月，最少的月份一般在1月。年平均气温3.1 ℃，最低气温出现在1月，平均气温-19.2 ℃，极端最低气温-39.5 ℃。最高气温出现在7月，平均气温22.8 ℃，平均最高气温27.8 ℃，极端最高气温39.9 ℃。平均无霜期为130 d左右，降雪期为150 d左右。雪量平均20~30 cm，积雪日期为120 d左右，最大可出现50 cm以上积雪。冻土日期最短年份为182 d，最长年份为216 d。冻土深度，最大深度为1.8 m，最小深度为1.2 m，年平均深度为1.5 m。

植物学特征：

圆叶牵牛为被子植物门Angiospermae、双子叶植物纲 Dicotyledoneae、合瓣花亚纲Sympetalae、管状花目Tubiflorae、旋花科Convolvulaceae、旋花亚科Convolvuloideae、番薯族Trib Ipomoeeae、牵牛属pharbitis。圆叶牵牛为一年生缠绕草本植物，具有以下植物学特征：

根：直根系，主根明显，发育强盛。

茎：茎属缠绕茎，茎本身缠绕于其他的支柱上升，缠绕的方向为左旋(逆时针方向)。茎上被倒向的短柔毛，杂有倒向或开展的长硬毛。

叶：叶圆心形或宽卵状心形，长4~18 cm，宽3.5~16.5 cm，基部圆、心形，顶端锐尖、骤尖或渐尖，通常全缘，偶有3裂，两面疏或密被刚伏毛；叶柄长2~12 cm，毛被与茎同。

花：花腋生，单一或2~5朵着生于花序梗顶端成伞形聚伞花序，花序梗比叶柄短或近等长，长4~12 cm，毛被与茎相同；苞片线形，长6~7 mm，被开展的长硬毛；花梗长1.2~1.5 cm，被倒向短柔毛及长硬毛；萼片近等长，长1.1~1.6 cm，外面3片长椭圆形，渐尖，内面2片线状披针形，外面均被开展的硬毛，基部更密；花冠漏斗状，长

圆叶牵牛——全株

圆叶牵牛——全株

圆叶牵牛——根

圆叶牵牛——根

圆叶牵牛——茎　　　　　　　　　　　　　　　圆叶牵牛——花蕾

圆叶牵牛——叶　　　　　圆叶牵牛——花　　　　　圆叶牵牛——花

4～6 cm，紫红色、红色或白色，花冠管通常白色，瓣中带于内面色深，外面色淡；雄蕊与花柱内藏；雄蕊不等长，花丝基部被柔毛；子房无毛，3室，每室2胚珠，柱头头状；花盘环状；花期5～10月。

果：蒴果近球形，直径9～10 mm，3瓣裂，果期8～11月。

种子：种子卵状三棱形，长约5 mm，黑褐色或米黄色，被极短的糠秕状毛。

生物学特征：

原产热带美洲，广泛引植于世界各地。1890年我国已有栽培。该种适应性较强，故分布广泛，在我国大部分地区有分布，生于平地以至海拔2 800 m的田边、路边、宅旁或山谷林内，栽培或沦为野生。阳性，喜温暖，不耐寒，耐干旱瘠薄，种子繁殖。

园林价值：

多用于庭院围墙以及高速道路护坡的绿化；也可以做盆栽、吊盆、花台及花坛美化，还可以大面积种植。

药用价值：

种子有药用价值，与同属中俗称"喇叭花"的牵牛(PHarbitis nil，亦称裂叶牵牛)一样，能泻水下气、消肿杀虫，主治水肿、尿闭等症。

植物文化：

很久以前，也不知是什么地方，什么时候，突然出现了一座形状似伏着牛一样的山，大家就给它取了个名字叫"伏牛山"。伏牛山下有个小村子，村子里人不多，其中一家有一对孪生姐妹。村子里的人都很穷，没有钱买牛耕地，只有用一些自制的土工具来刨土、耕地。那对孪生姐妹就住在山脚下，她们在山前山后开垦了一些荒地，靠着自己的双手，春播、夏耘、秋收，日子还算勉强过得去。姐妹俩心地善良，还经常接济比自己更穷的人。有一天，姐妹俩正在刨地，突然刨到了一块特硬的地方，她们把所有的工具都拿来，却怎么也刨不动一丝土。姐妹俩累了半天，就坐在硬土边上歇一会儿。忽然，那块硬土自己裂开了，姐姐连忙瞪大了眼睛瞧着，里面发出银闪闪的光亮，妹妹跑过去拿出了一块东西，原来是一个银喇叭。姐妹俩正在奇怪时，旁边突然走来一位白须白发的老翁，老翁笑着对她们说："这座山是玉皇大帝从天上降下来的，里面压着一百头青牛精，这些青牛精都修炼得很好，幻成人形，在人间作恶，是玉皇大帝收服了他们，并把他们压在伏牛山下，到今天，他们已整整压了九百年，到明天他们就会全变成金牛，再也不会危害人间了。这个银喇叭就是伏牛山的钥匙，今天夜里听山里'哗啦啦'响，过不久就会有一处发出金光，那就是山眼，只要把银喇叭插进去就行了。不过还必须记住口诀'伏牛山，哗啦啦，开山要我这银喇叭'，念三遍，那山眼就会变大，可以进去抱出一头金牛，一辈子吃喝不愁了。这钥匙是九百年一现，只有一会儿灵验，天一亮就不灵了，千万不要被山关住了，否则就必死无疑。还有，这银喇叭千万不能吹，否则一百头牛就全会变活冲出山口的。"两姐妹还没回过神来，那老翁已不见了。

　　姐妹俩知道遇上神仙了，心里很高兴。她们就赶紧回家，商量如何开山抱金牛。姐姐说："我们要把腿脚放快些，争取把一百头金牛都抱出来，分给穷乡亲，让大家都不再受地主的气，都过上好日子。"妹妹说："金牛虽好不能当饭吃，黄灿灿的金，白亮亮的银，在富人眼里是值钱货，可在穷人眼里还不如一勺面呢。如果吹响银喇叭，把那些金牛全变成活牛分给乡亲们，让他们有牛耕田，不更好吗？"姐姐高兴地同意了妹妹的意见。

　　于是，姐妹俩分头去通知乡亲们，交代他们夜里去伏牛山下牵牛。夜里，天上没有月亮，也没有星星，山前山后漆黑一片，看不到一点亮光，姐姐拉着妹妹从山前转到山后，听了听，一点动静也没有，姐姐对妹妹说："不要放弃，我们再等等。"就这样等到了五更，忽然听见山里面"哗啦啦"作响，山北坡放出一道耀眼的金光，姐妹俩急忙朝发光的地方跑去，只见那洞眼只有手指头那么粗，顺着洞眼往里看，见到内有一张金方桌，方桌上整齐地摆着一排排馒头大小的金牛。妹妹忙把银喇叭拿出来插进山眼，姐姐忙念："伏牛山，哗哗啦，开山要我这银喇叭。"念了三遍，山眼慢慢变大了，但只容一个人钻进去，姐姐闪身就进去了，妹妹也跟着进去了。姐姐一进去就吹起了银喇叭，顿时桌上的金牛都变活了，它们伸伸腿，抖抖毛，跳下桌子来，就都变成了大牛，它们顺着山眼往外冲，当最后一头牛刚刚伸出头时，东方已经微微泛红了，山眼慢慢变小了，这一下急坏了姐妹俩，姐妹两人合力推牛屁股，就是推不动。

　　再说乡亲们，他们听见喇叭响，就纷纷往伏牛山跑，只见一头头牛满山坡跑，他们跑上去，一人牵一头牛，心里非常感激姐妹俩，都想去谢谢她们，就是找不到人影。这时有人发现被卡住的那头牛，大家有的扯牛头，有的扯牛脚，使命往外拽，就是拽不出，后来有人往牛鼻子上套了个鼻圈，再在鼻圈上拴了根长绳，大家齐心协力地拉，牛被拉疼了，一急，四蹄一蹬就出来了，山眼马上就合拢了，姐妹俩被关在了山里。

　　这时太阳出来了，山眼里的那只银喇叭一变，就成了一朵喇叭花。也有人说，为了纪念那姐妹俩，所以喇叭花也叫牵牛花。

田 旋 花

学　　名：*Convolvulus arvensis* L.

别　　名：中国旋花、箭叶旋花(《中国高等植物图鉴》)、扶田秧、扶秧苣(江苏)、白花藤、面根藤(四川)、三齿草藤(甘肃)、小旋花(四川、甘肃)、燕子草(山东)、田福花(新疆)。

采集地点：乌裕尔河中游草甸草原，北纬47°51′，东经124°52′，土壤主要为草甸沼泽土，其次是潜育草甸土和碳酸盐草甸土，气候为温带湿润大陆性季风气候。年平均降水量为427.4 mm，最少只有284 mm，降水最多的月份一般在7月，最少的月份一般在1月。年平均气温3.1 ℃，最低气温出现在1月，平均气温-19.2 ℃，极端最低气温-39.5 ℃。最高气温出现在7月，平均气温22.8 ℃，平均最高气温27.8 ℃，极端最高气温39.9 ℃。平均无霜期为130 d左右，降雪期为150 d左右。雪量平均20～30 cm，积雪日期为120 d左右，最大可出现50 cm以上积雪。冻土日期最短年份为182 d，最长年份为216 d。冻土深度，最大深度为1.8 m，最小深度为1.2 m，年平均深度为1.5 m。

植物学特征：

田旋花为被子植物门Angiospermae、双子叶植物纲Dicotyledoneae、合瓣花亚纲Sympetalae、管状花目Tubiflorae、旋花科Convolvulaceae、旋花亚科Convolvuloideae、旋花族CONVOLVULEAE、旋花属Convolvulus。田旋花为多年生草本植物，具有以下植物学特征：

根：直根系，根细长，侧根较少，浅黄色。

茎：根状茎横走，茎平卧或缠绕，有条纹及棱角，无毛或上部被疏柔毛。

叶：卵状长圆形至披针形，长1.5～5 cm，宽1～3 cm，先端钝或具小短尖头，基部大多戟形，或箭形及心形，全缘或3裂，侧裂片展开，微尖，中裂片卵状椭圆形，狭三角形或披针状长圆形，微尖或近圆；叶柄较叶片短，长1～2 cm；叶脉羽状，基部掌状。

花：花序腋生，总梗长3～8 cm，1或有时2～3至多花，花柄比花萼长得多；苞片2，线形，长约3 mm；萼片有毛，长3.5～5 mm，稍不等，2个外萼片稍短，长圆状椭圆形，钝，具短缘毛，内萼片近圆形，钝或稍凹，或多或少具小短尖头，边缘膜质；花冠宽漏斗形，长15～26 mm，白色或粉红色，或白色具粉红或红色的瓣中带，或粉红色具红色或白色的瓣中带，5浅裂；雄蕊5，稍不等长，较花冠短一半，花丝基部扩大，具小鳞毛；雌蕊较雄蕊稍长，子房有毛，2室，每室2胚珠，柱头2，线形。

果：蒴果卵状球形，或圆锥形，无毛，长5～8 mm。

种子：种子4，卵圆形，无毛，长3～4 mm，暗褐色或黑色。

生物学特征：

产于我国吉林、黑龙江、辽宁、河北、河南、山东、山西、陕西、甘肃、宁夏、新疆、内蒙古、江苏、四川、青海、西藏等省区。广布两半球温带，稀在亚热带及热带地区有分布。生于海拔350～2 000 m的荒地及荒坡上。可通过根茎和种子繁殖、传播。种子可由鸟类和哺乳动物取食进行远距离传播。对小麦、玉米、棉花、大豆、果树等有危害。

田旋花——全株　　田旋花——茎　　田旋花——叶

田旋花——根　　田旋花——花

常成片生长，密被地面，缠绕向上，强烈抑制作物生长，造成作物倒伏。它还是小地老虎第一代幼虫的寄主。

饲用价值：

田旋花为低等饲用植物，马吃26 g鲜草可致死，种子毒性大。绵羊、骆驼，甚至牛、马在枯黄后都采食，秋季调制干草或做青贮，鲜嫩时发酵后喂猪均可节省精料。

药用价值：

全草及花均可入药。全草夏、秋季采收，洗净，鲜用或切段晒干；花在6~8月开花时摘取，鲜用或晾干。能调经活血、滋阴补虚、止痒、祛风，主治神经性皮炎、牙痛、风湿性关节痛。田旋花味辛、性温、有毒，归肾经；内服：煎汤，6~10 g；外用：适量，酒浸涂患处。

藤 长 苗

学　　名：*Calystegia pellita* (Ledeb.) G. Don

别　　名：狗儿秧、毛胡弯(河南)，狗藤花、兔耳苗(安徽)，野兔子苗、野山药(江苏)，缠绕天剑、脱毛天剑(《中国北部植物图志》)，箭叶藤长苗，戟叶藤长苗。

采集地点：乌裕尔河中游草甸草原，北纬47°51′，东经124°52′，土壤主要为草甸沼泽土，其次是潜育草甸土和碳酸盐草甸土，气候为温带湿润大陆性季风气候。年平均降水量为427.4 mm，最少只有284 mm，降水最多的月份一般在7月，最少的月份一般在1月。年平均气温3.1 ℃，最低气温出现在1月，平均气温–19.2 ℃，极端最低气温–39.5 ℃。最高气温出现在7月，平均气温22.8 ℃，平均最高气温27.8 ℃，极端最高气温39.9 ℃。平均无霜期为130 d左右，降雪期为150 d左右。雪量平均20～30 cm，积雪日期为120 d左右，最大可出现50 cm以上积雪。冻土日期最短年份为182 d，最长年份为216 d。冻土深度，最大深度为1.8 m，最小深度为1.2 m，年平均深度为1.5 m。

植物学特征：

藤长苗为被子植物门Angiospermae、双子叶植物纲 Dicotyledoneae、合瓣花亚纲Sympetalae、管状花目Tubiflorae、旋花科Convolvulaceae、旋花亚科Convolvuloideae、旋花族 CONVOLVULEAE、打碗花属Calystegia。藤长苗为多年生草本植物，具有以下植物学特征：

根：根细长，有分枝和须根，白色。

茎：茎缠绕或下部直立，圆柱形，有细棱，密被灰白色或黄褐色长柔毛，有时毛较少。

叶：叶长圆形或长圆状线形，长4～10 cm，宽0.5～2.5 cm，顶端钝圆或锐尖，具小

藤长苗——全株

藤长苗——根

藤长苗——叶

短尖头，基部圆形、截形或微呈戟形，全缘，两面被柔毛，通常背面沿中脉密被长柔毛，有时两面毛较少，叶脉在背面稍突起；叶柄长0.2~1.5(~2)cm，毛被同茎。

花：花腋生，单一，花梗短于叶，密被柔毛；苞片卵形，长1.5~2.2 cm，顶端钝，具小短尖头，外面密被褐黄色短柔毛，有时被毛较少，具有如叶脉的中脉和侧脉；萼片近相等，长0.9~1.2 cm，长圆状卵形，上部具黄褐色缘毛；花冠淡红色，漏斗状，长4~5 cm，冠檐于瓣中带顶端被黄褐色短柔毛；雄蕊花丝基部扩大，被小鳞毛；子房无毛，2室，每室2胚珠，柱头2裂，裂片长圆形，扁平。

果：蒴果近球形，径约6 mm。

种子：种子卵圆形，无毛。

藤长苗——茎、叶

藤长苗——花

生物学特征：

产于我国黑龙江、辽宁、河北、山西、陕西、甘肃、新疆、山东、河南、湖北、安徽、江苏、四川东北部，海拔380~700(~1 700)m的平原路边、田边杂草中或山坡草丛。俄罗斯西伯利亚、远东，蒙古，朝鲜，日本也有分布。

菟 丝 子

学　　名：*Cuscuta chinensis* Lam.

别　　名：黄丝(北方诸省)，豆寄生(江苏及北方诸省)，龙须子(辽宁)，豆阎王(河南)，山麻子(河北)，无根草(内蒙古、陕西、山西、河南、江苏)，金丝藤(山西、江西)，鸡血藤、黄丝藤、无叶藤(江西)，无根藤(江西、四川、贵州、云南)，无娘藤(四川、贵州、云南)，雷真子、禅真(四川)，"朱匪琼瓦"(藏语)、日本菟丝子。

采集地点：乌裕尔河中游草甸草原，北纬47°51′，东经124°52′，土壤主要为草甸沼泽土，其次是潜育草甸土和碳酸盐草甸土，气候为温带湿润大陆性季风气候。年平均降水量为427.4 mm，最少只有284 mm，降水最多的月份一般在7月，最少的月份一般在1月。年平均气温3.1 ℃，最低气温出现在1月，平均气温-19.2 ℃，极端最低气温-39.5 ℃。最高气温出现在7月，平均气温22.8 ℃，平均最高气温27.8 ℃，极端最高气温39.9 ℃。平均无霜期为130 d左右，降雪期为150 d左右。雪量平均20~30 cm，积雪日期为120 d左右，最大可出现50 cm以上积雪。冻土日期最短年份为182 d，最长年份为216 d。冻土深度，最大深度为1.8 m，最小深度为1.2 m，年平均深度为1.5 m。

植物学特征：

菟丝子为被子植物门Angiospermae、双子叶植物纲Dicotyledoneae、合瓣花亚纲Sympetalae、管状花目Tubiflorae、旋花科Convolvulaceae、菟丝子亚科Cuscutoideae、菟丝子属Cuscuta、线茎亚属Subgen. Grammica。菟丝子是一年生攀缘性的草本寄生性

菟丝子——全株

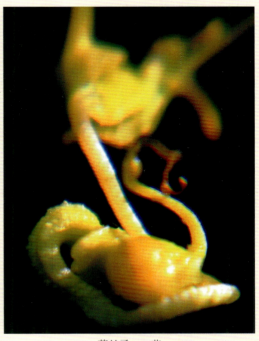

菟丝子——花

菟丝子——茎

菟丝子——花

菟丝子——花

植物，具有以下植物学特征：

  根：菟丝子刚萌发时，幼苗有胚根深入土壤，胚芽伸出土面，形成丝状菟丝子，菟丝子遇到适宜寄主就缠绕在上面，在接触处形成吸根伸入寄主，吸根进入寄主组织后，部分组织分化为导管和筛管，分别与寄主的导管和筛管相连，自寄主吸取养分和水分，成为无根草。

茎叶：茎缠绕，黄色，纤细，直径约1 mm，无叶。

花：花序侧生，少花或多花簇生成小伞形或小团伞花序，近于无总花序梗；苞片及小苞片小，鳞片状；花梗稍粗壮，长仅1 mm许；花萼杯状，中部以下连合，裂片三角状，长约1.5 mm，顶端钝；花冠白色，壶形，长约3 mm，裂片三角状卵形，顶端锐尖或钝，向外反折，宿存；雄蕊着生花冠裂片弯缺微下处；鳞片长圆形，边缘长流苏状；子房近球形，花柱2，等长或不等长，柱头球形。

果：蒴果球形，直径约3 mm，几乎全为宿存的花冠所包围，成熟时整齐的周裂。

种子：种子2～49，淡褐色，卵形，长约1 mm，表面粗糙。

生物学特征：

菟丝子喜高温湿润气候，对土壤要求不严，适应性较强。野生菟丝子常见于平原、荒地、坟头、地边以及豆科、菊科、蒺藜科等多种植物上，遇到适宜寄主就缠绕在上面，在接触处形成吸根伸入寄主，吸根进入寄主组织后，部分组织分化为导管和筛管，分别与寄主的导管和筛管相连，自寄主吸取养分和水分。菟丝子一旦幼芽缠绕于寄主植物体上，活力极强，生长旺盛，最喜寄生于豆科植物上。生于海拔200～3 000 m的田边、山坡阳处、路边灌丛或海边沙丘，分布于我国黑龙江、吉林、辽宁、河北、山西、陕西、宁夏、甘肃、内蒙古、新疆、山东、江苏、安徽、河南、浙江、福建、四川、云南等省。伊朗、阿富汗、日本、朝鲜、斯里兰卡、马达加斯加、澳大利亚等国亦有分布。

药用价值：

菟丝子是一味平补肾、肝、脾之良药，临床主要应用于肾虚腰痛、阳痿遗精、尿频、宫冷不孕、目暗便溏之肾阴阳虚证。菟丝子甘、温，归肾、肝、脾经，具有滋补肝肾、固精缩尿、安胎、明目、止泻之功效，始载《神农本草经》，被列为上品。甘味一般具有滋补作用，甘辛微温，禀气中和，既可补阳，又可益阴，具有温而不燥，补而不滞的特点。固精安胎与性激素一样作用。中医认为肾为先天之本，内寓元阴与元阳，是人体生殖发育的根源，脏腑机能活动的原动力。

植物文化：

从前，江南有个养兔成癖的财主，雇了一名长工为他养兔子，并规定，如果死一只兔子，要扣掉他四分之一的工钱。一天，长工不慎将一只兔子的脊骨打伤，他怕财主知道，便偷偷地把伤兔藏进了豆地。事后，他却意外地发现伤兔并没有死，并且伤也好了。为探个究竟，长工又故意将另一只兔子打伤放入豆地，并细心观察，他看见伤兔经常啃一种缠在豆秸上的野生黄丝藤。长工大悟，原来是黄丝藤治好了兔子的伤。于是，他便用这种黄丝藤煎汤给有腰伤的爹喝，爹的腰伤也好了。又通过几个病人的试用，断定黄丝藤可治腰伤病。不久，这位长工辞去了养兔的活计，当上了专治腰伤的医生。后来，他把这药干脆就叫"兔丝子"。由于它是草药，后人又在兔字头上面冠以草字头，便叫成"菟丝子"。

金 灯 藤

学　　名：*Cuscuta japonica* Choisy.

别　　名：日本菟丝子(《中国经济植物志》)，附无娘米，大菟丝子(东北、江西)，菟丝子(广西、贵州、四川、湖北)，无娘藤(湖北、广西、贵州、云南)，金灯笼(四川、贵州)，无根藤、飞来藤、无根草、山老虎、金丝藤、无头藤(浙江)，红无根藤、雾水藤、红雾水藤、大粒菟丝子、金丝草(广西)，黄丝藤(安徽)，飞来花(云南)、天蓬草、无量藤(四川)。

采集地点：乌裕尔河中游草甸草原，北纬47°51′，东经124°52′，土壤主要为草甸沼泽土，其次是潜育草甸土和碳酸盐草甸土，气候为温带湿润大陆性季风气候。年平均降水量为427.4 mm，最少只有284 mm，降水最多的月份一般在7月，最少的月份一般在1月。年平均气温3.1 ℃，最低气温出现在1月，平均气温-19.2 ℃，极端最低气温-39.5 ℃。最高气温出现在7月，平均气温22.8 ℃，平均最高气温27.8 ℃，极端最高气温39.9 ℃。平均无霜期为130 d左右，降雪期为150 d左右。雪量平均20～30 cm，积雪日期为120 d左右，最大可出现50 cm以上积雪。冻土日期最短年份为182 d，最长年份为216 d。冻土深度，最大深度为1.8 m，最小深度为1.2 m，年平均深度为1.5 m。

植物学特征：

金灯藤为被子植物门Angiospermae、双子叶植物纲Dicotyledoneae、合瓣花亚纲

金灯藤——全株

金灯藤——茎

Sympetalae、管状花目Tubiflorae、旋花科Convolvulaceae、菟丝子亚科Cuscutoideae、菟丝子属 Cuscuta、单柱亚属Subgen. Monogyna。金灯藤为一年生寄生缠绕草本植物，具有以下植物学特征：

根：寄生草本，无根。

茎：茎较粗壮，茎缠绕，细长，线形，黄色或红色，肉质，直径1~2 mm，常带紫红色瘤状斑点，无毛，多分枝。

叶：金灯藤无叶。

花：花无柄或几无柄，形成穗状花序，长达3 cm，基部常多分枝；苞片及小苞片鳞片状，卵圆形，长约2 mm，顶端尖，全缘，沿背部增厚；花萼碗状，肉质，长约2 mm，5裂几达基部，裂片卵圆形或近圆形，相等或不相等，顶端尖，背面常有紫红色瘤状突起；花冠钟状，淡红色或绿白色，长3~5 mm，顶端5浅裂，裂片卵状三角形，钝，直立或稍反折，短于花冠筒2~2.5倍；雄蕊5，着生于花冠喉部裂片之间，花药卵圆形，黄色，花丝无或几无；鳞片5，长圆形，边缘流苏状，着生于花冠筒基部，伸长至冠筒中部或中部以上；子房球状，平滑，无毛，2室，花柱细长，合生为1，与子房等长或稍长，柱头2裂；花期8月。

果：蒴果卵圆形，长约5 mm，近基部周裂。果期9月。

种子：种子1~2个，光滑，长2~2.5 mm，褐色。

金灯藤——花

金灯藤——花

生物学特征：

分布于我国南北各省区。寄生于草本或灌木上。越南、朝鲜、日本也有分布。金灯藤喜高温湿润气候，对土壤要求不严，适应性较强。如菟丝子是恶性寄生杂草，本身无根无叶，借助特殊器官——吸盘吸取寄主植物的营养。金灯藤除寄生草木植物外，还能寄生藤本植物和木本植物。对禾本科植物如水稻、芦苇和百合科植物如葱也能寄生。其不仅吸取栽培作物的汁液营养而使栽培植物营养消耗殆尽，且缠绕在作物的周围，造成大批植物的死亡。

药用价值：

种子可药用，功效同菟丝子。是补肾、肝、脾之良药，临床主要应用于肾虚腰痛、阳痿遗精、尿频、宫冷不孕、目暗便溏之肾阴阳虚证。金灯藤味甘、性温，归肾、肝、脾经，具有滋补肝肾、固精缩尿、安胎、明目、止泻之功效，始载《神农本草经》，被列为上品。甘味一般具有滋补作用，甘辛微温，禀气中和，既可补阳，又可益阴，具有温而不燥，补而不滞的特点。固精安胎与性激素一样作用。中医认为肾为先天之本，内寓元阴与元阳，是人体生殖发育的根源，脏腑机能活动的原动力。

费 菜

学　　名：*Phedimus aizoon* (Linnaeus) 't Hart

别　　名：土三七(通称)，四季还阳(湖北)，景天三七(《江苏南部种子植物手册》)，六月淋、收丹皮、石菜兰、九莲花(《秦岭植物志》)，长生景天(《经济植物手册》)，乳毛土三七、多花景天三七(东北植物检索表)，还阳草、金不换、豆包还阳、豆瓣还阳、田三七、六月还阳(《湖北植物志》)。

采集地点：乌裕尔河中游草甸草原，北纬47°51′，东经124°52′，土壤主要为草甸沼泽土，其次是潜育草甸土和碳酸盐草甸土，气候为温带湿润大陆性季风气候。年平均降水量为427.4 mm，最少只有284 mm，降水最多的月份一般在7月，最少的月份一般在1月。年平均气温3.1 ℃，最低气温出现在1月，平均气温-19.2 ℃，极端最低气温-39.5 ℃。最高气温出现在7月，平均气温22.8 ℃，平均最高气温27.8 ℃，极端最高气温39.9 ℃。平均无霜期为130 d左右，降雪期为150 d左右。雪量平均20～30 cm，积雪日期为120 d左右，最大可出现50 cm以上积雪。冻土日期最短年份为182 d，最长年份为216 d。冻土深度，最大深度为1.8 m，最小深度为1.2 m，年平均深度为1.5 m。

植物学特征：

费菜为被子植物门Angiospermae、双子叶植物纲 Dicotyledoneae、原始花被亚纲Archichlamydeae、蔷薇目Rosales、虎耳草亚目Saxifragineae、景天科Crassulaceae、景天

费菜——全株

费菜——茎

费菜——根

费菜——叶

费菜——花

亚科Sedoideae、景天属Sedum、星果组Sect. Aizoon、土三七系Ser. Aizoonta的多年生草本植物,具有以下植物学特征:

根: 根多数,侧根明显,费菜扦插时是从枝条四周直接发根,所以容易成活。

茎: 茎为根状茎短,有1~3条茎,直立,无毛,不分枝,株高20~50 cm。

叶: 叶互生,狭披针形、椭圆状披针形至卵状倒披针形,长3.5~8 cm,宽1.2~2 cm,先端渐尖,基部楔形,边缘有不整齐的锯齿;叶坚实,近革质。

花: 花为聚伞花序,有多花,水平分枝,平展,下托苞叶。萼片5,线形,肉质,不等长,长3~5 mm,先端钝;花瓣5,黄色,长圆形至椭圆状披针形,长6~10 mm,有短尖;雄蕊10,较花瓣短;鳞片5,近正方形,长0.3 mm;心皮5,卵状长圆形,基部合生,腹面凸出,花柱长钻形;花期6~7月。

种子: 种子椭圆形,长约1 mm,果期8~9月。

生物学特征:

主产于我国四川、湖北、江西、安徽、浙江、江苏、青海、宁夏、甘肃、内蒙古、河南、山西、陕西、河北、山东、辽宁、吉林、黑龙江。俄罗斯乌拉尔至蒙古、日本、朝鲜也有分布。多生长于山地林缘、灌木丛中,河岸草丛、较耐阴也较耐旱、较耐寒,在北方能露地越冬,对土壤无严格选择,适应性强。费菜为较好的园林和药用植物。

药用价值:

费菜含有生物碱、齐敦果酸、谷甾醇、黄酮类、景天庚糖、果糖及维生素等药物成分。这些药物成分通过防止血管硬化、降血脂、扩张脑血管,改善冠状动脉循环等途径,达到降血压、防中风、防心脏病(如冠心病、阵发性心跳过速、心律失常、风湿性心脏病等)的效果。费菜的根或全草药用,有止血散瘀,安神镇痛之效。

园林价值:

费菜株丛茂密,枝翠叶绿,花色金黄,适应性强,适宜用于城市中一些绿地条件较差的裸露地面作绿化覆盖。

赤瓟

学　　名：*Thladiantha dubia* Bunge

别　　名：气包、赤包、山屎瓜。

采集地点：乌裕尔河中游草甸草原，北纬47°51′，东经124°52′，土壤主要为草甸沼泽土，其次是潜育草甸土和碳酸盐草甸土，气候为温带湿润大陆性季风气候。年平均降水量为427.4 mm，最少只有284 mm，降水最多的月份一般在7月，最少的月份一般在1月。年平均气温3.1 ℃，最低气温出现在1月，平均气温-19.2 ℃，极端最低气温-39.5 ℃。最高气温出现在7月，平均气温22.8 ℃，平均最高气温27.8 ℃，极端最高气温39.9 ℃。平均无霜期为130 d左右，降雪期为150 d左右。雪量平均20～30 cm，积雪日期为120 d左右，最大可出现50 cm以上积雪。冻土日期最短年份为182 d，最长年份为216 d。冻土深度，最大深度为1.8 m，最小深度为1.2 m，年平均深度为1.5 m。

植物学特征：

赤瓟为被子植物门Angiospermae、双子叶植物纲 Dicotyledoneae、合瓣花亚纲 Sympetalae、葫芦目 Cucurbitales、葫芦科 Cucurbitaceae、藏瓜族 Trib. Fevilleae、赤瓟亚族 Subtrib. Thladianthinae、赤瓟属 Thladiantha、赤瓟组 Sect. Thladiantha、光果亚组 Subsect. Leiocarpae A. M. Lu et Z. Y. Zhang。赤瓟为多年生或稀一年生草质藤本植物，具有以下植物学特征：

根：根块状或稀须根。

茎：草质藤本植物，攀援或匍匐生。茎草质，具纵向棱沟。卷须单一或两歧。

叶：绝大多数为单叶，叶柄稍粗，长2～6 cm；叶片宽卵状心形，长5～8 cm，宽4～9 cm，边缘浅波状，有大小不等的细齿，先端急尖或短渐尖，基部心形，弯缺深，近

赤瓟——全株

赤瓟——根

圆形或半圆形，深1～1.5 cm，宽1.5～3 cm，两面粗糙，脉上有长硬毛，最基部1对叶脉沿叶基弯缺边缘向外展开。卷须纤细，被长柔毛，单一。

花：雌雄异株；雄花单生或聚生于短枝的上端呈假总状花序，有时2～3花生于总梗上，花梗细长，长1.5～3.5 cm，被柔软的长柔毛；花萼筒极短，近辐状，长约3～4 mm，上端径7～8 mm，裂片披针形，向外反折，长12～13 mm，宽2～3 mm，具3脉，两面有长柔毛；花冠黄色，裂片长圆形，长2～2.5 cm，宽0.8～1.2 cm，上部向外反折，先端稍急尖，具5条明显的脉，外面被短柔毛，内面有极短的疣状腺点；雄蕊5，着生在花萼筒檐部，其中1枚分离，其余4枚两两稍靠合，花丝极短，有短柔毛，长2～2.5 mm，花药卵形，长约2 mm；退化子房半球形。雌花单生，花梗细，长1～2 cm，有长柔毛；花萼和花冠雌雄花；退化雌蕊5，棒状，长约2 mm；子房长圆形，长0.5～0.8 cm，外面密被淡黄色长柔毛，花柱无毛，自3～4 mm处分3叉，分叉部分长约3 mm，柱头膨大，肾形，2裂；花期6～8月。

果：果实卵状长圆形，长4～5 cm，径2.8 cm，顶端有残留的柱基，基部稍变狭，表面橙黄色或红棕色，有光泽，被柔毛，具10条明显的纵纹，果期8～10月。

种子：种子卵形，黑色，平滑无毛，长4～4.3 mm，宽2.5～3 mm，厚1.5 mm。

生物学特征：

产于我国黑龙江、吉林、辽宁、河北、山西、山东、陕西、甘肃和宁夏。常生于海拔300～1 800 m的山坡、河谷及林缘湿处。朝鲜、日本和欧洲有栽培。

药用价值：

药用部位为赤瓟的果实。有降逆止呕，祛痰止咳，行气化瘀功效。性味酸，苦，甘，平。入胃、肝、肺、肾经。药材的采收与储藏：果实成熟后连柄摘下，防止果实破裂，用线将果柄串起，挂于日光下或通风处晒干为止。置通风干燥处，防止潮湿霉烂及虫

赤瓟——茎

赤瓟——花

蛙。果实鉴定，干燥果实呈卵圆形、椭圆形至长圆形，常压扁，长约3～5 cm，直径约1.5～3 cm。橙黄色、橙红色、红色至红棕色。表面皱缩，有极稀的白色茸毛及纵沟纹，顶端有残留柱基，基部有细而弯曲的果柄。果皮厚1 mm左右，内表面粘连多数黄色长圆形的小颗粒，系不发育的种子，中心有多数扁卵形、棕黑色的成熟种子，新鲜时质软而黏。气特异，味甜。这是本属中分布最北的一个种，也是经济用途较大的种。果实和根入药，果实能理气、活血、祛痰和利湿，根有活血去瘀、清热解毒、通乳之效。

赤瓟——叶　　　　　　赤瓟—藤蔓　　　　　　赤瓟——果

园林价值：

赤瓟为多年生攀缘草本。枝蔓长达4 m。叶宽卵状心形，缘具齿，被硬毛。雄花单生或排成假总状花序；雌花单生；花冠钟形，亮黄色。适合地栽，用于庭院的立体绿化，也可盆栽观赏。

扁秆荆三棱

学　　名：*Bolboschoenus planiculmis* (F. Schmidt) T. V. Egorova.
别　　名：扁秆藨草。
采集地点：乌裕尔河中游草甸草原，北纬47°51′，东经124°52′，土壤主要为草甸沼泽土，其次是潜育草甸土和碳酸盐草甸土，气候为温带湿润大陆性季风气候。年平均降水量为427.4 mm，最少只有284 mm，降水最多的月份一般为7月，最少的月份一般在1月。年平均气温3.1 ℃，最低气温出现在1月，平均气温-19.2 ℃，极端最低气温-39.5 ℃。最高气温出现在7月，平均气温22.8 ℃，平均最高气温27.8 ℃，极端最高气温39.9 ℃。平均无霜期为130 d左右，降雪期为150 d左右。雪量平均20～30 cm，积雪日期为120 d左右，最大可出现50 cm以上积雪。冻土日期最短年份为182 d，最长年份为216 d。冻土深度，最大深度为1.8 m，最小深度为1.2 m，年平均深度为1.5 m。

植物学特征：

扁秆荆三棱为被子植物门Angiospermae、单子叶植物纲 Monocotyledoneae、莎草目Cyperales、莎草科Cyperaceae、藨草亚科Scirpoideae、藨草族Scirpeae、藨草属Scirpus、藨草亚属Subgen. Scirpus、具球茎藨草组Sect. Bolboschoenus。扁秆荆三棱为多年生草本植物，具有以下植物学特征：

扁秆荆三棱——全株

扁秆荆三棱——根　　　　　　　　扁秆荆三棱——叶

根：具匍匐根状茎和块茎。
茎：秆高60～100 cm，一般较细，三棱形，平滑，靠近花序部分粗糙，基部膨大，具秆生叶。
叶：叶扁平，宽2～5 mm，向顶部渐狭，具长叶鞘。叶状苞片1～3枚，常长于花序，边缘粗糙。
花：长侧枝聚伞花序短缩成头状，或有时具少数辐射枝，通常具1～6个小穗；小穗卵形或长圆状卵形，锈褐色，长10～16 mm，宽4～8 mm，具多数花；鳞片膜质，长圆形或椭圆形，长6～8 mm，褐色或深褐色，外面被稀少的柔毛，背面具一条稍宽的中肋，顶端或多或少缺刻状撕裂，具芒；下位刚毛4～6条，上生倒刺，长为小坚果的1/2～2/3；雄蕊3，花药线形，长约3 mm，药隔稍突出于花药顶端；花柱长，柱头2；花期5～6月。

果：小坚果宽倒卵形，或倒卵形，扁，两面稍凹，或稍凸，长3～3.5 mm，果期7～9月。

扁秆荆三棱——小穗

扁秆荆三棱—小穗

生物学特征：

产于我国东北各省、内蒙古、山东、河北、河南、山西、青海、甘肃、江苏、浙江、云南；生长于湖、河边近水处，海拔高度2～1 600 m处都能生长。也分布于朝鲜、日本及其琉球岛。

饲用价值：

扁秆荆三棱在黑龙江省作为麝鼠的冬粮。

园林价值：

扁秆荆三棱主要用于水面绿化或岸边、池旁点缀，较为美观，也可盆栽庭院摆放或沉入小水景中作观赏用。

东北藨草

学　　名：*Scirpus radicans* Schk.

采集地点：乌裕尔河中游草甸草原,北纬47°51′,东经124°52′,土壤主要为草甸沼泽土,其次是潜育草甸土和碳酸盐草甸土,气候为温带湿润大陆性季风气候。年平均降水量为427.4 mm,最少只有284 mm,降水最多的月份一般在7月,最少的月份一般在1月。年平均气温3.1 ℃,最低气温出现在1月,平均气温-19.2 ℃,极端最低气温-39.5 ℃。最高气温出现在7月,平均气温22.8 ℃,平均最高气温27.8 ℃,极端最高气温39.9 ℃。平均无霜期为130 d左右,降雪期为150 d左右。雪量平均20～30 cm,积雪日期为120 d左右,最大可出现50 cm以上积雪。冻土日期最短年份为182 d,最长年份为216 d。冻土深度,最大深度为1.8 m,最小深度为1.2 m,年平均深度为1.5 m。

植物学特征：

东北藨草为被子植物门Angiospermae、单子叶植物纲 Monocotyledoneae、莎草目Cyperales、莎草科Cyperaceae、藨草亚科Scirpoideae、藨草族Scirpeae、藨草属Scirpus、藨草亚属Subgen. Scirpus、藨草组Sect. Scirpus。东北藨草为散生草本植物,具有以下植物学特征:

东北藨草——全株

东北藨草——根

根：须根系,丛生,具许多细长须根。

茎：秆粗壮,高65～90 cm,有节,近花序部分为三棱形,稍粗糙,具基生叶与秆生叶。

叶：叶较花序短,宽7～10 mm,平滑、叶鞘很长。叶状苞片2～3枚,下面1～2枚长于花序。

花：多次复出长侧枝聚伞花序顶生，大，具多数辐射枝，第一次辐射枝长可达 9 cm；小穗多为单生或 2～4 个簇生于辐射枝顶端，长圆状卵形，顶端渐尖，长 6～7 mm，宽 2 mm，具多数花；鳞片排列紧密，长圆形，顶端钝圆，长约 2 mm，背面具 1 条淡黄色中肋，两边黑色，有时基部呈麦秆色；下位刚毛 6 条，细长，通常约为小坚果长的 4 倍，多次弯曲隐藏于鳞片内，近顶端部分稍有倒刺；花药长约 1 mm，线状长圆形；花柱稍短，柱头 3，具乳头状小突起；花期 6～7 月。

果：小坚果倒卵形，扁三棱形，长约 1 mm，淡黄色。

东北藨草——茎、叶

东北藨草——穗

东北藨草——穗

生物学特征：

产于我国东北各省；生长在水里，常和水葱长在一起。也分布于朝鲜、日本、俄罗斯远东地区。

水 葱

学　　名：*Schoenoplectus tabernaemontani* (C. C. Gmelin) Palla

别　　名：葱蒲、莞草、蒲苹、水丈葱、冲天草。

采集地点：乌裕尔河中游草甸草原，北纬47°51′，东经124°52′，土壤主要为草甸沼泽土，其次是潜育草甸土和碳酸盐草甸土，气候为温带湿润大陆性季风气候。年平均降水量为427.4 mm，最少只有284 mm，降水最多的月份一般在7月，最少的月份一般在1月。年平均气温3.1 ℃，最低气温出现在1月，平均气温-19.2 ℃，极端最低气温-39.5 ℃。最高气温出现在7月，平均气温22.8 ℃，平均最高气温27.8 ℃，极端最高气温39.9 ℃。平均无霜期为130 d左右，降雪期为150 d左右。雪量平均20～30 cm，积雪日期为120 d左右，最大可出现50 cm以上积雪。冻土日期最短年份为182 d，最长年份为216 d。冻土深度，最大深度为1.8 m，最小深度为1.2 m，年平均深度为1.5 m。

植物学特征：

水葱为被子植物门 Angiospermae、单子叶植物纲 Monocotyledoneae、莎草目 Cyperales、莎草科 Cyperaceae、藨草亚科 Scirpoideae、藨草族 Scirpeae、藨草属 Scirpus、秆状苞藨草亚属 Subgen. Isolepis、湖边藨草组 Sect. Schoenoplectus。水葱为多年生草本植物，具有以下植物学特征：

根：须根系，根多数。

茎：匍匐根状茎粗壮，秆高大，圆柱状，高1～2 m，平滑，基部具3～4个叶鞘，鞘长可达38 cm，管状，膜质，最上面一个叶鞘具叶片。

叶：叶片线形，长1.511 cm。

花：苞片1枚，为秆的延长，直立，钻状，常短于花序，极少数稍长于花序；长侧枝

水葱——全株

水葱——根

水葱——茎、叶　　　　　　　　　　　　水葱——穗

聚伞花序简单或复出，假侧生，具4～13或更多个辐射枝；辐射枝长可达5 cm，一面凸，一面凹，边缘有锯齿；小穗单生或2～3个簇生于辐射枝顶端，卵形或长圆形，顶端急尖或钝圆，长5～10 mm，宽2～3.5 mm，具多数花；鳞片椭圆形或宽卵形，顶端稍凹，具短尖，膜质，长约3 mm，棕色或紫褐色，有时基部色淡，背面有铁锈色突起小点，脉1条，边缘具缘毛；下位刚毛6条，等长于小坚果，红棕色，有倒刺；雄蕊3，花药线形，药隔突出；花柱中等长，柱头2，罕3，长于花柱。

果： 小坚果倒卵形或椭圆形，双凸状，少有三棱形，长约2 mm，花果期6～9月。

生物学特征：

水葱最佳生长温度15～30 ℃，10 ℃以下停止生长。能耐低温，北方大部分地区可露地越冬。产于我国东北各省、内蒙古、山西、陕西、甘肃、新疆、河北、江苏、贵州、四川、云南；生长在湖边或浅水塘中。也分布于朝鲜、日本，澳洲、南北美洲。

生态价值：

对污水中有机物、氨氮、磷酸盐及重金属有较高的除去率。

园林价值：

在北京有栽培作观赏用。

经济价值：

云南一带常取其秆作为编伞席子的材料。

中间型荸荠

学　　名：*Heleocharis intersita* Zinserl.

采集地点：乌裕尔河中游草甸草原，北纬47°51′，东经124°52′，土壤主要为草甸沼泽土，其次是潜育草甸土和碳酸盐草甸土，气候为温带湿润大陆性季风气候。年平均降水量为427.4 mm，最少只有284 mm，降水最多的月份一般在7月，最少的月份一般在1月。年平均气温3.1 ℃，最低气温出现在1月，平均气温-19.2 ℃，极端最低气温-39.5 ℃。最高气温出现在7月，平均气温22.8 ℃，平均最高气温27.8 ℃，极端最高气温39.9 ℃。平均无霜期为130 d左右，降雪期为150 d左右。雪量平均20～30 cm，积雪日期为120 d左右，最大可出现50 cm以上积雪。冻土日期最短年份为182 d，最长年份为216 d。冻土深度，最大深度为1.8 m，最小深度为1.2 m，年平均深度为1.5 m。

植物学特征：

中间型荸荠为被子植物门Angiospermae、单子叶植物纲Monocotyledoneae、莎草目Cyperales、莎草科Cyperaceae、蔍草亚科Scirpoideae、蔍草族Scirpeae、荸荠属

中间型荸荠——全株

中间型荸荠——根

中间型荸荠——小穗

Heleocharis、荸荠组Sect. Heleocharis、沼泽针蔺系Ser. Palustriformes。中间型荸荠为一年生草本植物,具有以下植物学特征:

根:有须根,同时具有长的匍匐根状茎。

茎:秆少数或稍多数,丛生,圆柱状,干后略扁,高15~60 cm,直径1.5~3 mm,一般细弱,有钝肋条和纵槽。

叶:叶细长,在茎秆的基部有1~2个叶鞘,鞘基部带红色,鞘口截形,高1~7 cm。

花:花柱基呈半圆形或短圆锥形,长为小坚果的1/4,宽为小坚果的1/3,长宽几相等,海绵质。小穗卵形,通常为长圆状卵形,少有卵状披针形,长7~15 mm,宽3~5 mm,有多数密生的两性花;小穗基部的一片鳞片中空无花,抱小穗基部1/2周;其余鳞片全有花,稍松散排列,长圆状卵形或卵形,顶端急尖,长3~4 mm,宽1~1.5 mm,黑褐色,背部有一条脉,边缘先狭后宽,白色,干膜质;下位刚毛4条,稍长于小坚果,纤细,锈色,微弯曲,有倒刺,刺密,有的刺开展,有的刺不开展;柱头2。

果:小坚果倒卵形或宽倒卵形,双凸状,长1.2 mm,宽0.9 mm,淡黄色,后来变为褐色,花果期7~9月。

生物学特征:

产于我国黑龙江和内蒙古(呼伦贝尔市),分布于欧洲北部和中部、北美洲和亚洲北部(俄罗斯、蒙古和日本)。

寸　草

学　　名：*Carex duriuscula* C. A. Mey.
别　　名：卵穗薹草、牛毛草。

采集地点：乌裕尔河中游草甸草原，北纬47°51′，东经124°52′，土壤主要为草甸沼泽土，其次是潜育草甸土和碳酸盐草甸土，气候为温带湿润大陆性季风气候。年平均降水量为427.4 mm，最少只有284 mm，降水最多的月份一般在7月，最少的月份一般在1月。年平均气温3.1 ℃，最低气温出现在1月，平均气温-19.2 ℃，极端最低气温-39.5 ℃。最高气温出现在7月，平均气温22.8 ℃，平均最高气温27.8 ℃，极端最高气温39.9 ℃。平均无霜期为130 d左右，降雪期为150 d左右。雪量平均20～30 cm，积雪日期为120 d左右，最大可出现50 cm以上积雪。冻土日期最短年份为182 d，最长年份为216 d。冻土深度，最大深度为1.8 m，最小深度为1.2 m，年平均深度为1.5 m。

植物学特征：

寸草为被子植物门Angiospermae、单子叶植物纲 Monocotyledoneae、莎草目 Cyperales、莎草科Cyperaceae、薹草亚科Caricoideae、薹草族Cariceale、薹草属Carex、二柱薹草亚属 Subgen. Vignea、烈味薹草组Sect. Foetidae。寸草为多年生草本植物，具有以下植物学特征：

根：根状茎细长而匍匐。

茎：茎秆高5～20 cm，纤细，平滑，基部叶鞘灰褐色，细裂成纤维状，植株淡黄绿色。

叶：叶短于秆，宽1～1.5 mm，内卷，边缘稍粗糙，苞片鳞片状。

花：穗状花序卵形或球形，长0.5～1.5 cm，宽0.5～1 cm；小穗3～6个，卵形，密生，长4～6 mm，雄雌顺序，具少数花。雌花鳞片宽卵形或椭圆形，长3～3.2 mm，锈褐色，边缘及顶端为白色膜质，顶端锐尖，具短尖。果囊稍长于鳞片，宽椭圆形或宽卵形，长3～3.5 mm，宽约2 mm，平凸状，革质，锈色或黄褐色，成熟时稍有光泽，两面具多条脉，基部近圆形，有海绵状组织，具粗的短柄，顶端急缩成短喙，喙缘稍粗糙，喙口白色膜质，斜截形。

寸草——全株

寸草——根

果： 小坚果稍疏松地包于果囊中，近圆形或宽椭圆形，长1.5～2 mm，宽1.5～1.7 mm；花柱基部膨大，柱头2个；花果期4～6月。

寸草——茎、叶

寸草——花

寸草——花

生物学特征：

寸草属于广布种，主要分布在温带草原区。我国东北、西北、华北各省区，蒙古、俄罗斯的东西伯利亚和远东以及朝鲜均有分布。生于轻度盐渍化低地及沙质地，在盐化草甸和草原的过牧地段可出现寸草优势的群落片段；寸草生态幅度广，适应性强。生于广大的平原和固定沙丘上，除水湿环境外，各种生境均能生长，是羊草、贝加尔针茅、灌丛、疏林常见的伴生种。在羊草草地出现退化盐碱化时，它的数量增多，可成为下层的优势种，如盐碱化继续加重，可形成寸草群落。因此，它是羊草草地出现盐碱化的指示群落。可忍耐土壤pH值8.5的生境，是适应轻度盐碱的兼性盐生植物。

饲用价值：

寸草返青早，在东北和内蒙古草原4月上旬即开始返青，4月末开花，5月末或6月初果熟。在草原区通常是最早生长的植物，为过冬后的家畜提供了第一批早春牧草，草质柔软，并有丰富的养分，依其化学成分而论，粗蛋白质含量高，属于上等牧草。因此，适口性好，马、牛、羊、驴等家畜最喜食，骆驼喜食，是优良的牧草。干枯后适口性降低。但在积雪的覆盖下，尚有部分青黄草，为马、牛、羊采食。寸草不仅营养价值高，而且消化能、代谢能均较高，是一种优良牧草。

园林价值：

由于寸草生长低矮，繁殖能力强，丛生，耐践踏，因此，又是北方绿化城市的草皮植物。春夏均可播种，种子千粒重为1.3 g。不少城市已引种成功。

陌 上 菅

学　　名：*Carex thunbergii* Steud.

采集地点：乌裕尔河中游草甸草原，北纬47°51′，东经124°52′，土壤主要为草甸沼泽土，其次是潜育草甸土和碳酸盐草甸土，气候为温带湿润大陆性季风气候。年平均降水量为427.4 mm，最少只有284 mm，降水最多的月份一般在7月，最少的月份一般在1月。年平均气温3.1 ℃，最低气温出现在1月，平均气温-19.2 ℃，极端最低气温-39.5 ℃。最高气温出现在7月，平均气温22.8 ℃，平均最高气温27.8 ℃，极端最高气温39.9 ℃。平均无霜期为130 d左右，降雪期为150 d左右。雪量平均20~30 cm，积雪日期为120 d左右，最大可出现50 cm以上积雪。冻土日期最短年份为182 d，最长年份为216 d。冻土深度，最大深度为1.8 m，最小深度为1.2 m，年平均深度为1.5 m。

植物学特征：

陌上菅为被子植物门Angiospermae、单子叶植物纲 Monocotyledoneae、莎草目 Cyperales、莎草科Cyperaceae、薹草亚科Caricoideae、薹草族Cariceale、薹草属Carex、薹草亚属Subgen. Carex、急尖薹草组Sect. Acutae、丛薹草亚组Subsect. Caespitosae。陌上菅为多年生草本植物，具有以下植物学特征：

根：须根系。

茎：根状茎短，具长匍匐茎。秆高40~100 cm，三棱形，平滑，上部稍粗糙，基部叶鞘无叶片或具叶片，淡褐色，稍细裂成纤维状或网状。

叶：叶短于或稍长秆，近平张，宽约3 mm，边缘稍粗糙。苞片叶状，长于或等长于花序，基部无鞘。

花：小穗3~5个，远离，上部1~2个雄性，线形，长约3.5 cm；其余小穗雌性，圆柱形，长2.5~4 cm，宽3~4 mm，花密生；下部小穗具短柄。雌花鳞片长圆形，顶端钝，长2.5~2.8 mm，锈褐色或淡褐色，边缘为白色膜质，中部绿色，具3脉。果囊长于鳞片，椭圆形或长椭圆形，平凸状，膜质，绿黄色，密生小瘤状突起，具4~5条脉，基部具短柄，

陌上菅——全株

陌上菅——叶

顶端急缩成极短的喙，喙口微凹或全缘。

果： 小坚果疏松地包于果囊中，倒卵形，平凸状，顶端圆形；花柱基部不膨大，柱头2个。

陌上菅——根

陌上菅——花

陌上菅——果

生物学特征：

陌上菅为莎草科苔草属的植物。分布于日本以及我国的辽宁、黑龙江等地，生长于海拔500～3 900 m的地区，见于湖边潮湿草地，目前尚未由人工引种栽培。

狭囊薹草

学　　名：*Carex cruenta* Nees
别　　名：红鳞薹草(横断山区维管植物)。
采集地点：乌裕尔河中游草甸草原，北纬47°51′，东经124°52′，土壤主要为草甸沼泽土，其次是潜育草甸土和碳酸盐草甸土，气候为温带湿润大陆性季风气候。年平均降水量为427.4 mm，最少只有284 mm，降水最多的月份一般在7月，最少的月份一般在1月。年平均气温3.1 ℃，最低气温出现在1月，平均气温-19.2 ℃，极端最低气温-39.5 ℃。最高气温出现在7月，平均气温22.8 ℃，平均最高气温27.8 ℃，极端最高气温39.9 ℃。平均无霜期为130 d左右，降雪期为150 d左右。雪量平均20～30 cm，积雪日期为120 d左右，最大可出现50 cm以上积雪。冻土日期最短年份为182 d，最长年份为216 d。冻土深度，最大深度为1.8 m，最小深度为1.2 m，年平均深度为1.5 m。

植物学特征：
狭囊薹草为被子植物门Angiospermae、单子叶植物纲Monocotyledoneae、莎草目Cyperales、莎草科Cyperaceae、薹草属Carex。狭囊薹草为多年生草本植物，具有以下植物学特征：

根：根状茎长，匍匐，近圆柱形，被褐色鳞片，多少细裂成纤维状。

茎：每1～3自根状茎成列疏生，上部微粗糙，下部生叶。基部叶鞘无鳞片，几不分裂。褐色或淡褐色。秆高20～75 cm，直立，锐三棱形，顶端细，稍俯垂。

叶：叶片扁平，淡绿色，短于秆或近等长，宽2～2.5 mm，上面散生极细颗粒状小点，边缘粗糙。

狭囊薹草——全株

狭囊薹草——叶

花：穗状花序长2.6～3 cm，宽8～11 mm；苞片鳞片状，稀呈刚毛状；小穗6～9，雌雄顺序，下方一枚稍离生。卵形或椭圆形，长7～11 mm，宽约4 mm；雌花鳞片卵状披针形，长3～3.5 mm，锈色，中部具一脉，沿脉色浅，先端渐尖，具宽的边缘白色膜质，略短于果囊；果囊卵状披针形，平凸状，长2.6～3.4 mm，淡锈绿色，背面具多数细脉，腹面具少数细脉，基部圆形或宽楔形，与两侧均为海绵质，具短柄，边缘自中部以上具锯齿状狭翅，顶端渐狭成长喙，喙扁平，中部锈褐色，喙口2齿状深裂，锈褐色，齿缘白色狭膜质。花柱基部稍增粗，柱头2个。

果：小坚果紧包于果囊中，矩圆形，平凸状，基部宽楔形，花果期6～7月。

狭囊薹草——根

狭囊薹草——穗

生物学特征：

生于森林带和森林草原带的林下、草甸。产于兴安岭北部及岭东和岭西。分布于我国黑龙江、吉林、辽宁、内蒙古，俄罗斯的东西伯利亚、远东地区。

饲用价值：

良等饲料，牛、马、羊喜食。

园林价值：

狭囊薹草耐旱、耐寒、耐水渍、耐瘠薄，且具良好的观赏性，适于在城市园林中作为观赏植物应用，对恢复与改善生态环境具有重要的作用。

离穗薹草

学　　名：*Carex eremopyroides* V. Krecz.

采集地点：乌裕尔河中游草甸草原，北纬47°51′，东经124°52′，土壤主要为草甸沼泽土，其次是潜育草甸土和碳酸盐草甸土，气候为温带湿润大陆性季风气候。年平均降水量为427.4 mm，最少只有284 mm，降水最多的月份一般在7月，最少的月份一般在1月。年平均气温3.1 ℃，最低气温出现在1月，平均气温-19.2 ℃，极端最低气温-39.5 ℃。最高气温出现在7月，平均气温22.8 ℃，平均最高气温27.8 ℃，极端最高气温39.9 ℃。平均无霜期为130 d左右，降雪期为150 d左右。雪量平均20～30 cm，积雪日期为120 d左右，最大可出现50 cm以上积雪。冻土日期最短年份为182 d，最长年份为216 d。冻土深度，最大深度为1.8 m，最小深度为1.2 m，年平均深度为1.5 m。

植物学特征：

离穗薹草为被子植物门Angiospermae、单子叶植物纲Monocotyledoneae、莎草目Cyperales、莎草科Cyperaceae、薹草亚科Caricoideae、薹草族Cariceale、薹草属Carex、薹草亚属Subgen. Carex、离穗薹草组Sect. Secalinae。离穗薹草为多年生草本植物，具有以下植物学特征：

根：须根系，根皮红褐色。

茎：具短的根状茎。秆密丛生，高5～25 cm，三棱形，平滑，基部包以淡红棕色的鞘。

叶：叶长于秆，宽2～3 mm，平张，边缘粗糙，下部的叶鞘常为红棕色。苞片叶状，长于小穗，下面的鞘较长，上面的较短。

花：小穗4～5个，间距较短，最下面一个较远离，上端1～2个为雄小穗，棒状，长0.8～1.2 cm，具短柄，超出相邻的雌小穗；其余的为雌小穗，长圆形，长1～1.8 cm，具

离穗薹草——全株

离穗薹草——叶

密生的多数花，上面的小穗具短柄，下面的小穗具稍长的柄，小穗柄常包藏于苞鞘内。雄花鳞片长圆状卵形或披针形，长3.5～4 mm，顶端稍钝或钝，膜质，苍白色，具3条脉，脉间绿色；雌花鳞片卵形或宽卵形，长约3 mm，顶端急尖，苍白色或稍带淡褐黄色，具无色透明的宽边，具3条脉，脉间绿色，脉上微粗糙。

果： 果囊稍斜展，长于鳞片，卵状披针形或长圆状卵形，平凸状三棱形，长5～8 mm，近革质，淡黄绿色，后期稍带淡褐色，无毛，边缘具翅，且呈锯齿状，背面具2～4条脉，基部近圆形，具短柄，上端渐狭为较宽的中等长的喙，喙口膜质，深裂成两齿。小坚果稍松地包于果囊内，长圆形，扁三棱形，长约3～4 mm，深棕色，表面具细小的颗粒状突起，基部具短柄；花柱宿存，扭曲，基部稍增粗，柱头3个。花果期5～7月。

离穗薹草——根

离穗薹草——穗

生物学特征：

产于我国黑龙江、吉林、内蒙古。蒙古、俄罗斯也有分布。生于沼泽地、湖、河岸边湿地。

灰脉薹草

学　　名：*Carex appendiculata* (Trautv.) Kukenth.

采集地点：乌裕尔河中游草甸草原，北纬47°51′，东经124°52′，土壤主要为草甸沼泽土，其次是潜育草甸土和碳酸盐草甸土，气候为温带湿润大陆性季风气候。年平均降水量为427.4 mm，最少只有284 mm，降水最多的月份一般在7月，最少的月份一般在1月。年平均气温3.1 ℃，最低气温出现在1月，平均气温-19.2 ℃，极端最低气温-39.5 ℃。最高气温出现在7月，平均气温22.8 ℃，平均最高气温27.8 ℃，极端最高气温39.9 ℃。平均无霜期为130 d左右，降雪期为150 d左右。雪量平均20～30 cm，积雪日期为120 d左右，最大可出现50 cm以上积雪。冻土日期最短年份为182 d，最长年份为216 d。冻土深度，最大深度为1.8 m，最小深度为1.2 m，年平均深度为1.5 m。

植物学特征：

灰脉薹草为被子植物门Angiospermae、单子叶植物纲Monocotyledoneae、莎草目Cyperales、莎草科Cyperaceae、薹草亚科Caricoideae、薹草族Cariceale、薹草属Carex、薹草亚属Subgen. Carex、急尖薹草组Sect. Acutae、丛薹草亚组Subsect. Caespitosae的植物，具有以下植物学特征：

根：根状茎短，形成踏头。

茎：秆密丛生，高30～75 cm，锐三棱形，粗糙，基部叶鞘无叶片，栗褐色，边缘稍细裂成纤维状。

叶：叶与秆近等长，宽约2 mm，平张，有时内卷，边缘粗糙。苞片最下部的叶状，

灰脉薹草——全株

灰脉薹草——叶

灰脉薹草——穗

灰脉薹草——根

等于或长于花序,无鞘。

花：小穗3~5个,上部1~2个雄性,狭圆柱形,长0.8~2.5 cm;顶生的具柄,侧生的无柄;其余小穗雌性,有时部分小穗顶端具少数雄花,长圆形至狭圆柱形,长1~3 cm,宽3~4 mm,花密生;具短柄或近于无柄。雌花鳞片狭椭圆形,顶端钝,长1.6~2 mm,紫黑色,边缘为狭的白色膜质,中部淡绿色,具1~3脉,其中二侧脉不明显,背面中肋粗糙。

果：果囊长于鳞片,椭圆形,平凸状,长2.2~3 mm,宽为鳞片的2倍,淡绿色,密生小瘤状突起,具脉,顶端急缩成短喙,喙口微凹。小坚果紧包于果囊中,宽倒卵形或倒卵形,平凸状,长约1.5 mm;花柱基部不膨大,柱头2个。花果期6~7月。

生物学特征：

产于我国黑龙江、吉林、内蒙古;生于湿地或沼泽,海拔590 m。分布于朝鲜、俄罗斯(东西伯利亚和远东地区)。

丛薹草

学　　名：*Carex caespitosa* L.

采集地点：乌裕尔河中游草甸草原，北纬47°51′，东经124°52′，土壤主要为草甸沼泽土，其次是潜育草甸土和碳酸盐草甸土，气候为温带湿润大陆性季风气候。年平均降水量为427.4 mm，最少只有284 mm，降水最多的月份一般在7月，最少的月份一般在1月。年平均气温3.1 ℃，最低气温出现在1月，平均气温-19.2 ℃，极端最低气温-39.5 ℃。最高气温出现在7月，平均气温22.8 ℃，平均最高气温27.8 ℃，极端最高气温39.9 ℃。平均无霜期为130 d左右，降雪期为150 d左右。雪量平均20～30 cm，积雪日期为120 d左右，最大可出现50 cm以上积雪。冻土日期最短年份为182 d，最长年份为216 d。冻土深度，最大深度为1.8 m，最小深度为1.2 m，年平均深度为1.5 m。

植物学特征：

丛薹草为被子植物门Angiospermae、单子叶植物纲Monocotyledoneae、莎草目Cyperales、莎草科Cyperaceae、薹草亚科Caricoideae、薹草族Cariceale、薹草属Carex、薹草亚属Subgen. Carex、急尖薹草组Sect. Acutae、丛薹草亚组Subsect. Caespitosae。丛薹草为多年生草本植物，具有以下植物学特征：

根：根状茎短，形成踏头。

茎：茎秆密丛生，高40～90 cm，纤细，三棱形，基部叶鞘无叶片，紫红褐色或红褐色，边缘网状分裂。

叶：叶短于秆，宽2～3.5 mm，平张，边缘稍外卷，粗糙。苞片刚毛状，与小穗近等长，

丛薹草——全株

丛薹草——根

无鞘。

花：小穗3～4个，接近，顶生小穗雄性，线形或长圆形，长2～3 cm；其余小穗雌性，有时顶部具少数雄花，长圆形或圆柱形，长0.5～2.5 cm，宽3～5 mm，具短柄。雄花鳞片褐色，中部色淡，具1脉；雌花鳞片狭卵形，顶端钝，紫褐色或锈褐色，中部淡绿色，具1脉，边缘白色膜质。果囊卵形至椭圆形，稀为卵圆形，近双凸状或平凸状，长2～2.5（3）mm，宽1.2 mm，灰绿色或淡绿褐色，密生小瘤状突起，无脉或具1～3条不明显的脉，基部渐狭为楔形，具短柄，顶端收缩为短喙，喙口近乎全缘。

果：小坚果紧包于果囊中，宽倒卵形或倒卵形，双凸状，长约1.5 mm，基部具短柄；花柱基部不膨大，柱头2个；花果期6～7月。

丛薹草——叶

丛薹草——穗

生物学特征：

产自我国黑龙江、吉林、内蒙古、陕西、青海、新疆；生于沼泽和湿地。分布于瑞典、芬兰、俄罗斯（高加索、西伯利亚、远东地区）、朝鲜、日本。

翼果薹草

学　　名：*Carex neurocarpa* Maxim.

采集地点：乌裕尔河中游草甸草原，北纬47°51′，东经124°52′，土壤主要为草甸沼泽土，其次是潜育草甸土和碳酸盐草甸土，气候为温带湿润大陆性季风气候。年平均降水量为427.4 mm，最少只有284 mm，降水最多的月份一般在7月，最少的月份一般在1月。年平均气温3.1 ℃，最低气温出现在1月，平均气温−19.2 ℃，极端最低气温−39.5 ℃。最高气温出现在7月，平均气温22.8 ℃，平均最高气温27.8 ℃，极端最高气温39.9 ℃。平均无霜期为130 d左右，降雪期为150 d左右。雪量平均20～30 cm，积雪日期为120 d左右，最大可出现50 cm以上积雪。冻土日期最短年份为182 d，最长年份为216 d。冻土深度，最大深度为1.8 m，最小深度为1.2 m，年平均深度为1.5 m。

植物学特征：

翼果薹草为被子植物门Angiospermae、单子叶植物纲Monocotyledoneae、莎草目Cyperales、莎草科Cyperaceae、薹草亚科Caricoideae、薹草族Cariceale、薹草属Carex、二柱薹草亚属Subgen. Vignea、多花薹草组Sect. PHleoideae。翼果薹草为多年生草本植物，具有以下植物学特征：

根：须根系，根系较长，呈土黄色。

茎：根状茎短，木质。秆丛生，全株密生锈色点线，高15～100 cm，宽约2 mm，粗壮，

翼果薹草——全株

翼果薹草——根

翼果薹草——穗

扁钝三棱形，平滑，基部叶鞘无叶片，淡黄锈色。

叶： 叶短于或长于秆，宽2～3 mm，平张，边缘粗糙，先端渐尖，基部具鞘，鞘腹面膜质，锈色。苞片下部叶状，显著长于花序，无鞘，上部刚毛状。

花： 小穗多数，雄雌顺序，卵形，长5～8 mm；穗状花序紧密，呈尖塔状圆柱形，长2.5～8 cm，宽1～1.8 cm。雄花鳞片长圆形，长2.8～3 mm，锈黄色，密生锈色点线；雌花鳞片卵形至长圆状椭圆形，顶端急尖，具芒尖，基部近圆形，长2～4 mm，宽约1.5 mm，锈黄色，密生锈色点线。

翼果薹草——叶

果： 果囊长于鳞片，卵形或宽卵形，长2.5～4 mm，稍扁，膜质，密生锈色点线，两面具多条细脉，无毛，中部以上边缘具宽而微波状不整齐的翅，锈黄色，上部通常具锈色点线，基部近圆形，里面具海绵状组织，有短柄，顶端急缩成喙，喙口2齿裂。小坚果疏松地包于果囊中，卵形或椭圆形，平凸状，长约1 mm，淡棕色，平滑，有光泽，具短柄，顶端具小尖头。花果期6～8月。

生物学特征：

产自我国黑龙江、吉林、辽宁、内蒙古、河北、山西、陕西、甘肃、山东、江苏、安徽、河南；生于水边湿地或草丛中，海拔100～1 700 m。分布于俄罗斯(远东地区)、朝鲜、日本。

药用价值：

翼果薹草对单纯疱疹病毒有抑制作用。

饲用价值：

翼果薹草可作饲料。

葶 苈

学　　名：*Draba nemorosa* L.

别　　名：葶苈子、宽叶葶苈、光果葶苈。

采集地点：乌裕尔河中游草甸草原，北纬47°51′，东经124°52′，土壤主要为草甸沼泽土，其次是潜育草甸土和碳酸盐草甸土，气候为温带湿润大陆性季风气候。年平均降水量为427.4 mm，最少只有284 mm，降水最多的月份一般在7月，最少的月份一般在1月。年平均气温3.1 ℃，最低气温出现在1月，平均气温-19.2 ℃，极端最低气温-39.5 ℃。最高气温出现在7月，平均气温22.8 ℃，平均最高气温27.8 ℃，极端最高气温39.9 ℃。平均无霜期为130 d左右，降雪期为150 d左右。雪量平均20～30 cm，积雪日期为120 d左右，最大可出现50 cm以上积雪。冻土日期最短年份为182 d，最长年份为216 d。冻土深度，最大深度为1.8 m，最小深度为1.2 m，年平均深度为1.5 m。

植物学特征：

葶苈为被子植物门Angiospermae、双子叶植物纲 Dicotyledoneae、原始花被亚纲 Archichlamydeae、罂粟目 Rhoeadales、白花菜亚目Capparineae、十字花科Cruciferae、葶苈族Trib. Drabeae、葶苈属Draba、短柱葶苈组Sect. Drabella。葶苈为一年或两年生草本植物，具有以下植物学特征：

根：直根系，有分枝。

茎：茎直立，高5～45 cm，单一或分枝，疏生叶片或无叶，但分枝茎有叶片；下部密生单毛、叉状毛和星状毛，上部渐稀至无毛。

叶：基生叶莲座状，长倒卵形，顶端稍钝，边缘有疏细齿或近于全缘；茎生叶长卵形或卵形，顶端尖，基部楔形或渐圆，边缘有细齿，无柄，上面被单毛和叉状毛，下面以星状毛为多。

葶苈——全株

葶苈——根

葶苈——茎、叶　　　　葶苈——花　　　　葶苈——花

花：总状花序有花25～90朵，密集成伞房状，花后显著伸长，疏松，小花梗细，长5～10 mm；萼片椭圆形，背面略有毛；花瓣黄色，花期后成白色，倒楔形，长约2 mm，顶端凹；雄蕊长1.8～2 mm；花药短心形；雌蕊椭圆形，密生短单毛，花柱几乎不发育，柱头小；花期3～4月上旬。

果：短角果长圆形或长椭圆形，长4～10 mm，宽1.1～2.5 mm，被短单毛；果梗长8～25 mm，与果序轴成直角开展，或近于直角向上开展；果期5～6月。

种子：种子椭圆形，褐色，种皮有小疣。

生物学特征：

分布较广，我国东北、华北、华东的江苏和浙江、西北、西南的四川及西藏均有分布。生于田边、路旁、山坡、草地及河谷湿地。北温带其他地区都有分布。

药用价值：

葶苈以种子入药，主要功用是泻肺降气、消肿除痰、止咳定喘。北葶苈子，呈扁卵形，长1～1.5 mm，宽0.5～1 mm。表面棕色或红棕色，微有光泽，具纵沟2条，其中1条较明显。一端钝圆，另一端尖而微凹，类白色，种脐位于凹入端。无臭，味微辛辣，黏性较强。南葶苈子，呈长圆形略扁，长约1 mm，宽约0.5 mm。一端钝圆，另一端微凹或较平截。味微辛、苦，略带黏性。

经济价值：

葶苈种子含油，可供制皂工业用。

荠

学　　名：*Capsella bursa-pastoris* (L.) Medic.
别　　名：荠菜、菱角菜、地米菜、芥。

采集地点：乌裕尔河中游草甸草原,北纬47°51′,东经124°52′,土壤主要为草甸沼泽土,其次是潜育草甸土和碳酸盐草甸土,气候为温带湿润大陆性季风气候。年平均降水量为427.4 mm,最少只有284 mm,降水最多的月份一般在7月,最少的月份一般在1月。年平均气温3.1 ℃,最低气温出现在1月,平均气温-19.2 ℃,极端最低气温-39.5 ℃。最高气温出现在7月,平均气温22.8 ℃,平均最高气温27.8 ℃,极端最高气温39.9 ℃。平均无霜期为130 d左右,降雪期为150 d左右。雪量平均20～30 cm,积雪日期为120 d左右,最大可出现50 cm以上积雪。冻土日期最短年份为182 d,最长年份为216 d。冻土深度,最大深度为1.8 m,最小深度为1.2 m,年平均深度为1.5 m。

植物学特征：

荠为被子植物门Angiospermae、双子叶植物纲Dicotyledoneae、原始花被亚纲Archichlamydeae、罂粟目Rhoeadales、白花菜亚目Capparineae、十字花科Cruciferae、独行菜族Trib. Lepidieae、荠属Capsella。荠为一年或两年生草本植物,具有以下植物学特征:

根:直根系,主根上有须根。

茎:高(7～)10～50 cm,无毛、有单毛或分叉毛;茎直立,单一或从下部分枝。

叶:基生叶丛生呈莲座状,大头羽状分裂,长可达12 cm,宽可达2.5 cm,顶裂片卵形至长圆形,长5～30 mm,宽2～20 mm,侧裂片3～8对,长圆形至卵形,长5～15 mm,顶端渐尖,浅裂或有不规则粗锯齿或近全缘,叶柄长5～40 mm;茎生叶窄披针形或披针形,长5～6.5 mm,宽2～15 mm,基部箭形,抱茎,边缘有缺刻或锯齿。

花:荠的花为总状花序顶生及腋生,果期延长达20 cm;花梗长3～8 mm;萼片

荠——全株　　　　　荠——根　　　　　荠——叶

长圆形,长1.5～2 mm;花瓣白色,卵形,长2～3 mm,有短爪。

果:短角果倒三角形或倒心状三角形,长5～8 mm,宽4～7 mm,扁平,无毛,顶端微凹,裂瓣具网脉;花柱长约0.5 mm;果梗长5～15 mm;花果期4～6月。

种子:种子2行,长椭圆形,长约1 mm,浅褐色。

生物学特征:

荠生长在山坡、田边及路旁,野生,偶有栽培。我国各省区均有分布,全世界温带地区广

荠——花

荠——果

泛分布。荠属耐寒蔬菜,喜冷凉湿润的气候,种子发芽适温为20～25 ℃,生长适温为12～20 ℃。气温低于10 ℃,高于22 ℃时,生长缓慢,湿度高,品质差。荠对土壤要求不严,但是肥沃疏松的土壤能使其生长旺盛,叶片肥嫩,品质好。对土壤pH值要求为中性或微酸性。

食用价值:

据现代科学分析,荠不仅味美可口,而且营养丰富,荠每百克含水分85.1 g、蛋白质5.3 g、脂肪0.4 g、碳水化合物6 g、钙420 mg、磷73 mg、铁6.3 mg、胡萝卜素3.2 mg、维生素B_1 0.14 mg、维生素B_2 0.19 mg、尼克酸0.7 mg、维生素C 55 mg,还含有黄酮甙、胆碱、乙酰胆碱等。荠所含的蛋白质、钙、维生素C尤多,钙含量超过豆腐,胡萝卜素含量与胡萝卜相仿。荠为野菜中味最鲜美者,是因为它富含氨基酸达11种之多。

药用价值:

荠的药用价值很高,荠性味甘平,具有和脾、利水、止血、明目的功效。用于治疗痢疾、水肿、淋病、乳糜尿、吐血、便血、血崩、月经过多、目赤肿疼等。所含的二硫酚

硫酮，具有抗癌作用。

荠含有大量的粗纤维，食用后可增强大肠蠕动，促进排泄，从而增进新陈代谢，有助于防治高血压、冠心病、肥胖症、糖尿病、肠癌及痔疮等。

荠所含的荠菜酸，是有效的止血成分，能缩短出血及凝血时间，还含有香味木昔，可降低毛细血管的渗透性，起到治疗毛细血管性出血的作用。

荠含丰富的维生素C和胡萝卜素，有助于增强机体免疫功能，还能降低血压、健胃消食，治疗胃痉挛、胃溃疡、痢疾、肠炎等病。因胡萝卜素为维生素A原，所以是治疗干眼病、夜盲症的良好食物。

荠所含的登皮甙能够消炎抗菌，有增强体内维生素C的含量，还能抗病毒，预防冻伤，对糖尿病性白内障病人也有疗效。

荠含有乙酰胆碱、谷甾醇和季胺化合物，不仅可以降低血中及肝中的胆固醇和甘油三酯的含量，而且还有降低血压的作用。

经济价值：

荠生长期短，可一次播种多次采收，周年供应，且因其为纯天然无公害野生保健食品，在人民日益重视营养与保健的今天，荠越来越受人们的青睐，是一种有发展前途的绿叶蔬菜。荠种子含油20%～30%，属干性油，供制油漆及肥皂用。

植物文化：

荠菜美名远扬，历代好美食文人的咏荠菜诗如：北宋杰出的思想家、政治家、文学家范仲淹的《荠赋》："陶家瓮内，淹成碧绿青黄；措大口中，嚼出宫商角征。"清杰出画家郑板桥的《三春荠菜饶有味》："三春荠菜饶有味，九熟樱桃最有名。清兴不辜诸酒伴，令人忘却异乡情。"

北宋著名文学家、书法家、画家苏轼则有《与徐十二书》："今日食荠极美，虽不甘于五味，而有味外之美，其法取荠一二升许，净择，入淘米三合，冷水三升，生姜不去皮，捶两指大同入釜中，浇生油一砚壳，当于羹面上，不得入盐醋，君若知此味，则陆海八珍，皆可鄙厌也。"

民间历来有荠菜崇拜，百姓认为春天食用荠菜，应时而食，可以驱邪明目，吉祥而健身。所以，江南甚至还有农历三月三为荠菜生日的说法；南京有"三月三，荠菜花煮鸡蛋"的习俗，可以消灾辟邪，祈求吉祥平安。

山 菥 蓂

学　　名：*Thlaspi cochleariforme* de Candolle
别　　名：山遏蓝菜。
采集地点：乌裕尔河中游草甸草原，北纬47°51′，东经124°52′，土壤主要为草甸沼泽土，其次是潜育草甸土和碳酸盐草甸土，气候为温带湿润大陆性季风气候。年平均降水量为427.4 mm，最少只有284 mm，降水最多的月份一般在7月，最少的月份一般在1月。年平均气温3.1 ℃，最低气温出现在1月，平均气温-19.2 ℃，极端最低气温-39.5 ℃。最高气温出现在7月，平均气温22.8 ℃，平均最高气温27.8 ℃，极端最高气温39.9 ℃。平均无霜期为130 d左右，降雪期为150 d左右。雪量平均20～30 cm，积雪日期为120 d左右，最大可出现50 cm以上积雪。冻土日期最短年份为182 d，最长年份为216 d。冻土深度，最大深度为1.8 m，最小深度为1.2 m，年平均深度为1.5 m。

植物学特征：

山菥蓂为被子植物门 Angiospermae、双子叶植物纲 Dicotyledoneae、原始花被亚纲 Archichlamydeae、罂粟目 Rhoeadales、白花菜亚目 Capparineae、十字花科 Cruciferae、独行菜族 Trib. Lepidieae、菥蓂属 Thlaspi。山菥蓂为多年生草本植物，具有以下植物学特征：

根：根状茎，径3～4 mm，有残存叶基。

茎：株高7～30 cm，无毛；茎多数，直立。

山菥蓂——全株

山菥蓂——根

山菥蓂——茎、叶

山菥蓂——花

叶：基生叶莲座状，匙形或长圆倒卵形，长1.5～2 cm，宽5～8 mm，顶端圆形，基部渐狭，近全缘或疏生数枚浅锯齿，叶柄长1～1.5 cm；茎生叶卵状心形，长1～1.5 cm，抱茎，顶端急尖，全缘或有不明显锯齿。

花：总状花序在果期长达16 cm；花白色，直径4～5 mm；花梗长3～5 mm；萼片卵形，长2～3 mm；花瓣倒卵形，长4 mm，顶端稍凹缺。

果：短角果长圆倒卵形，长7～10 mm，宽2～4 mm，顶端稍凹缺，略有翅，具1明显中脉；花柱长1～2 mm；果梗长约1 cm，水平开展或斜上；花果期6～7月。

种子：种子每室3～4个，卵形，长1～1.5 mm，棕色。

生物学特征：

分布于我国黑龙江、吉林、辽宁、内蒙古、河北(围场)、甘肃(岷县)、西藏。生在山坡、草地。俄罗斯欧洲部分、西伯利亚、中亚以及喜马拉雅地区均有分布。生于林区，山坡、草地及林缘。

诸 葛 菜

学　　　名：*Orychophragmus violaceus* (Linnaeus) O. E. Schulz

别　　　名：二月兰、紫金菜、菜籽花、短梗南芥、毛果诸葛菜、缺刻叶诸葛菜、湖北诸葛菜。

采集地点：乌裕尔河中游草甸草原，北纬47°51′，东经124°52′，土壤主要为草甸沼泽土，其次是潜育草甸土和碳酸盐草甸土，气候为温带湿润大陆性季风气候。年平均降水量为427.4 mm，最少只有284 mm，降水最多的月份一般在7月，最少的月份一般在1月。年平均气温3.1 ℃，最低气温出现在1月，平均气温-19.2 ℃，极端最低气温-39.5 ℃。最高气温出现在7月，平均气温22.8 ℃，平均最高气温27.8 ℃，极端最高气温39.9 ℃。平均无霜期为130 d左右，降雪期为150 d左右。雪量平均20～30 cm，积雪日期为120 d左右，最大可出现50 cm以上积雪。冻土日期最短年份为182 d，最长年份为216 d。冻土深度，最大深度为1.8 m，最小深度为1.2 m，年平均深度为1.5 m。

植物学特征：

诸葛菜为被子植物门Angiospermae、双子叶植物纲Dicotyledoneae、原始花被亚纲Archichlamydeae、罂粟目Rhoeadales、白花菜亚目Capparineae、十字花科Cruciferae、芸苔族Trib. Brassiceae、诸葛菜属Orychophragmus。诸葛菜为一年或两年生草本植物，具有以下植物学特征：

根：直根系，根下部有少量的分枝。

茎：株高10～50 cm，茎单一，直立，基部或上部稍有分枝，浅绿色或带紫色。

叶：基生叶及下部茎生叶大头羽状全裂，顶裂片近圆形或短卵形，长3～7 cm，宽2～3.5 cm，顶端钝，基部心形，有钝齿，侧裂片2～6对，卵形或三角状卵形，长3～10 mm，越向下越小，偶在叶轴上杂有极小裂片，全缘或有牙齿，叶柄长2～4 cm，

诸葛菜——全株

诸葛菜——茎

诸葛菜——根

诸葛菜——花

诸葛菜——叶

诸葛菜——花蕾

疏生细柔毛；上部叶长圆形或窄卵形，长4～9 cm，顶端急尖，基部耳状，抱茎，边缘有不整齐牙齿。

花：花紫色、浅红色或褪成白色，直径2～4 cm；花梗长5～10 mm；花萼筒状，紫色，萼片长约3 mm；花瓣宽倒卵形，长1～1.5 cm，宽7～15 mm，密生细脉纹，爪长3～6 mm；花期4～5月。

果：长角果线形，长7～10 cm。具4棱，裂瓣有1凸出中脊，喙长1.5～2.5 cm；果梗长8～15 mm。果期5～6月。

种子：种子卵形至长圆形，长约2 mm，稍扁平，黑棕色，有纵条纹。

生物学特征：

产于我国黑龙江、吉林、辽宁、河北、山西、山东、河南、安徽、江苏、浙江、湖北、江西、陕西、甘肃、四川等地。生在平原、山地、路旁或地边，对土壤光照等条件要求较低，耐寒旱，生命力顽强。诸葛菜适应性、耐寒性强，少有病虫害。朝鲜也有分布。

食用价值：

作为早春常见野菜，诸葛菜嫩茎叶生长量较大，营养丰富。据测定，每100 g鲜品中含胡萝卜素3.32 mg、维生素B_2 0.16 mg、维生素C 59 mg。嫩茎叶用开水泡后，再放在冷开水中浸泡，直至无苦味时即可炒食。种子含油量高达50%以上，特别是其亚油酸比例较高，是很好的油料植物，种子可榨油。

园林价值：

诸葛菜对土壤要求不高，一般园土均能生长，也可适应中性或弱碱性土壤。在肥沃、湿润、阳光充足的环境下生长健壮，在阴湿环境中也表现出良好的性状。由于自播生长能力强，即使在荒坡及较干燥地方也有较好的景观绿化效果。耐阴性强，在具有一定散射光的情况下，可以正常生长、开花、结实。在早春时节更是花开成片。是理想的园林阴处或林下地被植物，也可以用作花径栽培。

山芥叶蔊菜

学　　名：*Rorippa barbareifolia* (DC.) Kitag.

采集地点：乌裕尔河中游草甸草原，北纬47°51′，东经124°52′，土壤主要为草甸沼泽土，其次是潜育草甸土和碳酸盐草甸土，气候为温带湿润大陆性季风气候。年平均降水量为427.4 mm，最少只有284 mm，降水最多的月份一般在7月，最少的月份一般在1月。年平均气温3.1 ℃，最低气温出现在1月，平均气温-19.2 ℃，极端最低气温-39.5 ℃。最高气温出现在7月，平均气温22.8 ℃，平均最高气温27.8 ℃，极端最高气温39.9 ℃。平均无霜期为130 d左右，降雪期为150 d左右。雪量平均20～30 cm，积雪日期为120 d左右，最大可出现50 cm以上积雪。冻土日期最短年份为182 d，最长年份为216 d。冻土深度，最大深度为1.8 m，最小深度为1.2 m，年平均深度为1.5 m。

植物学特征：

山芥叶蔊菜为被子植物门Angiospermae、双子叶植物纲Dicotyledoneae、原始花被亚纲Archichlamydeae、罂粟目Rhoeadales、白花菜亚目Capparineae、十字花科Cruciferae、南芥族Trib. Arabideae、蔊菜属Rorippa。山芥叶蔊菜为一年或两年生草本植物，具有以下植物学特征：

根：主根退化，多分枝根生长旺盛，白色。

茎：株高20～100 cm。茎直立，分枝或不分枝，植株具白色长柔毛，上部毛渐少。

叶：单叶互生，茎基及茎下部叶长椭圆状披针形，羽状深裂至羽状全裂，顶端裂片大，侧裂片3～5对，由上至下渐缩小，边缘具不整齐锯齿，具叶柄，柄长10～20 cm，基部呈耳状，抱茎；茎上部叶近无柄，裂片边缘裂齿稍浅。

花：总状花序生枝顶，密集成圆锥状，花小，黄色；萼片椭圆形，长2～2.5 mm；花瓣倒卵形，基部具短爪，稍短于萼片；雄蕊6，分离。

山芥叶蔊菜——全株

山芥叶蔊菜——叶

山芥叶蔊菜——花

山芥叶蔊菜——根

果： 短角果近球形，长2～4 mm，宽2～3 mm，成熟时4瓣裂，花柱短，宿存，花果期6～8月。

种子： 种子细小，淡褐色，长椭圆形，子叶缘倚胚根。

生物学特征：

产于我国黑龙江、吉林、辽宁，生于林边路旁、河岸及潮湿地。俄罗斯也有分布。

播 娘 蒿

学　　名：*Descurainia sophia* (L.) Webb ex Prantl
别　　名：大蒜芥、米米蒿、麦蒿。
采集地点：乌裕尔河中游草甸草原，北纬47°51′，东经124°52′，土壤主要为草甸沼泽土，其次是潜育草甸土和碳酸盐草甸土，气候为温带湿润大陆性季风气候。年平均降水量为427.4 mm，最少只有284 mm，降水最多的月份一般在7月，最少的月份一般在1月。年平均气温3.1 ℃，最低气温出现在1月，平均气温-19.2 ℃，极端最低气温-39.5 ℃。最高气温出现在7月，平均气温22.8 ℃，平均最高气温27.8 ℃，极端最高气温39.9 ℃。平均无霜期为130 d左右，降雪期为150 d左右。雪量平均20～30 cm，积雪日期为120 d左右，最大可出现50 cm以上积雪。冻土日期最短年份为182 d，最长年份为216 d。冻土深度，最大深度为1.8 m，最小深度为1.2 m，年平均深度为1.5 m。

植物学特征：

播娘蒿为被子植物门Angiospermae、双子叶植物纲Dicotyledoneae、原始花被亚纲Archichlamydeae、罂粟目Rhoeadales、白花菜亚目Capparineae、十字花科Cruciferae、大蒜芥族Trib. Sisymbrieae、播娘蒿亚族Subtrib. Descurainiinae、播娘蒿属Descurainia。播娘蒿为一年生草本植物，具有以下植物学特征：

根：直根系，多分枝。

播娘蒿——全株

播娘蒿——根

播娘蒿——叶　　　　　　播娘蒿——茎　　　　　　播娘蒿——花

茎：株高20～80 cm，茎直立，分枝多，常于下部成淡紫色，有毛或无毛，毛为叉状毛。

叶：以下部茎生叶为多，向上渐少。叶为3回羽状深裂，长2～12（～15）cm，末端裂片条形或长圆形，裂片长（2～）3～5（～10）mm，宽0.8～1.5（～2）mm，下部叶具柄，上部叶无柄。

花：花序伞房状，果期伸长；萼片直立，早落，长圆条形，背面有分叉细柔毛；花瓣黄色，长圆状倒卵形，长2～2.5 mm，或稍短于萼片，具爪；雄蕊6枚，比花瓣长三分之一；花期4～5月。

果：长角果圆筒状，长2.5～3 cm，宽约1 mm，无毛，稍内曲，与果梗不成1条直线，果瓣中脉明显；果梗长1～2 cm。

种子：种子每室1行，种子形小，多数，长圆形，长约1 mm，稍扁，淡红褐色，表面有细网纹。

生物学特征：
除华南外全国各地均产，生于山坡、田野及农田。亚洲、欧洲、非洲及北美洲均有分布。

药用价值：
种子可药用，有利尿消肿、祛痰定喘的效用。气微，味微辛、苦。

经济价值：
种子含油40%，油工业用，并可食用。

独 行 菜

学　　名：*Lepidium apetalum* Willd

别　　名：腺独行菜(东北植物检索表)、腺茎独行菜(《秦岭植物志》)、北葶苈子、昌古、辣辣菜、拉拉罐、拉拉罐子、辣辣根、羊拉拉、小辣辣、羊辣罐、辣麻麻。

采集地点：乌裕尔河中游草甸草原,北纬47°51′,东经124°52′,土壤主要为草甸沼泽土,其次是潜育草甸土和碳酸盐草甸土,气候为温带湿润大陆性季风气候。年平均降水量为427.4 mm,最少只有284 mm,降水最多的月份一般在7月,最少的月份一般在1月。年平均气温3.1 ℃,最低气温出现在1月,平均气温-19.2 ℃,极端最低气温-39.5 ℃。最高气温出现在7月,平均气温22.8 ℃,平均最高气温27.8 ℃,极端最高气温39.9 ℃。平均无霜期为130 d左右,降雪期为150 d左右。雪量平均20~30 cm,积雪日期为120 d左右,最大可出现50 cm以上积雪。冻土日期最短年份为182 d,最长年份为216 d。冻土深度,最大深度为1.8 m,最小深度为1.2 m,年平均深度为1.5 m。

植物学特征：

独行菜为被子植物门Angiospermae、双子叶植物纲 Dicotyledoneae、原始花被亚纲Archichlamydeae、罂粟目 Rhoeadales、白花菜亚目Capparineae、十字花科Cruciferae、独行菜族Trib. Lepidieae、独行菜属Lepidium、少蕊组Sect. Lepidium。独行菜为一年或两年生草本植物,具有以下植物学特征：

根：直根系,主根上着生根须。

茎：株高5~30 cm。茎直立,有分枝,无毛或具微小头状毛。

叶：基生叶窄匙形,一回羽状浅裂或深裂,长3~5 cm,宽1~1.5 cm；叶柄长1~2 cm；茎上部叶线形,有疏齿或全缘。

花：总状花序在果期可延长至5 cm；萼片早落,卵形,长约0.8 mm,外面有柔毛；花瓣不存或退化成丝状,比萼片短；雄蕊2或4。

独行菜——全株　　　　独行菜——根　　　　独行菜——茎、叶

果：短角果近圆形或宽椭圆形，扁平，长2～3 mm，宽约2 mm，顶端微缺，上部有短翅，隔膜宽不到1 mm；果梗弧形，长约3 mm；花果期5～7月。

种子：种子椭圆形，长约1 mm，平滑，棕红色。

生物学特征：

产自我国东北、华北、江苏、浙江、安徽、西北、西南。生在海拔400～2 000 m山坡、山沟、路旁及村庄附近。为常见的田间杂草。俄罗斯欧洲部分，亚洲东部及中部，喜马拉雅地区均有分布。独行菜的生育期很短，在哈尔滨从播种到出苗3～6 d，从出苗到开花25～28 d，再经25 d左右种子成熟。在佛山，10月中旬播种，2 d后出苗，出苗后1个月开花，再经过30 d种子成熟。独行菜的生长发育过程分为发芽期：从播种至子叶展平。时间3～6 d。如果条件适合，例如在23～25 ℃下，播种后2 d就可出苗。早春露地直播，由于温度低，出苗慢。幼苗期：从子叶展平至6～8片真叶形成，开始抽薹为止。约历时15 d。在幼苗期，独行菜就可以陆续进行收获了。抽薹期：从植株开始抽薹至开始开花。此期历时约12～15 d左右。开花结实期：从植株开始开花到种子成熟为止。一般花谢后25～30 d种子成熟。在北方的哈尔滨5月上旬露地直播的独行菜，花期为6月，7月种子成熟；在南方的佛山，露地直播的独行菜，在播种后30～45 d开花，经1个月种子成熟。

独行菜——果

食用价值：

嫩叶作野菜食用。

药用价值：

独行菜的种子：清热止血，泻肺平喘，行水消肿。用于痰涎壅肺、咳喘痰多、胸胁胀满、不得平卧、肺炎高热、痰多喘急、肺源性心脏病水肿、胸腹水肿、小便淋痛。种子的70%乙醇提取物中有强心成分。独行菜的茎叶：水煎液浓缩物制成干糖浆，用于肠炎、腹泻及细菌性痢疾。独行菜味苦、辛，性寒。藏药认为独行菜全草或种子治疗高血压、风湿、水肿、结膜炎、乳糜尿、久痢和各种出血、小儿消化不良(《藏本草》)。

其他：

种子作葶苈子用，亦可榨油。

密花独行菜

学　　名：*Lepidium densiflorum* Schrader

采集地点：乌裕尔河中游草甸草原，北纬47°51′，东经124°52′，土壤主要为草甸沼泽土，其次是潜育草甸土和碳酸盐草甸土，气候为温带湿润大陆性季风气候。年平均降水量为427.4 mm，最少只有284 mm，降水最多的月份一般在7月，最少的月份一般在1月。年平均气温3.1 ℃，最低气温出现在1月，平均气温-19.2 ℃，极端最低气温-39.5 ℃。最高气温出现在7月，平均气温22.8 ℃，平均最高气温27.8 ℃，极端最高气温39.9 ℃。平均无霜期为130 d左右，降雪期为150 d左右。雪量平均20～30 cm，积雪日期为120 d左右，最大可出现50 cm以上积雪。冻土日期最短年份为182 d，最长年份为216 d。冻土深度，最大深度为1.8 m，最小深度为1.2 m，年平均深度为1.5 m。

植物学特征：

密花独行菜为被子植物门Angiospermae、双子叶植物纲Dicotyledoneae、原始花被亚纲Archichlamydeae、罂粟目Rhoeadales、白花菜亚目Capparineae、十字花科Cruciferae、独行菜族Trib. Lepidieae、独行菜属Lepidium、少蕊组Sect. Lepidium的一年生草本植物，具有以下植物学特征：

根：主根明显，有分枝，侧根较多而长，呈黄褐色。

茎：高达10～30 cm，茎单一，直立，上部分枝，具疏生柱状短柔毛。

叶：基生叶长圆形或椭圆形，长1.5～3.5 cm，宽5～10 mm，顶端急尖，基部渐狭，羽状分裂，边缘有不规则深锯齿；叶柄长5～15 mm；茎下部及中部叶长圆波针形或线形，边缘有不规则缺刻状尖锯齿，有短叶柄；茎上部叶线形，边缘疏生锯齿或近全缘，近无柄；所有叶上面无毛，下面有短柔毛。

密花独行菜——全株

密花独行菜——根

密花独行菜——果

花： 总状花序有多数密生花，果期伸长；萼片卵形，长约0.5 mm；无花瓣或花瓣退化成丝状，远短于萼片；雄蕊2；花期5~6月。

果： 短角果圆状倒卵形，长2~2.5 mm，顶端圆钝，微缺，有翅，无毛，果期6~7月。

种子： 种子卵形，长约1.5 mm，黄褐色，有不明显窄翅。

生物学特征：

产于我国黑龙江、辽宁。生在海滨、沙地、农田边及路边。北美原产，传播至朝鲜、欧洲。在我国东北为归化植物，日本也有记录。

垂果南芥

学　　名：*Arabis pendula* L.

别　　名：唐芥、扁担蒿(四川)、野白菜(内蒙古)、大蒜芥(新疆)、毛果南芥、疏毛垂果南芥、粉绿垂果南芥。

采集地点：乌裕尔河中游草甸草原，北纬47°51′，东经124°52′，土壤主要为草甸沼泽土，其次是潜育草甸土和碳酸盐草甸土，气候为温带湿润大陆性季风气候。年平均降水量为427.4 mm，最少只有284 mm，降水最多的月份一般在7月，最少的月份一般在1月。年平均气温3.1 ℃，最低气温出现在1月，平均气温-19.2 ℃，极端最低气温-39.5 ℃。最高气温出现在7月，平均气温22.8 ℃，平均最高气温27.8 ℃，极端最高气温39.9 ℃。平均无霜期为130 d左右，降雪期为150 d左右。雪量平均20～30 cm，积雪日期为120 d左右，最大可出现50 cm以上积雪。冻土日期最短年份为182 d，最长年份为216 d。冻土深度，最大深度为1.8 m，最小深度为1.2 m，年平均深度为1.5 m。

植物学特征：

垂果南芥为被子植物门Angiospermae、双子叶植物纲Dicotyledoneae、原始花被亚纲Archichlamydeae、罂粟目Rhoeadales、白花菜亚目Capparineae、十字花科Cruciferae、南芥族Trib. Arabideae、南芥属Arabis的两年生草本植物，具有以下植物学特征：

根：主根圆锥状直立，粗壮，少分枝，侧根短而少，呈黄白色。

茎：高30～150 cm，全株被硬单毛、杂有2～3叉毛。茎直立，上部有分枝。

叶：茎下部的叶长椭圆形至倒卵形，长3～10 cm，宽1.5～3 cm，顶端渐尖，边缘有浅锯齿，基部渐狭而成叶柄，长达1 cm；茎上部的叶狭长椭圆形至披针形，较下部的叶

垂果南芥——全株

垂果南芥——根

略小,基部呈心形或箭形,抱茎,上面黄绿色至绿色。

花：总状花序顶生或腋生,有花10几朵;萼片椭圆形,长2～3 mm,背面被有单毛、2～3叉毛及星状毛,花蕾期更密;花瓣白色、匙形,长3.5～4.5 mm,宽约3 mm;花期6～9月。

果：长角果线形,长4～10 cm,宽1～2 mm,弧曲,下垂,果期7～10月。

种子：种子每室1行,种子椭圆形,褐色,长1.5～2 mm,边缘有环状的翅。

垂果南芥——茎、叶　　　　　　　　　垂果南芥——果

生物学特征：

产于我国黑龙江、吉林、辽宁、内蒙古、河北、山西、湖北、陕西、甘肃、青海、新疆、四川、贵州、云南、西藏。生于山坡、路旁、河边草丛中及高山灌木林下和荒漠地区,海拔1 500～3 600 m。亚洲北部和东部也有分布。

药用价值：

垂果南芥果实可以入药,又名文珠日-赫其(蒙名)。秋季采收,晒干酒炒。性味：辛,平。功能主治：清热,解毒,消肿。治疮痈肿毒。

附方：

治痈肿：垂果南芥适量,煎汤熏洗。

治阴道炎,阴道滴虫：垂果南芥一钱,荆芥一钱,蔓荆子两钱,益母草三钱,玉竹三钱,一支蒿两钱,共研细末,每日一次,每次一钱五分,煎汤服。

铁 苋 菜

学　　名：*Acalypha australis* L.
别　　名：血见愁、海蚌含珠、蚌壳草、蛤蜊花。
采集地点：乌裕尔河中游草甸草原，北纬47°51′，东经124°52′，土壤主要为草甸沼泽土，其次是潜育草甸土和碳酸盐草甸土，气候为温带湿润大陆性季风气候。年平均降水量为427.4 mm，最少只有284 mm，降水最多的月份一般在7月，最少的月份一般在1月。年平均气温3.1 ℃，最低气温出现在1月，平均气温−19.2 ℃，极端最低气温−39.5 ℃。最高气温出现在7月，平均气温22.8 ℃，平均最高气温27.8 ℃，极端最高气温39.9 ℃。平均无霜期为130 d左右，降雪期为150 d左右，雪量平均20～30 cm，积雪日期为120 d左右，最大可出现50 cm以上积雪。冻土日期最短年份为182 d，最长年份为216 d。冻土深度，最大深度为1.8 m，最小深度为1.2 m，年平均深度为1.5 m。

植物学特征：

铁苋菜为被子植物门Angiospermae、双子叶植物纲 Dicotyledoneae、原始花被亚纲Archichlamydeae、大戟目 Euphorbiales、大戟亚目Euphorbiineae、大戟科Euphorbiaceae、铁苋菜亚科 Subfam. Acalyphoideae、铁苋菜族 Trib. Acalypheae、铁苋菜属Acalypha、蚌苞组Sect. Repandae。铁苋菜为一年生草本植物，具有以下植物学特征：

铁苋菜——全株　　　　　　　　　　　铁苋菜——叶

根：直根系，主根圆柱形，弯曲，有短侧根，接近地表部分为白色，下面为淡土黄色。
茎：茎由基部直立向上生长，株高20～40 cm，有分支。
叶：叶膜质，长卵形、近菱状卵形或阔叶披针形，长3～9 cm，宽1～5 cm，顶端短渐尖，基部楔形，稀圆钝，边缘具圆锯，上面无毛，下面沿中脉具柔毛；基出脉3条，侧脉3对；叶柄长2～6 cm，具短柔毛；托叶披针形，长1.5～2 cm，具短柔毛。
花：雌雄花同序，花序腋生，稀顶生，长1.5～5 cm，花序梗长0.5～3 cm，花序轴具短毛，雌花苞片1～2(～4)枚，卵状心形，花后增大，长1.4～2.5 cm，宽1～2 cm，边缘具三角形齿，外面沿掌状脉具疏柔毛，苞腋具雌花1～3朵；花梗无；雄花生于花序上部，排列呈穗状或头状，雄花苞片卵形，长约0.5 mm，苞腋具雄花5～7朵，簇生；花梗长0.5 mm。雄花：花蕾时近球形，无毛，花萼裂片4枚，卵形，长约0.5 mm；雄花7～8枚。

雌花：萼片3枚，长卵形，长0.5～1 mm，具疏毛；子房具疏毛，花柱3枚，长约2 mm，撕裂5～7条。

果：蒴果直径4 mm，具有3个分果爿，果皮具疏生毛和毛基变厚的小瘤体，花果期4～12月。

种子：种子近卵状，长1.5～2 mm，种皮平滑，假种阜细长。

铁苋菜——根

铁苋菜——茎

铁苋菜——花

生物学特征：

铁苋菜喜温暖、湿润、光照充足的生长环境，不耐干旱、高温、渍涝和霜冻，较耐阴，生长适宜15～25 ℃。铁苋菜对土壤要求不严格，以向阳、土壤肥沃和偏碱性潮湿土壤为宜，生于海拔20～1 200(～1 900) m平原或山坡较湿润耕地和空旷草地、沟边、路旁、田野，有石灰岩山疏林下。几乎遍布全国，以华东地区和长江流域居多，我国除西藏高原或干旱地区外，大部分地区均产。俄罗斯远东地区、朝鲜、日本、菲律宾、越南、老挝也有分布，现逸生于印度和澳大利亚北部。

食用价值：

铁苋菜嫩叶可食用，营养丰富，增强体质。铁苋菜中富含蛋白质、脂肪、糖类及多种维生素和矿物质，其所含的蛋白质比牛奶更能充分被人体吸收，所含胡萝卜素比茄果类高2倍以上，可为人体提供丰富的营养物质，有利于强身健体，提高机体的免疫力，有"长寿菜"之称。为南方各地民间野菜品种之一。

饲用价值：

铁苋菜具有一定饲用开发价值。

药用价值：

铁苋菜可全草入药，夏秋采集，去土、晾干，铁苋菜含生物碱、黄酮甙、酚类。性凉，味苦、涩。主治清热解毒，利湿，收敛止血。用于肠炎、痢疾、吐血、衄血、便血、尿血、崩漏、痈疖疮疡、皮肤湿疹。有清热解毒，明目利咽，清肝解毒，凉血散瘀，对于湿热所致的赤白痢疾及肝火上炎所致的目赤目痛、咽喉红肿不利等，均有一定的辅助治疗作用。

乳浆大戟

学　　名：*Euphorbia esula* L.

别　　名：猫眼草、烂疤眼(俗称)、华北大戟(《秦岭植物志》)、新疆大戟(《中国沙漠植物志》)、太鲁阁大戟(《台湾植物志》)、岷县大戟(《云南植物研究》)、东北大戟、松叶乳汁大戟、宽叶乳浆大戟(《东北草本植物志》)、乳浆草。

采集地点：乌裕尔河中游草甸草原，北纬47°51′，东经124°52′，土壤主要为草甸沼泽土，其次是潜育草甸土和碳酸盐草甸土，气候为温带湿润大陆性季风气候。年平均降水量为427.4 mm，最少只有284 mm，降水最多的月份一般在7月，最少的月份一般在1月。年平均气温3.1 ℃，最低气温出现在1月，平均气温-19.2 ℃，极端最低气温-39.5 ℃。最高气温出现在7月，平均气温22.8 ℃，平均最高气温27.8 ℃，极端最高气温39.9 ℃。平均无霜期为130 d左右，降雪期为150 d左右。雪量平均20～30 cm，积雪日期为120 d左右，最大可出现50 cm以上积雪。冻土日期最短年份为182 d，最长年份为216 d。冻土深度，最大深度为1.8 m，最小深度为1.2 m，年平均深度为1.5 m。

乳浆大戟——全株

乳浆大戟——茎

植物学特征：

乳浆大戟为被子植物门Angiospermae、双子叶植物纲Dicotyledoneae、原始花被亚纲Archichlamydeae、大戟目Euphorbiales、大戟亚目Euphorbiineae、大戟科Euphorbiaceae、大戟亚科Subfam. Euphorbioideae、大戟族Trib. Euphorbieae、大戟属Euphorbia、乳浆大戟亚属Subgen. Esula、乳浆大戟组Sect. Esula。乳浆大戟为多年生草本植物，具有以下植物学特征：

根：圆柱状，长20 cm以上，直径3～5(6)mm，不分枝或分枝，常曲折，褐色或黑褐色。

茎：茎单生或丛生，单生时自基部多分枝，高30～60 cm，直径3～5 mm；不育枝常发自基部，较矮，有时发自叶腋。

叶：叶线形至卵形，变化极不稳定，长2～7 cm，宽4～7 mm，先端尖或钝尖，基部楔形至平截；无叶柄；不育枝叶常为松针状，长2～3 cm，直径约1 mm；无柄；总苞叶3～5枚，与茎生叶同形；伞幅3～5，长2～4(5)cm；苞叶2枚，常为肾形，少为卵形或三角状卵形，长4～12 mm，宽4～10 mm，先端渐尖或近圆，基部近平截。

花：花序单生于二歧分枝的顶端，基部无柄；总苞钟状，高约3 mm，直径2.5～3.0 mm，边缘5裂，裂片半圆形至三角形，边缘及内侧被毛；腺体4，新月形，两端具角，角长而尖或短而钝，变异幅度较大，褐色。雄花多枚，苞片宽线形，无毛；雌花1枚，子房柄明显伸出总苞之外；子房光滑无毛；花柱3，分离；柱头2裂。

果：蒴果三棱状球形，长与直径均5～6 mm，具3个纵沟；花柱宿存；成熟时分裂为3个分果爿；花果期4～10月。

种子：种子卵球状，长2.5～3.0 mm，直径2.0～2.5 mm，成熟时黄褐色；种阜盾状，无柄。

乳浆大戟——叶

乳浆大戟——叶

乳浆大戟——花

生物学特征：

生于路旁、杂草丛、山坡、林下、河沟边、荒山、沙丘及草地。分布于全国(除海南、贵州、云南和西藏外)。广布于欧亚大陆，且归化于北美。本种是国产大戟属植物中分布最广、变异幅度最大的种之一，常因复杂的生境产生各种各样的变异，诸如叶型、苞叶形状、植物体大小，不育枝存在与否、腺体两角的尖锐程度等均不稳定，但其主要识别特征是：直根系，没有念珠状根和不定根(与甘遂和钩腺大戟相异)；总苞钟状，5裂，腺体4(与土瓜狼毒相异)；花序基部无柄(与宽叶大戟相异)。因此，本种在国产乳浆大戟中是易于识别的。

药用价值：

全草入药，具拔毒止痒之效，味苦，性凉，有毒。利尿消肿，拔毒止痒。用于四肢浮肿，小便淋痛不利，疟疾；外用于瘰疬，疮癣瘙痒。

经济价值：

种子含油量达30%，可工业用。

狼毒大戟

学　　名：*Euphorbia fischeriana* Steud.
别　　名：狼毒疙瘩、狼毒、猫眼睛、山红萝卜。
采集地点：乌裕尔河中游草甸草原，北纬47°51′，东经124°52′，土壤主要为草甸沼泽土，其次是潜育草甸土和碳酸盐草甸土，气候为温带湿润大陆性季风气候。年平均降水量为427.4 mm，最少只有284 mm，降水最多的月份一般在7月，最少的月份一般在1月。年平均气温3.1 ℃，最低气温出现在1月，平均气温-19.2 ℃，极端最低气温-39.5 ℃。最高气温出现在7月，平均气温22.8 ℃，平均最高气温27.8 ℃，极端最高气温39.9 ℃。平均无霜期为130 d左右，降雪期为150 d左右。雪量平均20～30 cm，积雪日期为120 d左右，最大可出现50 cm以上积雪。冻土日期最短年份为182 d，最长年份为216 d。冻土深度，最大深度为1.8 m，最小深度为1.2 m，年平均深度为1.5 m。

狼毒大戟——全株

狼毒大戟——根

狼毒大戟——叶

植物学特征：

狼毒大戟为被子植物门Angiospermae、双子叶植物纲Dicotyledoneae、原始花被亚纲Archichlamydeae、大戟目Euphorbiales、大戟亚目Euphorbiineae、大戟科Euphorbiaceae、大戟亚科Subfam. Euphorbioideae、大戟族Trib. Euphorbieae、大戟属Euphorbia、乳浆大戟亚属Subgen. Esula、欧亚大戟组Sect. Tithymalus。狼毒大戟为多年生草本植物，具有以下植物学特征：

根：圆柱状，肉质，常分枝，长20～30 cm，径4～6 cm。
茎：茎单一不分枝，高15～45 cm，径5～7 mm。
叶：叶互生，于茎下部鳞片状，呈卵状长圆形，长1～2 cm，宽4～6 mm，向上渐大，逐渐过渡到正常茎生叶；茎生叶长圆形，长4~6.5 cm，宽1~2 cm，先端圆或尖，基部近平截，侧脉羽状不明显；无叶柄；总苞叶同茎生叶，常5枚；伞幅5，长4~6 cm；次级总苞叶常3枚，卵形，长约4 cm，宽约2 cm；苞叶2枚，三角状卵形，长与宽均约2 cm，先端尖，基部近平截。

花：序单生二歧分枝的顶端，无柄；总苞钟状，具白色柔毛，高约4 mm，直径4~5 mm，边缘4裂，裂片圆形，具白色柔毛；腺体4，半圆形，淡褐色。雄花多枚，伸出总苞之外；雌花1枚，子房柄长3~5 mm；子房密被白色长柔毛；花柱3，中部以下合生；柱头不分裂，中部微凹。

果：蒴果卵球状，长约6 mm，直径6~7 mm，被白色长柔毛；果柄长达5 mm；花柱宿存；成熟时分裂为3个分果爿；花果期5~7月。

种子：种子扁球状，长与直径均约4 mm，灰褐色，腹面条纹不清，种阜无柄。

狼毒大戟——花

狼毒大戟——果

生物学特征：

产于我国黑龙江、吉林、辽宁、内蒙古(东部)和山东(烟台、崂山)。生于海拔100~600 m的草原、干燥丘陵坡地、多石砾干山坡及阳坡稀疏的松林下。分布于蒙古和俄罗斯(东西伯利亚)。

药用价值：

以根入药，有破积杀虫、除湿止痒之功效。主治淋巴结核、骨结核、皮肤结核、牛皮癣、神经性皮炎、慢性支气管炎、阴道滴虫。

荇　菜

学　　名：*Nymphoides peltata* (S. G. Gmelin) Kuntze.

别　　名：金莲子（本草）、莲叶荇菜（《中国北部植物图志》）、莲叶莕菜（东北植物检索表）、接余、凫葵、水镜草、余莲儿。

采集地点：乌裕尔河中游草甸草原，北纬47°51′，东经124°52′，土壤主要为草甸沼泽土，其次是潜育草甸土和碳酸盐草甸土，气候为温带湿润大陆性季风气候。年平均降水量为427.4 mm，最少只有284 mm，降水最多的月份一般在7月，最少的月份一般在1月。年平均气温3.1 ℃，最低气温出现在1月，平均气温-19.2 ℃，汲端最低气温-39.5 ℃。最高气温出现在7月，平均气温22.8 ℃，平均最高气温27.8 ℃，极端最高气温39.9 ℃。平均无霜期为130 d左右，降雪期为150 d左右。雪量平均20～30 cm，积雪日期为120 d左右，最大可出现50 cm以上积雪。冻土日期最短年份为182 d，最长年份为216 d。冻土深度，最大深度为1.8 m，最小深度为1.2 m，年平均深度为1.5 m。

植物学特征：

荇菜为被子植物门Angiospermae、双子叶植物纲Dicotyledoneae、合瓣花亚纲Sympetalae、捩花目Contortae、龙胆科Gentianaceae、睡菜亚科Subfam. Menyanthoideae、荇菜属Nymphoides。荇菜为多年生水生植物，具有以下植物学特征：

根：在茎节下生根。

荇菜——全株

茎：茎匍匐生长，漂浮于水面或生于泥土。茎圆柱形，多分枝，密生褐色斑点。

叶：上部叶对生，下部叶互生，叶片飘浮，近革质，圆形或卵圆形，直径1.5～8 cm，基部心形，全缘，有不明显的掌状叶脉，下面紫褐色，密生腺体，粗糙，上面光滑，叶柄圆柱形，长5～10 cm，基部变宽，呈鞘状，半抱茎。

花：花常多数，簇生节上，5数；花梗圆柱形，不等长，稍短于叶柄，长3～7 cm；花萼长9～11 mm，分裂近基部，裂片椭圆形或椭圆状披针形，先端钝，全缘；花冠金黄色，长2～3 cm，直径2.5～3 cm，分裂至近基部，冠筒短，喉部具5束长柔毛，裂片宽倒卵形，先端圆形或凹陷，中部质厚的部分卵状长圆形，边缘宽膜质，近透明，具不整齐的细条裂齿；雄蕊着生于冠筒上，整齐，花丝基部疏被长毛；在短花柱的花中，雌蕊长5～7 mm，花柱长1～2 mm，柱头小，花丝长3～4 mm，花药常弯曲，箭形，长4～6 mm；在长花柱的花中，雌蕊长7～17 mm，花柱长达10 mm，柱头大，2裂，裂片近圆形，花丝长1～2 mm，花药长2～3.5 mm；腺体5个，黄色，环绕子房基部。

荇菜——茎

果：蒴果无柄，椭圆形，长1.7～2.5 cm，宽0.8～1.1 cm，宿存花柱长1～3 mm，成熟时不开裂，花果期4～10月。

种子：种子大，褐色，椭圆形，长4～5 mm，边缘密生睫毛。

生物学特征：

生于池沼、湖泊、沟渠、稻田、河流或河口的平稳水域。水深为20～100 cm；其根和横走的根茎生长于底泥中，茎枝悬于水中，生出大量不定根，叶和花飘浮水面。水涸后，其茎枝可在泥面匍匐生根，向四周蔓延生长。通常群生，呈单优势群落。适生于多腐殖质的微酸性至中性的底泥和富营养的水域中，土壤pH值为5.5～7.0。在中国分布广泛，从温带的欧洲到亚洲的印度、中国、日本、朝鲜、韩国等地区都有它的踪迹。在我国西藏、青海、新疆、甘肃均有分布，常生长在池塘边缘。

饲用价值：

荇菜的茎、叶柔嫩多汁，无毒、无异味，富含营养。猪、鸭、鹅均喜食，草鱼也采食。分布区的群众多喜欢捞取切碎喂猪和家禽。是一种良好的水生青绿饲料。荇菜生长相当快，其分枝的茎枝网织于水中，茎枝当年可伸长到1.5 m或更长；鲜草产量相当高，生长盛期一次收获,每公顷可产鲜草45～75 t。全生育期可收获4次,也可青贮利用。

药用价值：

全草均可入药,能清热利尿、消肿解毒。药材性状：气微,味淡。药材成分：含蛋白质,脂肪,维生素B_1、C,有机酸。性味：甘,寒,无毒。

荇菜——叶

荇菜——花

观赏价值：

荇菜叶片形如睡莲小巧别致,鲜黄色花朵挺出水面,花多,花期长,是庭院点缀水景的佳品,用于绿化、美化水面。

植物文化：

《诗经·周南·关雎》中的第二、四、五章提到"参差荇菜,左右流之……""参差荇菜,左右采之……""参差荇菜,左右芼之……",用荇菜或左或右漂浮不定比喻求爱的不易,也以物候交代出男女热恋的时令；同时,作者以赞颂的口吻勉励求取荇菜,隐喻"君子"努力追求"淑女"。

参差荇菜,左右流之。窈窕淑女,寤寐求之。——《周南·关雎》

《颜氏家训》里有"今荇菜是水有之,黄华似莼"的句子,也是训导族人,行事要有清澈之心。

《记承天寺夜游》里有"水中藻荇交横,盖竹柏影也"。

牻牛儿苗

学　　名：*Erodium stephanianum* Willd.
别　　名：太阳花、狼怕怕、米格曼-嗓杰。
采集地点：乌裕尔河中游草甸草原，北纬47°51′，东经124°52′，土壤主要为草甸沼泽土，其次是潜育草甸土和碳酸盐草甸土，气候为温带湿润大陆性季风气候。年平均降水量为427.4 mm，最少只有284 mm，降水最多的月份一般在7月，最少的月份一般在1月。年平均气温3.1 ℃，最低气温出现在1月，平均气温-19.2 ℃，极端最低气温-39.5 ℃。最高气温出现在7月，平均气温22.8 ℃，平均最高气温27.8 ℃，极端最高气温39.9 ℃。平均无霜期为130 d左右，降雪期为150 d左右。雪量平均20～30 cm，积雪日期为120 d左右，最大可出现50 cm以上积雪。冻土日期最短年份为182 d，最长年份为216 d。冻土深度，最大深度为1.8 m，最小深度为1.2 m，年平均深度为1.5 m。

植物学特征：

牻牛儿苗为被子植物门Angiospermae、双子叶植物纲 Dicotyledoneae、原始花被亚纲Archichlamydeae、牻牛儿苗目 Geraniales、牻牛儿苗科Geraniaceae、牻牛儿苗属Erodium的多年生草本植物，具有以下植物学特征：

根：直根系，较粗壮，分枝较少。

茎：茎直立或斜上，茎多数，仰卧或蔓生，具节，被绒毛，株高15～50 cm。

叶：叶对生；托叶三角状披针形，分离，被疏柔毛，边缘具缘毛；基生叶和茎下部叶具长柄，柄长为叶片的1.5～2倍，被开展的长柔毛和倒向短柔毛；叶片轮廓卵形或三角状卵形，基部心形，长5～10 cm，宽3～5 cm，二回羽状深裂，小裂片卵状条形，全缘或具疏齿，表面被疏伏毛，背面被疏柔毛，沿脉被毛较密。

牻牛儿苗——全株

牻牛儿苗——根

牻牛儿苗——茎

花：伞形花序腋生，明显长于叶，总花梗被开展长柔毛和倒向短柔毛，每梗具2～5花；苞片狭披针形，分离；花梗与总花梗相似，等于或稍长于花，花期直立，果期开展，上部向上弯曲；萼片矩圆状卵形，长6～8 mm，宽2～3 mm，先端具长芒，被长糙毛，花瓣粉红色或紫色，倒卵形，等于或稍长于萼片，先端圆形或微凹；雄蕊稍长于萼片，花丝紫色，中部以下扩展，被柔毛；雌蕊被糙毛，花柱紫红色；花期6～8月。

果：蒴果长约4 cm，密被短糙毛，果期8～9月。

种子：种子褐色，具斑点。

牻牛儿苗——叶

牻牛儿苗——花

生物学特征：

分布在我国长江中下游以北的华北、东北、西北、四川和西藏。俄罗斯西伯利亚和远东、日本、蒙古、哈萨克斯坦、中亚各国、阿富汗和克什米尔地区、尼泊尔亦广泛分布。生长于山坡、农田边、沙质河滩地和草原凹地等，属旱田杂草。

药用价值：

全草供药用，夏、秋季采收，除去杂质，洗净泥土，晒干，切段备用。中药味苦、微辛，性平。祛风湿，活血通络，清热解毒，有祛风除湿和清热解毒之功效。

其他：

牻牛儿苗的果实为蒴果，顶端具有长约4 cm的长喙，每果具5室，每室有1粒长2～2.5 mm褐色的种子。6～8月果实成熟时，蒴果就沿室间开裂，五果瓣（果爿）与中轴相分离，并由基部向顶端卷曲，在顶端与心皮柱相连。此时分果喙部成螺旋状卷曲，这就是牻牛儿苗种子吸湿运动的武器，当种子落到地上后，它会随着空气中含水量的变化或地面的干湿变化而旋转扭紧或松开，产生一个旋转的机械力将种子推入地下，到达一个更温湿的环境，从而使种子免于被动物掠食，并易于发芽，增加后代的成活率。牻牛儿苗种子的这种结构是对干旱环境的一种适应。

鼠掌老鹳草

学　　名：*Geranium sibiricum* L.

采集地点：乌裕尔河中游草甸草原，北纬47°51′，东经124°52′，土壤主要为草甸沼泽土，其次是潜育草甸土和碳酸盐草甸土，气候为温带湿润大陆性季风气候。年平均降水量为427.4 mm，最少只有284 mm，降水最多的月份一般在7月，最少的月份一般在1月。年平均气温3.1 ℃，最低气温出现在1月，平均气温-19.2 ℃，极端最低气温-39.5 ℃。最高气温出现在7月，平均气温22.8 ℃，平均最高气温27.8 ℃，极端最高气温39.9 ℃。平均无霜期为130 d左右，降雪期为150 d左右。雪量平均20～30 cm，积雪日期为120 d左右，最大可出现50 cm以上积雪。冻土日期最短年份为182 d，最长年份为216 d。冻土深度，最大深度为1.8 m，最小深度为1.2 m，年平均深度为1.5 m。

植物学特征：

鼠掌老鹳草为被子植物门Angiospermae、双子叶植物纲Dicotyledoneae、原始花被亚纲Archichlamydeae、牻牛儿苗目Geraniales、牻牛儿苗科Geraniaceae、老鹳草属Geranium、鼠掌组Sect. Sibirica。鼠掌老鹳草为一年生或多年生草本植物，具有以下植物学特征：

根：直根系，有时具不多的分枝。

茎：株高30～70 cm，茎纤细，仰卧或近直立，多分枝，具棱槽，被倒向疏柔毛。

叶：叶对生；托叶披针形，棕褐色，长8～12 cm，先端渐尖，基部抱茎，外被倒向长柔毛；基生叶和茎下部叶具长柄，柄长为叶片的2～3倍；下部叶片肾状五角形，基部宽心形，长3～6 cm，宽4～8 cm，掌状5深裂，裂片倒卵形、菱形或长椭圆形，中部以上齿状羽裂或齿状深缺刻，下部楔形，两面被疏伏毛，背面沿脉被毛较密；上部叶片具短柄，3～5裂。

鼠掌老鹳草——全株

鼠掌老鹳草——根

鼠掌老鹳草——叶

鼠掌老鹳草——茎

花：总花梗丝状，单生于叶腋，长于叶，被倒向柔毛或伏毛，具1花或偶具2花；苞片对生，棕褐色、钻伏、膜质，生于花梗中部或基部；萼片卵状椭圆形或卵状披针形，长约5 mm，先端急尖，具短尖头，背面沿脉被疏柔毛；花瓣倒卵形，淡紫色或白色，等于或稍长于萼片，先端微凹或缺刻状，基部具短爪；花丝扩大成披针形，具缘毛；花柱不明显；分枝长约1 mm；花期6～7月。

果：蒴果长15～18 mm，被疏柔毛，果梗下垂，果期8～9月。

种子：种子肾状椭圆形，黑色，长约2 mm，宽约1 mm。

生物学特征：

适应于冷凉潮湿的气候，土壤为壤质黑钙土、暗栗钙土，生于海拔1 500～2 400 m的山地森林带、草甸草原和山地草甸带。在植物群落中作为主要伴生种出现，常见于早熟禾(Poa annua)、无芒雀麦(Bromus inermis)、天山羽衣草(Alchemilla tianschanica)和紫花鸢尾(Iris ruthenic.)等中生禾草和杂类草构成的不同山地草甸植被中。在草甸草原带鼠掌老鹳草常出现在阴湿的低地或溪边。鼠掌老鹳草分布于东北、华北、湖北、西北、西南。生于林缘、疏灌丛、河谷草甸或为杂草。欧洲、高加索、中亚、俄罗斯西伯利亚、蒙古、朝鲜和日本北部皆有分布。

饲用价值：

鼠掌老鹳草的茎秆细、叶量多，质地柔软，适口性良好，可用作牲畜饲料。青草或干草，各类牲畜均采食，青绿或开花后羊喜食，马、牛乐食，枯黄后各类牲畜仍采食。干枯后叶片易破碎，冬季残留差，适于夏秋放牧利用。

药用价值：

祛风燥湿，活血通络。鼠掌老鹳草苦、燥、辛、散，功能为祛风湿、通经络、活血脉、

牻牛儿苗科 Geraniaceae

鼠掌老鹳草——花

鼠掌老鹳草——果

止疼痛，故常用于风湿痹痛、肢体麻木、跌打损伤、泻痢、疮疹等症。凡风湿痹痛者，可与桂枝、当归、鸡血藤等同用，以增强活血通络止痛作用；若历节疼痛，痛处红肿，手脚屈伸不利，骨节渐大者，宜与寻骨风、防己、地龙、络石藤等配伍；以增清热除湿止痛之效。凡跌打损伤，闪挫扭伤，筋骨疼痛者，可用本品捣烂加酒炒热外敷，或与苏木、当归、红花等煎服，以增强活血消肿之功。凡大肠湿热而致泄泻、痢疾者，可与黄连、马齿苋等配伍用，以清热燥湿止泻痢。凡皮肤湿疮，浸淫瘙痒者，可与黄柏、苦参、地肤子合用煎汤，内服或外洗。抗病原维生素作用：老鹳草抗菌广谱，其黄酮类对多种杆菌有抑制作用，对痢疾杆菌F1株的抑菌作用低于金霉素、四环素，高于黄连素、穿心莲，与氯霉素及链霉素相近；其全草煎剂对金黄色葡萄球菌、乙型链球菌、肺炎链球菌、卡他球菌也有较明显的抑制作用。鼠掌老鹳草可抗诱变、抗癌作用，鼠掌老鹳草的鞣质及其分解产物鞣云实精有较强的抗癌活性，对致癌物苯并芘-7,8～二醇-9,10～环氧化物的诱变过程具有强抑制作用。

虎 尾 草

学　　名：*Chloris virgata* Sw.

别　　名：棒锤草(《北平研究院植物研究所丛刊》4卷7号)、刷子头(指示植物)、盘草(河南)。

采集地点：乌裕尔河中游草甸草原，北纬47°51′，东经124°52′，土壤主要为草甸沼泽土，其次是潜育草甸土和碳酸盐草甸土，气候为温带湿润大陆性季风气候。年平均降水量为427.4 mm，最少只有284 mm，降水最多的月份一般在7月，最少的月份一般在1月。年平均气温3.1 ℃，最低气温出现在1月，平均气温-19.2 ℃，极端最低气温-39.5 ℃。最高气温出现在7月，平均气温22.8 ℃，平均最高气温27.8 ℃，极端最高气温39.9 ℃。平均无霜期为130 d左右，降雪期为150 d左右。雪量平均20~30 cm，积雪日期为120 d左右，最大可出现50 cm以上积雪。冻土日期最短年份为182 d，最长年份为216 d。冻土深度，最大深度为1.8 m，最小深度为1.2 m，年平均深度为1.5 m。

植物学特征：

虎尾草为被子植物门 Angiospermae、单子叶植物纲 Monocotyledoneae、禾本目 Graminales、禾本科 Gramineae、画眉草亚科 Eragrostoideae、虎尾草族 Trib. Chlorideae、虎尾草属 Chloris。虎尾草为一年生草本植物，具有以下植物学特征：

根：须根系，呈簇丛状。

茎：株高12~75 cm，茎粗1~4 mm，光滑无毛。

叶：叶鞘背部具脊，包卷松弛，无毛；叶舌长约1 mm，无毛或具纤毛；叶片线形，长3~25 cm，宽3~6 mm，两面无毛或边缘及上面粗糙。

花：穗状花序5~10枚，长1.5~5 cm，指状着生于秆顶，常直立而并龙成毛刷状，有时包藏于顶叶之叶鞘中，成熟时常带紫色；小穗无柄，长约3 mm；颖膜质，1脉；第一颖长约1.8 mm，第二颖等长或略短于小穗，中脉延伸长0.5~1 mm；第一小花两性，外稃纸质，两侧压扁，呈倒卵状披针形，长2.8~3 mm，3脉，沿脉及边缘被疏柔毛或无毛，两侧边缘上部1/3处有长2~3 mm的白色柔毛，顶端尖或有时具2微齿，芒自背部

虎尾草——全株

虎尾草——根

顶端稍下方伸出，长5～15 mm；内稃膜质，略短于外稃，具2脊，脊上被微毛；基盘具长约0.5 mm的毛；第二小花不孕，长楔形，仅存外稃，长约1.5 mm，顶端截平或略凹，芒长4～8 mm，自背部边缘稍下方伸出。

果：颖果纺锤形，淡黄色，光滑无毛而半透明，胚长约为颖果的2/3，花果期6～10月。

虎尾草——穗

虎尾草——叶

生物学特征：

遍布于全国各地；多生于路旁、荒野、河岸沙地等。两半球热带至温带均有分布，海拔可达3 700 m。耐盐性强，在氯化钠含量为0.4M的土壤中能正常发芽；虎尾草适应性极强，耐干旱，喜湿润；喜肥沃，耐瘠薄；多与其他杂草混生。夏天高温多雨生长很快。种子繁殖，5月初萌发幼苗，5月中下旬出现高峰，以后随降雨或灌溉出现1～2个高峰，6～7月仍屡见幼苗发生，种子经冬眠后萌发。花果期为7～10月。

饲用价值：

虎尾草侵占性非常好。可以同生长缓慢的牧草混播，能加速草群覆被地面，不需锄杂。在每次放牧或刈割后，最好能结合灌水追肥；刈制青干草，适宜在开花初期收割。

药用价值：

虎尾草的总提取物有明显而短暂的降压作用；味辛、苦，性微温。可祛风除湿，解毒。主治感冒头痛，泻痢腹痛等。

园林价值：

虎尾草是重要的牧草和水土保持作物，有些地区也用它来建植非常耐低养护及耐旱的草坪。

其他：

虎尾草可以在0 ℃下存活，30 ℃时为虎尾草生长的最佳温度；能从4.25 m的深土中吸收水分，因此抗旱能力较强。在降雨量600～700 mm的地区生长最好；对土壤的适应非常广泛，在微酸及微碱土壤中均可生长；侵占性非常好，可以通过匍匐枝繁殖，而且结实能力很强，即使在不能越冬的地区，第二年也可以通过种子萌发形成新的草丛。

薄鞘隐子草

学　　名：*Cleistogenes festucacea* Honda
别　　名：长花隐子草。

采集地点：乌裕尔河中游草甸草原,北纬47°51′,东经124°52′,土壤主要为草甸沼泽土,其次是潜育草甸土和碳酸盐草甸土,气候为温带湿润大陆性季风气候。年平均降水量为427.4 mm,最少只有284 mm,降水最多的月份一般在7月,最少的月份一般在1月。年平均气温3.1 ℃,最低气温出现在1月,平均气温-19.2 ℃,极端最低气温-39.5 ℃。最高气温出现在7月,平均气温22.8 ℃,平均最高气温27.8 ℃,极端最高气温39.9 ℃。平均无霜期为130 d左右,降雪期为150 d左右。雪量平均20～30 cm,积雪日期为120 d左右,最大可出现50 cm以上积雪。冻土日期最短年份为182 d,最长年份为216 d。冻土深度,最大深度为1.8 m,最小深度为1.2 m,年平均深度为1.5 m。

植物学特征：

薄鞘隐子草为被子植物门Angiospermae、单子叶植物纲Monocotyledoneae、禾本目Graminales、禾本科Gramineae、画眉草亚科Eragrostoideae、画眉草族Trib. Eragrostideae、三齿稃亚族Subtrib. Tridentinae、隐子草属Cleistogenes。薄鞘隐子草为多年生草本植物,具有以下植物学特征：

根：须根系,多小分枝。

茎：秆直立,纤细,密丛,高20～45 cm,径约1 mm,节间较长,干后亦稍左右弯曲,基部密生短小鳞芽。

叶：叶鞘短于或长于节间,无毛,鞘口疏生长达3 mm的柔毛;叶舌为长约2 mm的

薄鞘隐子草——全株

薄鞘隐子草——根

纤毛；叶片线状披针形，长2～7 cm，宽0.5～2 mm，扁平或内卷。

花：圆锥花序疏展，长6～11 cm，宽2～5 cm，基部分枝长2～4 cm，斜上，小穗灰绿色或紫褐色，长(6)8～10 mm，含1～3小花；颖质薄，有光泽，狭披针形，具1脉，第一颖长2～4 mm，第二颖长4～6 mm；外稃披针形，边缘疏生细柔毛，具5脉，第一外稃长约6 mm，先端具芒，芒长2～3 mm；内稃稍短于外稃；花药长2.5 mm；花果期7～9月。

薄鞘隐子草——茎　　　　　　薄鞘隐子草——叶

生物学特征：
产自我国内蒙古、河北等省区；多生于山坡草地、林缘灌丛。

饲用价值：
薄鞘隐子草为优良牧草，家畜喜采食。

糙隐子草

学　　名：*Cleistogenes squarrosa* (Trin.) Keng
别　　名：兔子毛。
采集地点：乌裕尔河中游草甸草原，北纬47°51′，东经124°52′，土壤主要为草甸沼泽土，其次是潜育草甸土和碳酸盐草甸土，气候为温带湿润大陆性季风气候。年平均降水量为427.4 mm，最少只有284 mm，降水最多的月份一般在7月，最少的月份一般在1月。年平均气温3.1 ℃，最低气温出现在1月，平均气温-19.2 ℃，极端最低气温-39.5 ℃。最高气温出现在7月，平均气温22.8 ℃，平均最高气温27.8 ℃，极端最高气温39.9 ℃。平均无霜期为130 d左右，降雪期为150 d左右。雪量平均20～30 cm，积雪日期为120 d左右，最大可出现50 cm以上积雪。冻土日期最短年份为182 d，最长年份为216 d。冻土深度，最大深度为1.8 m，最小深度为1.2 m，年平均深度为1.5 m。

植物学特征：

糙隐子草为被子植物门Angiospermae、单子叶植物纲Monocotyledoneae、禾本目Graminales、禾本科Gramineae、画眉草亚科Eragrostoideae、画眉草族Trib. Eragrostideae、三齿稃亚族Subtrib. Tridentinae、隐子草属Cleistogenes。糙隐子草为多年生草本植物，具有以下植物学特征：

根：须根系，密生集中分布在0～10 cm土层中，根出现的时间有先后。长度较长，分枝也较多，个别根系可伸入1 m以下深土层中。

茎：秆直立或铺散，密丛，纤细，高10～30 cm，具多节，干后常成蜿蜒状或廻旋状弯曲，植株绿色，秋季经霜后常变成紫红色。

糙隐子草——全株

糙隐子草——根

叶：叶鞘多长于节间，无毛，层层包裹直达花序基部；叶舌具短纤毛；叶片线形，长3～6 cm，宽1～2 mm，扁平或内卷，粗糙。

花：圆锥花序狭窄，长4～7 cm，宽5～10 mm；小穗长5～7 mm，含2～3小花，绿色或带紫色；颖具1脉，边缘膜质，第一颖长1～2 mm，第二颖长3～5 mm；外稃披针形，具5脉，第一外稃长5～6 mm；先端常具较稃体为短或近等长的芒；花药长约2 mm。

果：花果期7～9月。种子成熟后，多数不易脱落。糙隐子草种子的最佳萌发温度是20～30 ℃。

糙隐子草——茎

糙隐子草——叶

生物学特征：

主产于我国黑龙江、吉林、辽宁、内蒙古、宁夏、甘肃、新疆、河北、山西、陕西、山东等省区，多生于干旱草原、丘陵坡地、沙地、固定或半固定沙丘、山坡等处。蒙古、俄罗斯西伯利亚、高加索以及欧洲部分也有分布。

饲用价值：

为优良牧草，各种家畜均喜采食，马最喜食。秋季植株干枯后，易被风吹集于沟内，为马与羊的抓膘草。新鲜时，为各种家畜所喜食，羊和马、驴最喜食。特别是在早春返青早，东北草原一般4月中旬返青，5月上旬即可放牧。即使到了夏季，草质仍然柔软，各种家畜的适口性仍然很高，属营养价值较高的优良牧草。以糙隐子草为优势的草原，多作为放牧场。但如过度放牧，常引起草原沙化。因该草生长较矮，不宜作为割草场利用。秋季放牧，家畜采食后上膘快，牧民称它是抓膘的宝草。

其他：

糙隐子草在研究气候变化和放牧活动对草原C4植物的影响方面是一种很好的指示植物。

金色狗尾草

学　　名：*Setaria pumila*（Poiret）Roemer & Schultes

别　　名：恍莠莠、硬稃狗尾草、绿狗尾草、谷莠子、莠、狗尾巴草、光明草、阿罗汉草、狐尾、毛毛狗。

采集地点：乌裕尔河中游草甸草原,北纬47°51′,东经124°52′,土壤主要为草甸沼泽土,其次是潜育草甸土和碳酸盐草甸土,气候为温带湿润大陆性季风气候。年平均降水量为427.4 mm,最少只有284 mm,降水最多的月份一般在7月,最少的月份一般在1月。年平均气温3.1 ℃,最低气温出现在1月,平均气温-19.2 ℃,极端最低气温-39.5 ℃。最高气温出现在7月,平均气温22.8 ℃,平均最高气温27.8 ℃,极端最高气温39.9 ℃。平均无霜期为130 d左右,降雪期为150 d左右。雪量平均20～30 cm,积雪日期为120 d左右,最大可出现50 cm以上积雪。冻土日期最短年份为182 d,最长年份为216 d。冻土深度,最大深度为1.8 m,最小深度为1.2 m,年平均深度为1.5 m。

植物学特征：

金色狗尾草为被子植物门Angiospermae、单子叶植物纲 Monocotyledoneae、禾本目Graminales、禾本科Gramineae、黍亚科 Panicoideae、黍族Trib. Paniceae、狗尾草亚族Subtrib. Setariinae、狗尾草属Setaria、密穗组Sect. Pennisetoides。金色狗尾草为一年生草本植物,具有以下植物学特征：

根：须根系,根系外形呈絮状。

茎：茎直立或基部倾斜膝曲,近地面节可生根,高约20～90 cm,光滑无毛,仅花序下面稍粗糙。叶鞘下部扁压具脊,上部圆形,光滑无毛,边缘薄膜质,光滑无纤毛。

叶：叶片上表面无毛,叶舌具一圈短纤毛,叶片线状披针形或狭披针形,长5～40 cm,宽2～10 mm,先端长渐尖,基部钝圆,上面粗糙,下面光滑,近基部疏生长柔毛。

金色狗尾草——全株

金色狗尾草——花

花：圆锥花序，花紧密呈圆柱状或狭圆锥状，长3～17 cm，宽4～8 mm（刚毛除外），直立，主轴具短细柔毛，刚毛金黄色或稍带褐色，粗糙，长4～8 mm，先端尖，通常在一簇中仅具一个发育的小穗，第一颖宽卵形或卵形，长为小穗的1/3～1/2，先端尖，具3脉；第二颖宽卵形，长为小穗的1/2～2/3，先端稍钝，具5～7脉，第一小花雄性或中性，第一外稃与小穗等长或微短，具5脉，其内稃膜质，等长且等宽于第二小花，具2脉，通常含3枚雄蕊或无；第二小花两性，外稃革质，等长于第一外稃。先端尖，成熟时，背部极隆起，具明显的横皱纹；鳞被楔形；花柱基部联合。

果：果实为蒴果，花果期6～10月。

金色狗尾草——根

金色狗尾草——叶

生物学特征：

　　世界广布种植物，我国的温带、暖温带，南、北各省区均有分布。山西省的晋中、晋南、晋东南尤为广泛，在国外广布于南、北两半球的温带、暖温带、亚热带。为一年生野生禾草。适应性较强。对水分的反应较敏感，大量生长在湿润的沟边、路旁、田间、丘陵、谷地和河漫滩。它也可以进入山地草本植被中，但数量极少，进入田间的也不如普通狗尾草量大，频度和多度最大的还是田边、地头、沟渠等环境，撂荒地也多出现，喜湿程度较普通狗尾草大，且抗旱力较差。在中性及微酸、微碱土壤中生长良好，抗盐性较差，重盐碱地不能生长。

药用价值：

　　全草入药，味淡，性凉，祛风明目、清热利尿、止泻。用于风热感冒、砂眼、目赤疼痛、黄疸肝炎、小便不利；外用治颈淋巴结结核。

饲用价值：

　　金色狗尾草对农区家畜饲料有一定补充意义。放牧与刈割青饲或调制干草都适宜，尤其是青刈或调制干草最为理想，为各种家畜所喜食，尤为大家畜所嗜食。春、夏的采食率更高。金色狗尾草的草质优良、柔嫩；粗蛋白质含量也比较高，抽穗初期含11.63%，粗纤维含量低（34.33%），但与其他禾本科草比仍较高。

狗 尾 草

学　　名：*Setaria viridis* (L.) Beauv.

别　　名：谷莠子（《植物名汇》）、莠（《诗经》《礼记》）、毛毛狗、阿罗汉草。

采集地点：乌裕尔河中游草甸草原，北纬47°51′，东经124°52′，土壤主要为草甸沼泽土，其次是潜育草甸土和碳酸盐草甸土，气候为温带湿润大陆性季风气候。年平均降水量为427.4 mm，最少只有284 mm，降水最多的月份一般在7月，最少的月份一般在1月。年平均气温3.1 ℃，最低气温出现在1月，平均气温–19.2 ℃，极端最低气温–39.5 ℃。最高气温出现在7月，平均气温22.8 ℃，平均最高气温27.8 ℃，极端最高气温39.9 ℃。平均无霜期为130 d左右，降雪期为150 d左右。雪量平均20～30 cm，积雪日期为120 d左右，最大可出现50 cm以上积雪。冻土日期最短年份为182 d，最长年份为216 d。冻土深度，最大深度为1.8 m，最小深度为1.2 m，年平均深度为1.5 m。

植物学特征：

狗尾草为被子植物门Angiospermae、单子叶植物纲Monocotyledoneae、禾本目Graminales、禾本科Gramineae、黍亚科Panicoideae、黍族Trib. Paniceae、狗尾草亚族Subtrib. Setariinae、狗尾草属Setaria、狗尾草组Sect. Setaria。狗尾草为一年生草本植物，具有以下植物学特征：

根：须根系，高大植株具有支持根。

茎：秆直立或基部膝曲，高10～100 cm，基部径达3～7 mm。

叶：叶鞘松弛，无毛或疏具柔毛或疣毛，边缘具较长的密绵毛状纤毛；叶舌极短，缘有长1～2 mm的纤毛；叶片扁平，长三角状狭披针形或线状披针形，先端长渐尖或渐尖，基部钝圆形，几呈截状或渐窄，长4～30 cm，宽2～18 mm，通常无毛或疏被疣毛，边缘粗糙。

花：圆锥花序紧密呈圆柱状或基部稍疏离，直立或稍弯垂，主轴被较长柔毛，长2～15 cm，宽4～13 mm（除刚毛外），刚毛长4～12 mm，粗糙或微粗糙，直或稍扭曲，通常绿色或褐黄到紫红或紫色；小穗2～5个簇生于主轴上或更多的小穗着生在短小枝上，椭圆形，先端钝，长2～2.5 mm，铅绿色；第一颖卵形、宽卵形，长约为小穗的1/3，先端钝或稍尖，具3脉；第二颖几与小穗等长，椭圆形，具5～7脉；第一外稃与小穗等长，具5～7脉，先端钝，其内稃短小狭窄；第二外稃椭圆形，顶端钝，具细点状皱纹，边缘内卷，狭窄；鳞被楔形，顶端微凹；花柱基分离；叶上下表皮脉间均为微波纹或无波纹的、壁较薄的长细胞。

果：颖果灰白色，花果期5～10月。

生物学特征：

原产欧亚大陆的温带和暖温带地区，现广布于全世界的温带和亚热带地区。狗尾草生于海拔4 000 m以下的荒野、道旁，为旱地作物常见的一种杂草。喜长于温暖湿润气候区，以疏松肥沃、富含腐殖质的沙质壤土及黏壤土为宜。

饲用价值：
良等饲用禾草，为马、牛、羊所喜食。

狗尾草——全株　　狗尾草——根

狗尾草——茎　　狗尾草——叶　　狗尾草——花穗

药用价值：

主治风热感冒、黄疸、小儿疳积、痢疾、小便涩痛、目赤涩痛、目赤肿痛、痈肿、寻常疣、疮癣。狗尾草特别是在治疗鸡眼上具有独到的疗效。

其他：

小穗可提炼糠醛。全草加水煮沸 20 min 后，滤出液可喷杀菜虫。

植物文化：

传说有两户人家为邻，东边一家姓李，西边一家姓张。俗话说，远亲不如近邻，两家相处得比亲戚还亲。李家有儿叫栓儿，已娶妻；张家有儿叫柱儿，柱儿还小，刚刚十一岁。栓儿精，柱儿憨，栓儿家有头健壮的大耕牛，柱儿家有条忠实的黄毛狗。往年两家耕地，都用栓儿家的耕牛。后来两家老人相继过世，年小的柱儿也只好顶起门户过日子。栓儿是个爱占便宜的人，每次柱儿来牵牛耕地，栓儿都心疼得不得了，而小小的柱儿帮他种田、收田、担水、劈柴，有了好吃的总是与他一块分享，他却从来不想。这年春天，又该耕地了，柱儿去牵牛，栓儿说："柱儿，我家的耕牛老了，干不动活了，以后你家的田你就自己耕吧。"年少的柱儿一个人怎耕得了地？眼看着地里的荒草越长越茂，种子却还躺在口袋里，柱儿愁得直哭。这天，柱儿一边挖地一边流眼泪，那条从不离他左右的黄狗突然开口说话了。它说："柱儿啊，你别哭了，你就用我耕地吧，我会耕地啊！"柱儿急忙擦擦泪眼，不大相信地盯着黄狗，谁家的狗能耕地？但黄狗使劲地点着头。从那以后，黄狗春天帮柱儿耕地，秋天帮柱儿拉车，柱儿不但误不了农时，收成还比栓儿多。栓儿看着眼红了，又耕地时，他装出一副很难的样子，苦着脸对柱儿说："柱儿，我家的老牛老得耕不了地啦，柱儿啊，把你的狗借我用用吧。"谁知黄狗到了栓儿的地里，却不肯拉犁耕地，栓儿气得用棍子狠狠地抽它，它还是不干，气急败坏的栓儿最后竟把黄狗给活活打死了！狗死了，栓儿把它就地埋了，只露出一截尾巴在外面，然后跑去跟柱儿说："哎呀呀，柱儿呀，可不好了，你的狗到了我那儿不干活不说，还一头扎进地里不肯出来了！"柱儿急忙跑去一看，果然，栓儿的地里有一截黄色的狗尾巴随着风摇啊摆的。柱儿伤心地大哭，跑过去拉住那截狗尾巴就往外拽，那截狗尾却已变成了一棵草，他把狗尾巴变成的草拔出来，栽在了自家地里。夏天到了，狗尾巴变成的草开出小小的浅绿色的小花儿；秋天到了，小花儿变成一串种子，跟谷子一样。第二年，在柱儿栽下狗尾的地方，又长出成片成片绿绿的小草，就像种的庄稼，它们在风中摇啊摇。这天晚上，柱儿梦见自己的狗又摇着尾巴回来了。狗说，今年你不要耕地了，地里长出的那些草都会结籽实的，它们足够你一年吃的。这一年，柱儿既没耕地，也没种田，满地都是绿油油的青草，到了秋天，这些绿油油的青草果然结出了一串串籽实，金灿灿的。后来，栓儿看柱儿不用种地却年年有收成，就偷偷到柱儿地里把那些狗尾变的草拔出来，栽到自家地里。这些草就在栓儿家的地里长啊长，长得铺天盖地到处都是，栓儿乐坏了。而后，满地的草结出金黄色的籽，跟谷子一样，栓儿更乐了，再再后来，栓儿就乐不出来了，因为他收回来的那些跟谷子一样的东西，有籽无实，因为这些像谷子一样的草是狗尾巴变的，样子很像狗尾巴，人们就叫它"狗尾草"。

菰

学　　名：*Zizania latifolia* (Griseb.) Stapf

别　　名：茭儿菜、茭包、茭笋、茭白笋、脚白笋、加白笋、交白笋、加泽笋、葩白笋、菰蒋、菰蒋草。

采集地点：乌裕尔河中游草甸草原，北纬47°51′，东经124°52′，土壤主要为草甸沼泽土，其次是潜育草甸土和碳酸盐草甸土，气候为温带湿润大陆性季风气候。年平均降水量为427.4 mm，最少只有284 mm，降水最多的月份一般在7月，最少的月份一般在1月。年平均气温3.1 ℃，最低气温出现在1月，平均气温-19.2 ℃，极端最低气温-39.5 ℃。最高气温出现在7月，平均气温22.8 ℃，平均最高气温27.8 ℃，极端最高气温39.9 ℃。平均无霜期为130 d左右，降雪期为150 d左右。雪量平均20～30 cm，积雪日期为120 d左右，最大可出现50 cm以上积雪。冻土日期最短年份为182 d，最长年份为216 d。冻土深度，最大深度为1.8 m，最小深度为1.2 m，年平均深度为1.5 m。

植物学特征：

菰为被子植物门Angiospermae、单子叶植物纲Monocotyledoneae、禾本目Graminales、禾本科Gramineae、稻亚科Oryzoideae、稻族ORYZEAE、菰亚族ZIZANIINAE、菰属Zizania。菰为多年生宿根草本植物，具有以下植物学特征：

根：须根系，根部同时形成纺锤形的肉质根茎称茭白。

茎：具匍匐根状茎。秆高大直立，高1～2 m，径约1 cm，具多数节，基部节上生不定根。

叶：叶鞘长于其节间，肥厚，有小横脉；叶舌膜质，长约1.5 cm，顶端尖；叶片扁平宽大，长50～90 cm，宽15～30 mm。

花：圆锥花序长30～50 cm，分枝多数簇生，开花时上升，果期开展；雄小穗长10～15 mm，两侧压扁，着生于花序下部或分枝上部，常带紫色，外稃具5脉，顶端渐尖具小尖头，内稃具3脉，中脉成脊，具毛，雄蕊6枚，花药长5～10 mm；雌小穗圆筒形，长18～25 mm，宽1.5～2 mm，着生于花序上部和分枝下方与主轴贴生处，外稃之5脉粗糙，芒长20～30 mm，内稃具3脉。

菰——全株

菰——根

菰——叶

果:颖果圆柱形,长约12 mm,胚小形,为果体之1/8。

生物学特征:

产于我国黑龙江、吉林、辽宁、内蒙古、河北、甘肃、陕西、四川、湖北、湖南、江西、福建、广东、台湾。水生或沼生,常见栽培。亚洲温带、日本、俄罗斯及欧洲也有分布。一般生长在水深1.0～1.5 m沿岸带,耐水性较强,适合淡水里生长。其群落多以菰为建群种,成片状分布,也有与芦苇、蒲草及水葱等挺水植物混生。菰为挺水植物,有发达的地下根茎,基部节上有繁殖力很强的不定根,在底质富含腐殖质的地区生长较好。因此菰可以用种子和不定根两种方式繁殖。菰的茎秆基部如有真菌(黑穗菌)寄生,则可刺激组织异常增生而成柔软洁白的膨大部分,称为茭白。菰有很强的适应性,在陆地上、各种水面的浅水区均能生长,但要求光照充足,气候温和,较背风的环境下生长;要求土壤肥沃,土层不太深的黏土上生长。风、雨易造成叶茎折断,球茎生长受阻。

食用价值:

菰是受人欢迎的蔬菜。茭笋、茭儿菜,特别是茭白都是人们喜闻乐见的新鲜蔬菜;菰米是高营养价值的谷类,是优质植物蛋白质的来源。

菰——穗

饲用价值:

全草是优良饲料,自古就有收割菰草喂牲畜和作鱼饵料,菰草粉是颗粒饵料的良好原料。

药用价值:

菰根、菰叶作为中药材,具有治消渴、利小便泻火伤之功用,可治心脏病或作利尿剂;菰米作为中药,有止渴解烦热,调肠胃之功用。

经济价值:

全草是良好造纸原料,用菰草造出的纸抗皱和抗拉性能强;茭白(茭瓜)成熟后其内黑色真菌孢子是天然的化妆品,可用来画眉毛和染发。

植物文化:

我国古代称菰颖果为菰米、雕胡、雁膳、雕菰、王子米等,是我国最早的谷类作物之一。最早关于菰米的文献记载始于周朝,《周礼》将菰列为六谷之一,作为贡米供帝王食用。中国古代唐宋时期,在文人诗作中常见吟咏雕胡菰米美味的诗句,如李白在《宿五松山媪家》中的"跪进雕胡饭,月光明素盘";陆游在《题斋壁》中的"二升菰米晨炊饭,一碗松灯夜读书"等。唐宋以后,随着南方人口激增以及农业大开发、围湖垦田和水稻的推广,菰的生存环境和面积都急剧变化。清末民国时期,菰米又作为充饥救荒使用。可见,自唐宋时期后菰已逐渐被水稻取代,菰米现在已鲜为人知,无人采收食用,成为我国消失的作物之一。

东北拂子茅

学　　名：*Calamagrostis kengii* T. F. Wang

别　　名：耿氏拂子茅(《植物分类学报》)。

采集地点：乌裕尔河中游草甸草原，北纬47°51′，东经124°52′，土壤主要为草甸沼泽土，其次是潜育草甸土和碳酸盐草甸土，气候为温带湿润大陆性季风气候。年平均降水量为427.4 mm，最少只有284 mm，降水最多的月份一般在7月，最少的月份一般在1月。年平均气温3.1 ℃，最低气温出现在1月，平均气温–19.2 ℃，极端最低气温–39.5 ℃。最高气温出现在7月，平均气温22.8 ℃，平均最高气温27.8 ℃，极端最高气温39.9 ℃。平均无霜期为130 d左右，降雪期为150 d左右。雪量平均20～30 cm，积雪日期为120 d左右，最大可出现50 cm以上积雪。冻土日期最短年份为 182 d，最

东北拂子茅——全株

东北拂子茅——茎

东北拂子茅——根

东北拂子茅——穗

长年份为216 d。冻土深度,最大深度为1.8 m,最小深度为1.2 m,年平均深度为1.5 m。

植物学特征:

东北拂子茅为被子植物门Angiospermae、单子叶植物纲Monocotyledoneae、禾本目Graminales、禾本科Gramineae、早熟禾亚科Pooideae、剪股颖族Agrostideae、拂子茅属Calamagrostis的多年生、密丛草本植物,具有以下植物学特征:

根: 具根状茎,多数,横生。

茎: 秆高90~135 cm。叶鞘无毛;叶舌膜质,长3~4(6~7)mm,先端截形或碎裂。

叶: 叶片线形,长25~35 cm,宽约5 mm,边缘粗糙,干时席卷,上面极粗糙,下面平滑。

花: 圆锥花序披针形,下部常有间隙,长12~17(22)cm,中部径1.2~2.5 cm,先端渐尖;小穗狭披针形,长6~7 mm;两颖近等长,锥状披针形,先端长渐尖,沿肋粗糙,第一颖具1脉,第二颖具3脉;外稃长4~5 mm,透明,膜质,先端2齿裂,具3脉,芒由中部以上处伸出,劲直,长2.5~3 mm,基盘之柔毛长5.5~6.8 mm;内稃长2.6~3 mm,透明,膜质,具2脉,脉粗糙;小穗轴延伸于内稃之后,长0.5~0.8 mm,顶端或仅上部簇生少数长丝状柔毛;花期7~8月。

生物学特征:

产自我国黑龙江、吉林,东北小兴安岭、完达山、张广才岭、长白山林区为分布中心,松嫩草原也有。常生于林缘、林内沙质地、水湿处或撂荒地上。

饲用价值:

为牲畜喜食的牧草。

生态价值:

其根茎顽强,抗盐碱土壤,又耐强湿,是固定泥沙、保护河岸的良好材料。

假苇拂子茅

  学 名：*Calamagrostis pseudophragmites* (Hall. F.) Koel.
  别 名：假苇子。
  采集地点：乌裕尔河中游草甸草原，北纬47°51′，东经124°52′，土壤主要为草甸沼泽土，其次是潜育草甸土和碳酸盐草甸土，气候为温带湿润大陆性季风气候。年平均降水量为427.4 mm，最少只有284 mm，降水最多的月份一般在7月，最少的月份一般在1月。年平均气温3.1 ℃，最低气温出现在1月，平均气温−19.2 ℃，极端最低气温−39.5 ℃。最高气温出现在7月，平均气温22.8 ℃，平均最高气温27.8 ℃，极端最高气温39.9 ℃。平均无霜期为130 d左右，降雪期为150 d左右。雪量平均20～30 cm，积雪日期为120 d左右，最大可出现50 cm以上积雪。冻土日期最短年份为182 d，最长年份为216 d。冻土深度，最大深度为1.8 m，最小深度为1.2 m，年平均深度为1.5 m。

假苇拂子茅——全株

假苇拂子茅——根

假苇拂子茅——茎、叶

假苇拂子茅——花

植物学特征:

假苇拂子茅为被子植物门Angiospermae、单子叶植物纲Monocotyledoneae、禾本目Graminales、禾本科Gramineae、早熟禾亚科SubFam. Pooideae、剪股颖族Agrostideae Dumort、拂子茅属 Calamagrostis。假苇拂子茅为多年生草本植物，具有以下植物学特征:

根: 须根系，多数。

茎: 秆直立，株高40～100 cm，径1.5～4 mm。

叶: 叶鞘平滑无毛，或稍粗糙，短于节间，有时在下部者长于节间；叶舌膜质，长4～9 mm，长圆形，顶端钝而易破碎；叶片长10～30 cm，宽1.5～5(7)mm，扁平或内卷，上面及边缘粗糙，下面平滑。

花: 圆锥花序长圆状披针形，疏松开展，长10～20(35)cm，宽(2)3～5 cm，分枝簇生，直立，细弱，稍糙涩。

果: 小穗长5～7 mm，草黄色或紫色；颖线状披针形，成熟后张开，顶端长渐尖，不等长，第二颖较第一颖短1/4～1/3，具1脉或第二颖具3脉，主脉粗糙；外稃透明膜质，长3～4 mm，具3脉，顶端全缘，稀微齿裂，芒自顶端或稍下伸出，细直，细弱，长1～3 mm，基盘的柔毛等长或稍短于小穗；内稃长为外稃的1/3～2/3；雄蕊3，花药长1～2 mm；花果期7～9月。

生物学特征:

广布于我国东北、华北、西北、四川、云南、贵州、湖北等地区诸省。生于山坡草地或河岸阴湿之处，海拔350～2 500 m。欧亚大陆温带区域都有分布。是低湿地草甸或沼泽化草甸的优势种或主要伴生种，习生于平原或山地中、低山带各大河流的河漫滩及河流冲积平原，地下水位较高的沙丘间平地或沙地，沙漠中的淡水湖盆地四周，也见于黄土丘陵的沟谷低地和灌溉农区的渠沟边、田埂、撂荒地或路边低洼处。

饲用价值:

可作饲料，为中等偏低饲用植物。幼嫩至抽穗期含粗蛋白质较高，可达10%左右，马、牛、绵羊、山羊乐食。生长后期，茎叶变粗硬，家畜除非饥饿缺草，几乎不采食。抽穗前打贮的干草为各种家畜乐食，但抽穗开花以后晒制的干草，带大量具长柔毛的穗子，家畜，特别是羔羊采食后易积留在瘤胃中而得"毛球病"，饲喂时应引以注意。

经济价值:

假苇拂子茅含粗纤维36%～40%，可做造纸及人造纤维工业的原料。

生态价值:

假苇拂子茅根状茎发达，能护堤固岸，稳定河床，是良好的水土保持植物。

拂 子 茅

学　　名：*Calamagrostis epigeios* (L.) Roth

别　　名：林中拂子茅、密花拂子茅。

采集地点：乌裕尔河中游草甸草原，北纬47°51′，东经124°52′，土壤主要为草甸沼泽土，其次是潜育草甸土和碳酸盐草甸土，气候为温带湿润大陆性季风气候。年平均降水量为427.4 mm，最少只有284 mm，降水最多的月份一般在7月，最少的月份一般在1月。年平均气温3.1 ℃，最低气温出现在1月，平均气温-19.2 ℃，极端最低气温-39.5 ℃。最高气温出现在7月，平均气温22.8 ℃，平均最高气温27.8 ℃，极端最高气温39.9 ℃。平均无霜期为130 d左右，降雪期为150 d左右。雪量平均20～30 cm，积雪日期为120 d左右，最大可出现50 cm以上积雪。冻土日期最短年份为182 d，最长年份为216 d。冻土深度，最大深度为1.8 m，最小深度为1.2 m，年平均深度为1.5 m。

植物学特征：

拂子茅为被子植物门Angiospermae、单子叶植物纲Monocotyledoneae、禾本目Graminales、禾本科Gramineae、早熟禾亚科Pooideae、剪股颖族Agrostideae、拂子茅属Calamagrostis。拂子茅为多年生草本植物，具有以下植物学特征：

根：须根系，具根状茎。

茎：秆直立，平滑无毛或花序下稍粗糙，高45～100 cm，径2～3 mm。

拂子茅——全株

叶：叶鞘平滑或稍粗糙，短于或基部者长于节间；叶舌膜质，长 5～9 mm，长圆形，先端易破裂；叶片长 15～27 cm，宽 4～8(13) mm，扁平或边缘内卷，上面及边缘粗糙，下面较平滑。

花：圆锥花序紧密，圆筒形，劲直、具间断，长 10～25(30) cm，中部径 1.5～4 cm，分枝粗糙，直立或斜向上升；小穗长 5～7 mm，淡绿色或带淡紫色；两颖近等长或第二颖微短，先端渐尖，具 1 脉，第二颖具 3 脉，主脉粗糙；外稃透明膜质，长约为颖之半，顶端具 2 齿，基盘的柔毛几与颖等长，芒自稃体背中部附近伸出，细直，长 2～3 mm；内稃长约为外稃 2/3，顶端细齿裂；小穗轴不延伸于内稃之后，或有时仅于内稃之基部残留 1 微小的痕迹；雄蕊 3，花药黄色，长约 1.5 mm。

果：花果期 5～9 月。

拂子茅——根

拂子茅——茎

拂子茅——穗

拂子茅——叶

生物学特征：

分布遍及全国，喜生于平原绿洲，习见于水分条件良好的农田、地埂、河边及山地，土壤常轻度至中度盐渍化。拂子茅是组成平原草甸和山地河谷草甸的建群种。生于草丛、潮湿草甸、潮湿地、低湿地、沟边、沟渠边、河边、河谷、河滩丛、河滩沙地、湖边、林缘草甸、林中草甸、柳灌木林中、路边、路边草丛中、平原绿洲、丘间低地、沙地、山谷、山坡、山坡草甸、山坡灌丛、山坡河滩草甸、山坡林中、山坡路边潮湿地、湿润地、溪边、盐碱地、盐碱化草甸、沼泽地。

饲用价值：

拂子茅为牲畜喜食的牧草，适于牧草栽植，是优质纤维植物。

药用价值：

全草入药，可催产助生。用作催产及产后止血。含麦角碱及多量生物碱，总生物碱含量为0.56%，并含甾醇类、脂肪油等。

生态价值：

其根茎顽强，抗盐碱土壤，又耐强湿，是固定泥沙、保护河岸的良好材料。

野　黍

　　学　　名：*Eriochloa villosa* (Thunb.) Kunth
　　别　　名：拉拉草（《植物名录》）、唤猪草（种子植物名称）。
　　采集地点：乌裕尔河中游草甸草原，北纬47°51′，东经124°52′，土壤主要为草甸沼泽土，其次是潜育草甸土和碳酸盐草甸土，气候为温带湿润大陆性季风气候。年平均降水量为427.4 mm，最少只有284 mm，降水最多的月份一般在7月，最少的月份一般在1月。年平均气温3.1 ℃，最低气温出现在1月，平均气温-19.2 ℃，极端最低气温-39.5 ℃。最高气温出现在7月，平均气温22.8 ℃，平均最高气温27.8 ℃，极端最高气温39.9 ℃。平均无霜期为130 d左右，降雪期为150 d左右。雪量平均20～30 cm，积雪日期为120 d左右，最大可出现50 cm以上积雪。冻土日期最短年份为182 d，最长年份为216 d。冻土深度，最大深度为1.8 m，最小深度为1.2 m，年平均深度为1.5 m。

　　植物学特征：
　　野黍属于被子植物门Angiospermae、单子叶植物纲 Monocotyledoneae、禾本目 Graminales、禾本科 Gramineae、黍亚科 Panicoideae、黍族 Trib. Paniceae、雀稗亚族 Subtrib. Paspalinae、野黍属 Eriochloa。野黍为一年生草本植物，具有以下植物学特征：
　　根：须根系，根多数。
　　茎：茎秆直立，基部分枝，稍倾斜，高30～100 cm。
　　叶：叶鞘无毛或被毛或鞘缘一侧被毛，松弛包茎，节具髭毛；叶舌具长约1 mm纤毛；

野黍——全株

野黍——根

野黍——茎、叶　　　　　　　　　　　　野黍——穗

叶片扁平，长5~25 cm，宽5~15 mm，表面具微毛，背面光滑，边缘粗糙。

花：圆锥花序狭长，长7~15 cm，由4~8枚总状花序组成；总状花序长1.5~4 cm，密生柔毛，常排列于主轴之一侧；小穗卵状椭圆形，长4.5~5(~6) mm；基盘长约0.6 mm；小穗柄极短，密生长柔毛；第一颖微小，短于或长于基盘；第二颖与第一外稃皆为膜质，等长于小穗，均被细毛，前者具5~7脉，后者具5脉；第二外稃革质，稍短于小穗，先端钝，具细点状皱纹；鳞被2，折叠，长约0.8 mm，具7脉；雄蕊3；花柱分离。

果：颖果卵圆形，长约3 mm，花果期7~10月。

生物学特征：

产自我国东北、华北、华东、华中、西南、华南等地区，湿生植物。喜光、喜水，耐酸碱。生于耕地、田边、撂荒地及居民点、林缘。日本、印度也有分布。

药用价值：

全草入药，主治火眼、结膜火、视力模糊。

饲用价值：

可放牧，也可刈割调制干草。可作饲料，谷粒含淀粉，成熟前，茎秆细软，适口性好，马、牛、羊喜食。

冰　　草

学　　名：*Agropyron cristatum* (L.) Gaertn.
别　　名：野麦子、扁穗冰草、羽状小麦草。
采集地点：乌裕尔河中游草甸草原，北纬47°51′，东经124°52′，土壤主要为草甸沼泽土，其次是潜育草甸土和碳酸盐草甸土，气候为温带湿润大陆性季风气候。年平均降水量为427.4 mm，最少只有284 mm，降水最多的月份一般在7月，最少的月份一般在1月。年平均气温3.1 ℃，最低气温出现在1月，平均气温-19.2 ℃，极端最低气温-39.5 ℃。最高气温出现在7月，平均气温22.8 ℃，平均最高气温27.8 ℃，极端最高气温39.9 ℃。平均无霜期为130 d左右，降雪期为150 d左右。雪量平均20～30 cm，积雪日期为120 d左右，最大可出现50 cm以上积雪。冻土日期最短年份为182 d，最长年份为216 d。冻土深度，最大深度为1.8 m，最小深度为1.2 m，年平均深度为1.5 m。

植物学特征：

冰草为被子植物门Angiospermae、单子叶植物纲Monocotyledoneae、禾本目Graminales、禾本科Gramineae、早熟禾亚科Pooideae、小麦族Triticeae、冰草属Agropyron。冰草为多年生旱生禾草，具有以下植物学特征：

根：须根系，密生，外具砂套；疏丛型。

茎：秆成疏丛，上部紧接花序部分被短柔毛或无毛，高20～60(75) cm，有时分蘖横走或下伸成长达10 cm的根茎。

叶：叶片长5～15(20) cm，宽2～5 mm，质较硬而粗糙，常内卷，上面叶脉强烈隆起成纵沟，脉上密被微小短硬毛。

花：穗状花序较粗壮，矩圆形或两端微窄，长2～6 cm，宽8～15 mm；小穗紧密平行排列成两行，整齐呈篦齿状，含(3)5～7小花，长6～9(12) mm；颖舟形，脊上连同背

冰草——全株

冰草——根

部脉间被长柔毛,第一颖长2～3 mm,第二颖长3～4 mm,具略短于颖体的芒;外稃被有稠密的长柔毛或显著地被稀疏柔毛,顶端具短芒长2～4 mm;内稃脊上具短小刺毛;花果期6～10月。

冰草——茎、叶

冰草——穗

生物学特征:

在我国主要分布在黑龙江、吉林、辽宁、河北、山西、陕西、甘肃、青海、新疆和内蒙古等省(区)干旱草原地带,在国外分布于欧洲、俄罗斯的西伯利亚及中亚地区和蒙古。冰草是草原区旱生植物,具有很强的抗旱性和抗寒性,适宜在干燥寒冷地区生长,但不耐涝。喜生于草原区的栗钙土壤上,有时在黏土上也能生长,但不耐盐碱;在酸性土或沼泽地、潮湿的土壤上极少见。冰草往往是草原植物群落的主要伴生种。在平地、丘陵和山坡排水较良好及干燥的地区也经常见到。冰草分蘖能力很强,播种当年分蘖可达25～55个,并很快形成丛状。种子自然落地,可以自生。冰草返青早,在我国北方4月中旬开始返青,5月末抽穗,6月中下旬开花,7月中下旬种子成熟,9月下旬至10月上旬植株枯黄。生育期为110～120 d。

饲用价值:

草质柔软,是优良牧草之一,营养价值较高,为优良牧草,青鲜时马和羊最喜食,牛与骆驼亦喜食,营养价值很好,是中等催肥饲料。但是花后适口性和营养成分均有降低,干草的营养价值较差。冰草对反刍家禽的消化成分亦较高。

药用价值:

冰草煎汤或作茶饮可清热利湿,平喘,止血,治疗哮喘、咳痰带血。

栽培价值:

冰草具有抗旱、耐寒、耐牧以及产子较多等特性,在放牧地补播和建立旱地人工草地中具有重要的作用。

生态价值:

冰草具有强大的根系和根茎苗,盘根错节的根系分布极具扩展性和侵占性,是中国西部干旱半干旱地区典型草原地带荒山绿化和交通干线固土护坡的首选草种。

披 碱 草

学　　名：*Elymus dahuricus* Turcz.

采集地点：乌裕尔河中游草甸草原,北纬47°51′,东经124°52′,土壤主要为草甸沼泽土,其次是潜育草甸土和碳酸盐草甸土,气候为温带湿润大陆性季风气候。年平均降水量为427.4 mm,最少只有284 mm,降水最多的月份一般在7月,最少的月份一般在1月。年平均气温3.1 ℃,最低气温出现在1月,平均气温-19.2 ℃,极端最低气温-39.5 ℃。最高气温出现在7月,平均气温22.8 ℃,平均最高气温27.8 ℃,极端最高气温39.9 ℃。平均无霜期为130 d左右,降雪期为150 d左右。雪量平均20～30 cm,积雪日期为120 d左右,最大可出现50 cm以上积雪。冻土日期最短年份为182 d,最长年份为216 d。冻土深度,最大深度为1.8 m,最小深度为1.2 m,年平均深度为1.5 m。

植物学特征：

披碱草为被子植物门Angiospermae、单子叶植物纲Monocotyledoneae、禾本目Graminales、禾本科Gramineae、早熟禾亚科POOIDEAE Macf.Et Wats、小麦族Triticeae Dunn、披碱草属Elymus。披碱草为多年生草本植物,具有以下植物学特征：

根：须根系,根多数。

茎：茎秆疏丛,直立,高70～140 cm,基部膝曲。

叶：叶鞘光滑无毛；叶片扁平,稀可内卷,上面粗糙,下面光滑,有时呈粉绿色,长15～25 cm,宽5～9(12) mm。

花：穗状花序直立,较紧密,长14～18 cm,宽5～10 mm；穗轴边缘具小纤毛,中部各节具2小穗而接近顶端和基部各节只具1小穗；小穗绿色,成熟后变为草黄色,长

披碱草——全株

披碱草——根

披碱草——茎、叶

披碱草——穗

10～15 mm，含3～5小花，披碱草的颖披针形或线状披针形，长8～10 mm，先端长达5 mm的短芒，有3～5明显而粗糙的脉；外稃披针形，上部具5条明显的脉，全部密生短小糙毛，第一外稃长9 mm，先端延伸成芒，芒粗糙，长10～20 mm，成熟后向外展开；内稃与外稃等长，先端截平，脊上具纤毛，至基部渐不明显，脊间被稀少短毛。

果：颖果黏合或与稃体分离，种脐长线形，胚小，单粒淀粉少。

生物学特征：

产自我国东北、内蒙古、河北、河南、山西、陕西、青海、四川、新疆、西藏等省区。多生于山坡草地或路边。俄罗斯、朝鲜、日本与印度西北部、土耳其东部也有分布。一般在4月中下旬或5月初返青，7月中旬开花，8月上旬种子成熟。生育期为100～126 d。在生育期内，从返青至拔节需60～65 d，拔节至抽穗为13～15 d，抽穗至开花为7～10 d，开花至种子成熟为20～25 d。生育期有随栽培年限的增加而减少的趋势，从返青至拔节以前，生长强度及生长速度均较缓慢，从拔节至开花则较迅速，以后又趋于缓慢。披碱草具有较长的果后营养期。披碱草一般单株分蘖可达30～50个，最多可达100个。能适应较广泛的土壤类型。从自然分布的情况，诸如黑钙土、暗栗钙土、栗钙土及黑垆土地区均有分布。具有一定的耐盐能力，也有一定的发芽能力，具有一定的抗旱能力和较强的抗寒能力，还有一定再生能力。

饲用价值：

披碱草抽穗期至始花期刈割所调制的青干草，家畜亦喜食。迟于盛花期刈割调制的干草，茎秆粗硬而叶量少，可食性下降，利用率下降，为中等品质饲草。

圆柱披碱草

学　　名：*Elymus dahuricus* var. *cylindricus* Franchet

采集地点：乌裕尔河中游草甸草原，北纬47°51′，东经124°52′，土壤主要为草甸沼泽土，其次是潜育草甸土和碳酸盐草甸土，气候为温带湿润大陆性季风气候。年平均降水量为427.4 mm，最少只有284 mm，降水最多的月份一般在7月，最少的月份一般在1月。年平均气温3.1 ℃，最低气温出现在1月，平均气温−19.2 ℃，极端最低气温−39.5 ℃。最高气温出现在7月，平均气温22.8 ℃，平均最高气温27.8 ℃，极端最高气温39.9 ℃。平均无霜期为130 d左右，降雪期为150 d左右。雪量平均20~30 cm，积雪日期为120 d左右，最大可出现50 cm以上积雪。冻土日期最短年份为182 d，最长年份为216 d。冻土深度，最大深度为1.8 m，最小深度为1.2 m，年平均深度为1.5 m。

植物学特征：

圆柱披碱草为被子植物门Angiospermae、单子叶植物纲Monocotyledoneae、禾本目Graminales、禾本科Gramineae、早熟禾亚科Pooideae、小麦族Triticeae、披碱草属

圆柱披碱草——全株

圆柱披碱草——根

圆柱披碱草——叶

Elymus。圆柱披碱草为多年生草本植物,具有以下植物学特征:

根:须根系,疏丛状。

茎:秆细弱,高40~80 cm。

叶:叶鞘无毛;叶片扁平,干后内卷,长5~12 cm,宽约5 mm,上面粗糙,下面平滑。

花:穗状花序直立,狭瘦,长7~14 cm,粗约5 mm,除接近先端各节仅具1枚小穗外,其余各节具2小穗;穗轴边缘具小纤毛;小穗绿色或带有紫色,长9~11 mm(芒除外),通常含2~3小花,仅1~2小花发育;颖披针形至线状披针形,长7~8 mm,具3~5脉,脉明显而粗糙,先端渐尖或具长达4 mm的短芒;外稃披针形,全部被微小短毛,第一外稃长7~8 mm,具5脉,顶端芒粗糙,直立或稍展开,长6~13 mm;内稃与外稃等长,先端钝圆,脊上有纤毛,脊间被微小短毛。

果:颖果长椭圆形,褐色,千粒重3~4 g。

圆柱披碱草——茎

圆柱披碱草——穗

生物学特征:

主产于我国内蒙古、河北、四川、青海、新疆等省区。多生于山坡草原化草甸、河谷草甸,田野也有分布。目前国内有些地区引种栽培。

饲用价值:

圆柱披碱草属于良等饲用禾草。在开花期前质地较柔嫩,适口性良好。从返青至开花前,马、牛、羊均喜食,开花后,质地迅速粗老,家畜主要采食其叶和茎秆上部较柔嫩的部分。圆柱披碱草适宜放牧或调制干草,利用年限为2~4年,在内蒙古地区有灌溉的条件下,亩产鲜草1 200 kg左右,在成熟期的产草量较高,但质地较粗硬,由抽穗期至结实期,蛋白质的含量下降,粗纤维的含量增高。

老 芒 麦

学　　名：*Elymus sibiricus* L.
别　　名：西伯利亚披碱草、叶老芒麦。
采集地点：乌裕尔河中游草甸草原，北纬47°51′，东经124°52′，土壤主要为草甸沼泽土，其次是潜育草甸土和碳酸盐草甸土，气候为温带湿润大陆性季风气候。年平均降水量为427.4 mm，最少只有284 mm，降水最多的月份一般在7月，最少的月份一般在1月。年平均气温3.1 ℃，最低气温出现在1月，平均气温-19.2 ℃，极端最低气温-39.5 ℃。最高气温出现在7月，平均气温22.8 ℃，平均最高气温27.8 ℃，极端最高气温39.9 ℃。平均无霜期为130 d左右，降雪期为150 d左右。雪量平均20～30 cm，积雪日期为120 d左右，最大可出现50 cm以上积雪。冻土日期最短年份为182 d，最长年份为216 d。冻土深度，最大深度为1.8 m，最小深度为1.2 m，年平均深度为1.5 m。

植物学特征：

老芒麦为被子植物门 Angiospermae、单子叶植物纲 Monocotyledoneae、禾本目 Graminales、禾本科 Gramineae、早熟禾亚科 Pooideae、小麦族 Triticeae、披碱草属 Elymus。老芒麦为多年生草本植物，具有以下植物学特征：

根：须根系，疏丛型，根系发达，入土较深，须根密集，呈淡黄色。

茎：秆单生或成疏丛，直立或基部稍倾斜，高60～90 cm，粉红色，下部的节稍呈膝曲状。

叶：叶鞘光滑无毛；叶片扁平，有时上面生短柔毛，长10～20 cm，宽5～10 mm。

老芒麦——全株

老芒麦——根

花：穗状花序较疏松而下垂，长15～20 cm，通常每节具2枚小穗，有时基部和上部的各节仅具1枚小穗；穗轴边缘粗糙或具小纤毛；小穗灰绿色或稍带紫色，含4～5小花；老芒麦的颖狭披针形，长4～5 mm，具3～5明显的脉，脉上粗糙，背部无毛，先端渐尖或具长达4 mm的短芒；外稃披针形，背部粗糙无毛或全部密生微毛，具5脉，脉在基部不太明显，第一外稃长8～11 mm，顶端芒粗糙，长15～20 mm，稍展开或反曲；内稃几与外稃等长，先端2裂，脊上全部具有小纤毛，脊间亦被稀少而微小的短毛。

果：颖果黏合或与稃体分离，种脐长线形，胚小，单粒淀粉。

老芒麦——茎

老芒麦——叶

老芒麦——穗

生物学特征：
产自我国东北、内蒙古、河北、山西、陕西、甘肃、宁夏、青海、新疆、四川、西藏等省区。多生于路旁和山坡上。俄罗斯、朝鲜、日本也有分布。

饲用价值：

老芒麦富含蛋白质，适口性好。马、牛、羊均喜食，特别是马和牦牛喜食。老芒麦是披碱草属(Elymus或Clinelymus)中饲用价值较高的一种。植株无毛、无味、开花前期各个部位质地柔软，花期后仅下部20 cm处茎秆稍硬。叶量丰富，特别是多叶老芒麦的叶片多而宽大。一般播种当年叶量占总量的50%左右，生活第二年以后，抽穗期叶量一般占40%～50%，茎占35%～47%，花序占6%～15%，再生草叶量占60%～70%。一般亩产干草200～400 kg，高产可达500 kg以上。营养成分含量丰富，消化率较高，夏秋季节对幼畜发育、母畜产仔和牲畜的增膘都有良好的效果。叶片分布均匀，调制的干草各类牲畜都喜食。特别在冬春季节，幼畜、母畜最喜食。牧草返青期早、枯黄期迟，绿草期较一般牧草长30 d左右，从而提早和延迟了青草期，对各类牲畜的饲养有一定的经济效果。老芒麦作为栽培牧草，在国外开始于18世纪末，19世纪初期，俄罗斯、英国、德国等都有研究记录。俄罗斯作为新的牧草栽培开始于1927年。中国20世纪60年代开始在西北、华北、东北等地推广种植，由于对土壤要求不严，根系入土深，抗寒性很强，故在三北地区越冬性良好，是很有经济价值的栽培牧草。

肥披碱草

学　　名：*Elymus excelsus* Turcz.

采集地点：乌裕尔河中游草甸草原，北纬47°51′，东经124°52′，土壤主要为草甸沼泽土，其次是潜育草甸土和碳酸盐草甸土，气候为温带湿润大陆性季风气候。年平均降水量为427.4 mm，最少只有284 mm，降水最多的月份一般在7月，最少的月份一般在1月。年平均气温3.1 ℃，最低气温出现在1月，平均气温-19.2 ℃，极端最低气温-39.5 ℃。最高气温出现在7月，平均气温22.8 ℃，平均最高气温27.8 ℃，极端最高气温39.9 ℃。平均无霜期为130 d左右，降雪期为150 d左右。雪量平均20～30 cm，积雪日期为120 d左右，最大可出现50 cm以上积雪。冻土日期最短年份为182 d，最长年份为216 d。冻土深度，最大深度为1.8 m，最小深度为1.2 m，年平均深度为1.5 m。

植物学特征：

肥披碱草为被子植物门Angiospermae、单子叶植物纲Monocotyledoneae、禾本目Graminales、禾本科Gramineae、早熟禾亚科Pooideae、小麦族Triticeae、披碱草属Elymus的多年生草本植物，具有以下植物学特征：

肥披碱草——全株

肥披碱草——根

根：须根系，根系发达，须根密生，根茎横走。

茎：茎秆粗壮，高可达140 cm，粗达6 mm。

叶：叶鞘无毛，有时下部的叶鞘具短柔毛；叶片扁平，长20～30 cm，宽10～16 mm，两面粗糙或下面平滑，常带粉绿色。

花：穗状花序直立，粗壮，长15～22 cm，穗轴边缘具有小纤毛，每节具2～3(4)枚小穗；小穗长12～15(25) mm(芒除外)，含4～5小花；颖狭披针形，长10～13 mm，具5～7明显而粗糙的脉，先端具长达7 mm的芒；外稃上部具5明显的脉，背部无毛，粗糙，先端和脉上及边缘被有微小短毛，第一外稃长8～12 mm，先端延伸成芒，芒粗糙，反曲，长15～20 mm，亦有长达40 mm者；内稃稍短于外稃，脊上具纤毛，脊间被稀少短毛。

肥披碱草——茎

生物学特征：

产自我国东北、内蒙古、河北、山西、河南、陕西、四川、甘肃、青海、新疆等省区。多生于山坡、草地和路旁。肥披碱草在世界上主要分布在北半球的寒温带，我国的近邻蒙古、俄罗斯、朝鲜、日本以及伊朗、土耳其等国都有分布。肥披碱草在我国的分布区位于北纬30°～50°，东经100°～120°的范围内。整个分布区从东北向西南呈一带状，即从寒温带针叶林区，经内蒙古东部及东南部，过黄河进入陕西、四川而上于青海东部。

肥披碱草——叶　　　　　　　　　　　　肥披碱草——穗

饲用价值：

　　肥披碱草返青早，分蘖拔节持续时间长，叶量较丰富，生长前期草质较好，开花成熟后，纤维含量剧增，茎叶变硬，适口性降低，因此，应提前在不晚于抽穗期利用，可以提高该草的利用率，开花以前刈割的青干草，为各种家畜所喜食。其化学成分及有机物质消化率也均较高。肥披碱草的产草量和种子产量均较高，内蒙古呼和浩特地区，生长第二年的植株，干草产量每亩为 428.15～620 kg，北京地区则为 767 kg。该草在内蒙古的种子产量每亩 103.25～126.05 kg。大面积栽培的披碱草表现良好，特别是较适宜于有轻度及干度盐渍化的土壤上栽培，因此，该草是干旱和半干旱地区栽培驯化很有前景的优良牧草。

纤毛披碱草

学　　名：*Elymus ciliaris* (Trinius ex Bunge) Tzvelev
别　　名：纤毛鹅观草。

采集地点：乌裕尔河中游草甸草原，北纬47°51′，东经124°52′，土壤主要为草甸沼泽土，其次是潜育草甸土和碳酸盐草甸土，气候为温带湿润大陆性季风气候。年平均降水量为427.4 mm，最少只有284 mm，降水最多的月份一般在7月，最少的月份一般在1月。年平均气温3.1 ℃，最低气温出现在1月，平均气温-19.2 ℃，极端最低气温-39.5 ℃。最高气温出现在7月，平均气温22.8 ℃，平均最高气温27.8 ℃，极端最高气温39.9 ℃。平均无霜期为130 d左右，降雪期为150 d左右。雪量平均20～30 cm，积雪日期为120 d左右，最大可出现50 cm以上积雪。冻土日期最短年份为182 d，最长年份为216 d。冻土深度，最大深度为1.8 m，最小深度为1.2 m，年平均深度为1.5 m。

植物学特征：

纤毛披碱草为被子植物门Angiospermae、单子叶植物纲Monocotyledoneae、禾本目Graminales、禾本科Gramineae、早熟禾亚科Pooideae、小麦族Triticeae、鹅观草属Roegneria、拟披碱草组 Sect. Roegneria、纤毛草系Ser. Ciliares。纤毛披碱草为多年生草本植物，具有以下植物学特征：

根：须根系，分枝少，粗壮。

茎：茎秆单生或成疏丛，直立，基部节常膝曲，高40～80 cm，平滑无毛，常被白粉。

叶：叶鞘无毛，稀可基部叶鞘于接近边缘处具有柔毛；叶片扁平，长10～20 cm，宽3～10 mm，两面均无毛，边缘粗糙。穗状花序直立或多少下垂，长10～20 cm。

纤毛披碱草——全株

纤毛披碱草——根

花：小穗通常绿色，长15～22 mm（除芒外），含(6)7～12小花；颖椭圆状披针形，先端常具短尖头，两侧或一侧常具齿，具5～7脉，边缘与边脉上具有纤毛，第一颖长7～8 mm，第二颖长8～9 mm；外稃长圆状披针形，背部被粗毛，边缘具长而硬的纤毛，上部具有明显的5脉，通常在顶端两侧或一侧具齿，第一外稃长8～9 mm，顶端延伸成粗糙反曲的芒，长10～30 mm；内稃长为外稃的2/3，先端钝头，脊的上部具少许短小纤毛。

果：颖果顶端具毛茸，腹面微凹陷或具浅沟，花果期6～8月。

纤毛披碱草——茎、叶

纤毛披碱草——穗

生物学特征：

在我国广为分布；生于路旁或潮湿草地以及山坡上。俄罗斯的远东地区以及朝鲜、日本也有分布。纤毛披碱草分布的生态幅比较宽，适应的降水范围是400～1 700 mm；它既可在沙质土上生长，也可在黏质土上定居，适应的土壤pH4.5～8；适应的绝对最低温-30 ℃，绝对最高温为35 ℃。

饲用价值：

家畜喜食，有饲用价值，秆叶柔嫩，幼时为家畜喜吃，至穗成熟时，秆叶粗韧，且有硬芒，不宜利用。孕穗前，茎叶柔嫩，马、牛、羊、兔、鹅均喜食。抽穗后适口性下降。以利用青草期为宜，也可调制成干草。本种植物可作牲畜的饲料，叶质柔软而繁盛，产草量大，可食性高。

生态价值：

纤毛披碱草是良好的水土保持植物。

大牛鞭草

学　　名：*Hemarthria altissima* (Poir.) Stapf et C. E. Hubb.

别　　名：脱节草、牛仔草、铁马鞭。

采集地点：乌裕尔河中游草甸草原，北纬47°51′，东经124°52′，土壤主要为草甸沼泽土，其次是潜育草甸土和碳酸盐草甸土，气候为温带湿润大陆性季风气候。年平均降水量为427.4 mm，最少只有284 mm，降水最多的月份一般在7月，最少的月份一般在1月。年平均气温3.1 ℃，最低气温出现在1月，平均气温-19.2 ℃，极端最低气温-39.5 ℃。最高气温出现在7月，平均气温22.8 ℃，平均最高气温27.8 ℃，极端最高气温39.9 ℃。平均无霜期为130 d左右，降雪期为150 d左右。雪量平均20～30 cm，积雪日期为120 d左右，最大可出现50 cm以上积雪。冻土日期最短年份为182 d，最长年份为216 d。冻土深度，最大深度为1.8 m，最小深度为1.2 m，年平均深度为1.5 m。

植物学特征：

大牛鞭草为被子植物门Angiospermae、单子叶植物纲Monocotyledoneae、禾本目Graminales、禾本科Gramineae、黍亚科Panicoideae、高粱族Trib. Andropogoneae、筒轴茅亚族Subtrib. Rottboelliinae、大牛鞭草属Hemarthria。大牛鞭草为多年生草本植物，具有以下植物学特征：

根：有长而横走的根茎，根茎分节，节间生有须根，根茎为白色。

茎：秆直立部分可高达1 m，直径约3 mm，一侧有槽。

叶：叶鞘边缘膜质，鞘口具纤毛；叶舌膜质，白色，长约0.5 mm，上缘撕裂状；叶片线形，长15～20 cm，宽4～6 mm，两面无毛。

花：总状花序单生或簇生，长6～10 cm，直径约2 mm。无柄小穗卵状披针形，长

大牛鞭草——全株

大牛鞭草——根

大牛鞭草——穗

大牛鞭草——叶

5～8 mm，第一颖草质，等长于小穗，背面扁平，具7～9脉，两侧具脊，先端尖或长渐尖；第二颖厚纸质，贴生于总状花序轴凹穴中，但其先端游离；第一小花仅存膜质外稃，第二小花两性，外稃膜质，长卵形，长约4 mm；内稃薄膜质，长约为外稃的2/3，先端圆钝，无脉。有柄小穗长约8 mm，有时更长；第二颖完全游离于总状花序轴；第一小花中性，仅存膜质外稃；第二小花两稃均为膜质，长约4 mm。

果： 花果期为夏秋季。

生物学特征：

喜温暖湿润气候，在亚热带冬季也能保持青绿。冬季生长缓慢，只有最大生长量的十分之一。夏季生长快，7月日生长量可达3.6 cm。大牛鞭草播种出苗快，出苗15 d即分蘖。第1次分蘖40 d后可达47.8 cm。第2次分蘖在出苗后30 d左右开始，第3次分蘖约在出苗后50～60 d，第4次分蘖则在77 d后发生。全生育期中，第2次分蘖数量最大，约占总分蘖数的48.6%。大牛鞭草再生性好，每年刈割4～6次。每次刈割后50 d即可生长到100 cm以上。刈割促进分蘖，第1次刈割后分蘖数增加153.1～174.5倍。大牛鞭草喜炎热，耐低温。极端最高温度达39.8 ℃生长良好，-3 ℃枝叶仍能保持青绿。在海拔2 132.4 m的高山地带，能在有雪覆盖下越冬。该草适宜在年平均气温16.5 ℃地区生长，气温低影响产量。大牛鞭草耐水淹。大牛鞭草对土壤要求不严格，pH值为6生长最好，但在pH值为4～8时也能存活。大牛鞭草根系分泌酚类化合物，抑制豆科牧草的生长，与三叶草、山蚂蝗混播时，豆科牧草均生长不良。产于我国东北、华北、华中、华南、西南各地；多生于田地、水沟、河滩等湿润处。北非、欧洲地中海沿岸各国也有分布。

饲用价值：

大牛鞭草植株高大，叶量丰富，适口性好，是牛、羊、兔的优质饲料。一般青饲为好，青饲有清香甜味，各种家畜都喜食。调制干草不易掉叶，但脱水慢、晾晒时间长，遇雨易腐烂。青贮效果好，利用率高。该品种粗蛋白质含量较高，为优良牧草之一。刈割时期不同，大牛鞭草的代谢能值亦不同。从4月2日到8月25日拔节期刈割，干物质中的代谢能为9.26～9.65 MJ/kg，8月28日在开花期刈割，代谢能为9.02～9.13 MJ/kg。拔节期高于结实期。

芒颖大麦草

学　　名：*Hordeum jubatum* L.
别　　名：芒麦草。
采集地点：乌裕尔河中游草甸草原，北纬47°51′，东经124°52′，土壤主要为草甸沼泽土，其次是潜育草甸土和碳酸盐草甸土，气候为温带湿润大陆性季风气候。年平均降水量为427.4 mm，最少只有284 mm，降水最多的月份一般在7月，最少的月份一般在1月。年平均气温3.1 ℃，最低气温出现在1月，平均气温-19.2 ℃，极端最低气温-39.5 ℃。最高气温出现在7月，平均气温22.8 ℃，平均最高气温27.8 ℃，极端最高气温39.9 ℃。平均无霜期为130 d左右，降雪期为150 d左右。雪量平均20~30 cm，积雪日期为120 d左右，最大可出现50 cm以上积雪。冻土日期最短年份为182 d，最长年份为216 d。冻土深度，最大深度为1.8 m，最小深度为1.2 m，年平均深度为1.5 m。

植物学特征：

芒颖大麦草为被子植物门Angiospermae、单子叶植物纲Monocotyledoneae、禾本目Graminales、禾本科Gramineae、早熟禾亚科Pooideae、小麦族Triticeae、大麦属Hordeum。芒颖大麦草为越年生草本植物，具有以下植物学特征：

根：须根系，白色。
茎：秆丛生，直立或基部稍倾斜，平滑无毛，高30~45 cm，直径约2 mm，具3~5节。
叶：叶鞘下部者长于节间而中部以上者短于节间；叶舌干膜质、截平，长约0.5 mm；叶片扁平，粗糙，长6~12 cm，宽1.5~3.5 mm。

芒颖大麦草——全株

芒颖大麦草——根

花：穗状花序柔软，绿色或稍带紫色，长约10 cm（包括芒）；穗轴成熟时逐节断落，节间长约1 mm，棱边具短硬纤毛；三联小穗两侧者各具长约1 mm的柄，两颖为长5~6 cm弯软细芒状,其小花通常退化为芒状,稀为雄性;中间无柄小穗的颖长4.5~6.5 cm,细而弯;外稃披针形,具5脉,长5~6 mm,先端具长达7 cm的细芒;内稃与外稃等长。

果:花果期5~8月。

芒颖大麦草——叶

芒颖大麦草——穗

芒颖大麦草—成熟期穗

生物学特征:

多生长于路旁、田野或草原,比较耐盐碱,种子随风飘动,随地生根繁衍,生命力旺盛。原产于北美及欧亚大陆的寒温带,中国东北为逸生。

园林价值:

芒颖大麦草在不同生育期颜色有所变化,飘逸,成片种植时,非常好看,具有观赏价值,可作为景观草品种。

短芒大麦草

学　　名：*Hordeum brevisubulatum* (Trin.) Link.
别　　名：野大麦、野黑麦、莱麦草。
采集地点：乌裕尔河中游草甸草原，北纬47°51′，东经124°52′，土壤主要为草甸沼泽土，其次是潜育草甸土和碳酸盐草甸土，气候为温带湿润大陆性季风气候。年平均降水量为427.4 mm，最少只有284 mm，降水最多的月份一般在7月，最少的月份一般在1月。年平均气温3.1 ℃，最低气温出现在1月，平均气温-19.2 ℃，极端最低气温-39.5 ℃。最高气温出现在7月，平均气温22.8 ℃，平均最高气温27.8 ℃，极端最高气温39.9 ℃。平均无霜期为130 d左右，降雪期为150 d左右。雪量平均20~30 cm，积雪日期为120 d左右，最大可出现50 cm以上积雪。冻土日期最短年份为182 d，最长年份为216 d。冻土深度，最大深度为1.8 m，最小深度为1.2 m，年平均深度为1.5 m。

植物学特征：

短芒大麦草为被子植物门Angiospermae、单子叶植物纲Monocotyledoneae、禾本目Graminales、禾本科Gramineae、早熟禾亚科Pooideae、小麦族Triticeae、大麦属Hordeum。短芒大麦草为多年生草本植物，具有以下植物学特征：

根：须根系，丛生根多数。

茎：秆丛生，直立，基部节常弯曲，高40~80 cm，径约1.5 mm，光滑，具3~4节。

叶：叶鞘无毛，通常短于节间，常具淡黄色尖形的叶耳，叶舌膜质，截平，长约1 mm；叶片长5~15 cm，宽2~6 mm，上面粗糙，下面较平滑。

花：穗状花序长3~9 cm，宽3~5 mm，灰绿色，成熟时带紫色；穗轴节间长约2 mm，基部者可达6 mm，边缘具纤毛；三联小穗两侧者通常较小或发育不全，具长约

短芒大麦草——全株

1 mm 的柄，其颖为针状，长 4～5 mm；其外稃无芒，长约 5 mm；中间无柄小穗的颖形似有柄者，长 4～6 mm；外稃长 6～7 mm，较平滑或具刺毛，顶具 1～2 mm 长的尖头；内稃与外稃等长；花药长约 3 mm；花期 6～8 月。

果：颖果长约 3 mm，顶端具毛。

短芒大麦草——根

短芒大麦草——茎、叶

短芒大麦草——穗

生物学特征：

主要分布在我国东北、华北、内蒙古、青海、新疆等省(区)，天然生长的面积较大，往往呈单纯群落分片生长，为碱性草原的耐盐碱的优良牧草，牲畜最喜食。近几年来在吉林、内蒙古、河北、甘肃、新疆、青海等省(区)都有栽培。

饲用价值：

适口性很好，大小牲畜都喜食，根据定位观察可知，春、秋季绵羊特别爱采食，往往贪婪地啃食到只剩下根茬，夏冬季马、牛等大牲畜的采食率高，频繁的采食，使短芒大麦草的生育受到影响，故在放牧场上表现不繁茂，生长受阻，产草量不高。调制成干草，牲畜也最喜食。短芒大麦草在禾草中是粗蛋白质含量较高的牧草之一，草质柔软，适口性好。

光稃香草

学　　名：*Anthoxanthum glabrum* (Trinius) Veldkamp
别　　名：香茅、黄香草。
采集地点：乌裕尔河中游草甸草原,北纬47°51′,东经124°52′,土壤主要为草甸沼泽土,其次是潜育草甸土和碳酸盐草甸土,气候为温带湿润大陆性季风气候。年平均降水量为427.4 mm,最少只有284 mm,降水最多的月份一般在7月,最少的月份一般在1月。年平均气温3.1 ℃,最低气温出现在1月,平均气温-19.2 ℃,极端最低气温-39.5 ℃。最高气温出现在7月,平均气温22.8 ℃,平均最高气温27.8 ℃,极端最高气温39.9 ℃。平均无霜期为130 d左右,降雪期为150 d左右。雪量平均20～30 cm,积雪日期为120 d左右,最大可出现50 cm以上积雪。冻土日期最短年份为182 d,最长年份为216 d。冻土深度,最大深度为1.8 m,最小深度为1.2 m,年平均深度为1.5 m。

植物学特征：

光稃香草为被子植物门Angiospermae、单子叶植物纲Monocotyledoneae、禾本目Graminales、禾本科Gramineae、早熟禾亚科Pooideae、藨草族Phalarideae、茅香属Hierochloe。光稃香草为多年生草本植物,具有以下植物学特征:

根：须根系,根茎细长。
茎：茎秆高15～22 cm,具2～3节,上部长裸露。
叶：叶鞘密生微毛,长于节间;叶舌透明膜质,长2～5 mm,先端啮蚀状;叶片披针

光稃香草——全株

光稃香草——根

光稃香草——茎、叶　　　　　　　　　　　光稃香草——穗

形，质较厚，上面被微毛，秆生者较短，长2~5 cm，宽约2 mm，基生者较长而窄狭。圆锥花序顶生，长约5 cm；小穗黄褐色，有光泽，长2.5~3 mm；颖膜质，具1~3脉，等长或第一颖稍短。

花：雄花外稃等长或较长于颖片，背部向上渐被微毛或几乎无毛，边缘具纤毛；两性花外稃锐尖，长2~2.5 mm，上部被短毛。

果：花果期6~9月。

生物学特征：

分布在我国东北的西部、河北、青海以及新疆的天山、乌鲁木齐，海拔2 000~2 800 m都有野生，国外分布在东部西伯利亚、乌苏里地区、蒙古、朝鲜及日本等亚洲北部各地。

饲用价值：

光稃香草干草营养成分的分析：含粗蛋白质10%、粗脂肪5%、粗纤维21%左右，可见，粗蛋白和粗脂肪的含量为禾本科牧草较多的种类，而粗纤维相对较少，磷与钙之比为1:2左右，每克鲜叶含维生素C1 mg，因此，适口性较高，青草马、牛等大家畜喜食，还可以喂家兔，春末或初夏齐地面割下，稍折断，即可用来饲喂牲畜，给早春放牧提供可贵的青饲草。光稃香草对反刍家畜有机物质消化率较高。光稃香草开花后约一个月内，基生叶芽壮，仍保持柔软性，且耐践踏，适作为放牧场的草种，与其他禾本科牧草混播，不仅生长无影响，而且因有光稃香草混生，可提高其他牧草的适口性，唯它的青草含有少量的香豆素，值得注意。

虉 草

学　　名：*Phalaris arundinacea* L.
别　　名：草芦、园草芦、马羊草。
采集地点：乌裕尔河中游草甸草原，北纬47°51′，东经124°52′，土壤主要为草甸沼泽土，其次是潜育草甸土和碳酸盐草甸土，气候为温带湿润大陆性季风气候。年平均降水量为427.4 mm，最少只有284 mm，降水最多的月份一般在7月，最少的月份一般在1月。年平均气温3.1 ℃，最低气温出现在1月，平均气温-19.2 ℃，及端最低气温-39.5 ℃。最高气温出现在7月，平均气温22.8 ℃，平均最高气温27.8 ℃，极端最高气温39.9 ℃。平均无霜期为130 d左右，降雪期为150 d左右。雪量平均20～30 cm，积雪日期为120 d左右，最大可出现50 cm以上积雪。冻土日期最短年份为182 d，最长年份为216 d。冻土深度，最大深度为1.8 m，最小深度为1.2 m，年平均深度为1.5 m。

植物学特征：

虉草为被子植物门Angiospermae、单子叶植物纲Monocotyledoneae、禾本目Graminales、禾本科Gramineae、早熟禾亚科Pooideae、虉草族Phalarideae、虉草属phalaris。虉草为多年生草本植物，具有以下植物学特征：

根：根状茎，分枝多而长，呈白色。

茎：茎秆通常单生或少数丛生，较粗壮，高60～140 cm，有6～8节。叶鞘无毛，下部者长于节间而上部者短于节间。

叶：叶舌薄膜质，长2～3 mm；叶片扁平，幼嫩时微粗糙，长6～30 cm，宽1～1.8 cm。圆锥花序紧密狭窄，长8～15 cm，分枝直向上举，密生小穗；小穗长4～5 mm，无毛或有微毛；颖沿脊上粗糙，上部有极狭的翼。

虉草——全株

虉草——根

虉草——穗

藤草——茎、叶

藤草——花

花：外稃宽披针形，长3～4 mm，上部有柔毛；内稃舟形，背具1脊，脊的两侧疏生柔毛；花药长2～2.5 mm；不孕外稃2枚，退化为线形，具柔毛。

果：花果期6～8月。

生物学特征：

产于我国黑龙江、吉林、辽宁、内蒙古、甘肃、新疆、陕西、山西、河北、山东、江苏、浙江、江西、湖南、四川等地。全球温带地区广布。生于海拔75～3 200 m的林下、潮湿草地或水湿处。对环境要求不高。

饲用价值：

幼嫩时为牲畜喜食的优良牧草，收割或放牧以后再生力很强；茎、叶含有生物碱，大量食用可使羊中毒，与豆科牧草或其他禾本科建植混播草地或混合饲用，可防止中毒。藤草虽然质地粗糙，但产量高而多汁，可供放牧，晒制干草和调制青饲料，藤草制成干草后，口味较好。抽穗后刈割草质粗硬，营养价值及适口性降低。藤草青草期长，利用期也长。

药用价值：

民间常以全草入药主治妇女红、白带和月经不调等症状。

经济价值：

藤草的茎秆可编织用具或造纸。

生态价值：

藤草还是保护河岸和沟底以防水土流失的有用植物。藤草生长茁壮，蔓延生长，可防止土壤侵蚀，常用于防治冲水沟和维护排水道、河道堤岸，农场池塘边缘上保持水土。另外，藤草对土壤中氮素和城市及工业污水的利用能力很强，利用污水灌溉的土地上可种植。

硬质早熟禾

学　　名：*Poa sphondylodes* Trin.

别　　名：龙须草、基隆早熟禾。

采集地点：乌裕尔河中游草甸草原，北纬47°51′，东经124°52′，土壤主要为草甸沼泽土，其次是潜育草甸土和碳酸盐草甸土，气候为温带湿润大陆性季风气候。年平均降水量为427.4 mm，最少只有284 mm，降水最多的月份一般在7月，最少的月份一般在1月。年平均气温3.1 ℃，最低气温出现在1月，平均气温-19.2 ℃，极端最低气温-39.5 ℃。最高气温出现在7月，平均气温22.8 ℃，平均最高气温27.8 ℃，极端最高气温39.9 ℃。平均无霜期为130 d左右，降雪期为150 d左右。雪量平均20～30 cm，积雪日期为120 d左右，最大可出现50 cm以上积雪。冻土日期最短年份为182 d，最长年份为216 d。冻土深度，最大深度为1.8 m，最小深度为1.2 m，年平均深度为1.5 m。

植物学特征：

硬质早熟禾为被子植物门Angiospermae、单子叶植物纲Monocotyledoneae、禾本目Graminales、禾本科Gramineae、早熟禾亚科Pooideae、早熟禾族POEAE、早熟禾属Poa、低山组Sect. Stepposae。硬质早熟禾为多年生草本植物，具有以下植物学特征：

根：须根系，丛生。

茎：秆高30～60 cm，具3～4节，顶节位于中部以下，上部长裸露，紧接花序以下和节下均多少糙涩。

叶：叶鞘基部带淡紫色，顶生者长4～8 cm，长于其叶片；叶舌长约4 mm，先端尖；叶片长3～7 cm，宽1 mm，稍粗糙。

硬质早熟禾——全株

硬质早熟禾——根

硬质早熟禾——穗

硬质早熟禾——叶

花：圆锥花序紧缩而稠密，长3~10 cm，宽约1 cm；分枝长1~2 cm，4~5枚着生于主轴各节，粗糙；小穗柄短于小穗，侧枝基部即着生小穗；小穗绿色，熟后草黄色，长5~7 mm，含4~6小花；颖具3脉，先端锐尖，硬纸质，稍粗糙，长2.5~3 mm，第一颖稍短于第二颖；外稃坚纸质，具5脉，间脉不明显，先端极窄膜质下带黄铜色，脊下部2/3和边脉下部1/2具长柔毛，基盘具中量绵毛，第一外稃长约3 mm；内稃等长或稍长于外稃，脊粗糙具微细纤毛，先端稍凹；花药长1~1.5 mm。

果：颖果长约2 mm，腹面有凹槽，花果期6~8月。

生物学特征：

分布于我国黑龙江、吉林、辽宁、内蒙古、山西、河北、山东、江苏。硬质早熟禾常混生于草原、森林草原和森林地带基质干燥的次生植物群落中；秦岭次生禾草及蒿类群落中也常出现。在森林草原地带次生裸地上可形成先锋群落。

饲用价值：

硬质早熟禾为良等牧草，牛、马、羊均喜食。牧草学家认为，硬质早熟禾花后茎硬化，牲畜适口性降低，因此这类草场在6月中上旬利用为宜。

药用价值：

地上部分入药，具有清热解毒，利尿通淋之功效。常用于小便淋涩，黄水疮。润肠、致泻作用；对冠心病患者有食疗作用。

渐尖早熟禾

学　　名：*Poa attenuata* Trin.
别　　名：四花早熟禾。
采集地点：乌裕尔河中游草甸草原,北纬47°51′,东经124°52′,土壤主要为草甸沼泽土,其次是潜育草甸土和碳酸盐草甸土,气候为温带湿润大陆性季风气候。年平均降水量为427.4 mm,最少只有284 mm,降水最多的月份一般在7月,最少的月份一般在1月。年平均气温3.1 ℃,最低气温出现在1月,平均气温-19.2 ℃,极端最低气温-39.5 ℃。最高气温出现在7月,平均气温22.8 ℃,平均最高气温27.8 ℃,极端最高气温39.9 ℃。平均无霜期为130 d左右,降雪期为150 d左右。雪量平均20～30 cm,积雪日期为120 d左右,最大可出现50 cm以上积雪。冻土日期最短年份为182 d,最长年份为216 d。冻土深度,最大深度为1.8 m,最小深度为1.2 m,年平均深度为1.5 m。

植物学特征：

渐尖早熟禾为被子植物门Angiospermae、单子叶植物纲 Monocotyledoneae、禾本目Graminales、禾本科Gramineae、早熟禾亚科Pooideae、早熟禾族POEAE、早熟禾属Poa、低山组Sect. Stepposae。渐尖早熟禾为多年生草本植物,具有以下植物学特征:

根：须根系,须根纤细,稠密。
茎：秆高15～25 cm,直立或细长,斜升,具4～5节,顶节位于下部1/3处。

渐尖早熟禾——全株

渐尖早熟禾——穗

叶：叶鞘微粗糙，带紫色；叶舌长1.5～2.5 mm；叶片狭线形，对折或内卷成针状，长2～10 cm，宽1～3 mm，边缘粗糙。

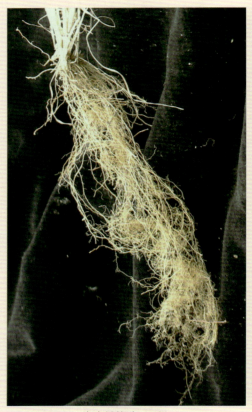

渐尖早熟禾——根

渐尖早熟禾——茎

花：圆锥花序紧缩，长圆形，长4～7 cm，宽1～2 cm；分枝单生或孪生，长0.5～2 cm，斜升，粗糙；小穗卵状椭圆形，含2～4小花，长4～5 (5.5) mm；小穗轴无毛；两颖狭披针形，近相等，长约3 mm，具3脉，顶端渐尖或成尾状，脊上部微粗糙；外稃长圆状披针形，长3～3.5 mm，渐尖，脉不明显，脉间无毛，脊与边脉下部具柔毛，基盘有绵毛或稀少；内稃两脊具短纤毛；花药长1～1.5 mm。

果：颖果纺锤形，长约1.5 mm，花果期5～8月。

生物学特征：

分布于我国内蒙古、山西、河北、东北、新疆(天山、阿尔泰山、塔尔巴哈台山、博尔、温泉)、青海、西藏(双湖)。生于高山草甸、干旱草原，海拔3 300～5 500 m。分布于印度西北部、俄罗斯西伯利亚、中亚、蒙古、巴基斯坦。渐尖早熟禾属旱生禾草，生于典型草原带与森林草原带，以及山地砾石质山坡上。对土壤要求不严，在土壤pH7～8.5能良好生长，耐土壤瘠薄。抗旱、抗寒能力强，在春旱较严重的情况下能正常返青生长；在-30 ℃的低温下能安全越冬。

饲用价值：

再生性强，耐牧、耐践踏。叶量丰富，无刚毛、刺毛，叶、花序占全株比例大。抽穗前茎叶柔软，适口性好，各类家畜喜食，抽穗后，羊喜食其穗，牛、马采食全株，冬季枯黄后各类家畜也喜食。粗蛋白质含量中等，粗脂肪、矿物质含量也较多。

草地早熟禾

学　　名：*Poa pratensis* L.

别　　名：狭颖早熟禾、多花早熟禾、绿早熟禾、扁杆早熟禾、肯塔基、六月禾。

采集地点：乌裕尔河中游草甸草原,北纬47°51′,东经124°52′,土壤主要为草甸沼泽土,其次是潜育草甸土和碳酸盐草甸土,气候为温带湿润大陆性季风气候。年平均降水量为427.4 mm,最少只有284 mm,降水最多的月份一般在7月,最少的月份一般在1月。年平均气温3.1 ℃,最低气温出现在1月,平均气温-19.2 ℃,极端最低气温-39.5 ℃。最高气温出现在7月,平均气温22.8 ℃,平均最高气温27.8 ℃,极端最高气温39.9 ℃。平均无霜期为130 d左右,降雪期为150 d左右。雪量平均20～30 cm,积雪日期为120 d左右,最大可出现50 cm以上积雪。冻土日期最短年份为182 d,最长年份为216 d。冻土深度,最大深度为1.8 m,最小深度为1.2 m,年平均深度为1.5 m。

植物学特征：

草地早熟禾为被子植物门Angiospermae、单子叶植物纲Monocotyledoneae、禾本目Graminales、禾本科Gramineae、早熟禾亚科Pooideae、早熟禾族POEAE、早熟禾属Poa、早熟禾组Sect. Poa。草地早熟禾为多年生草本植物,具有以下植物学特征:

根：须根系。

茎：具发达的匍匐根状茎。秆疏丛生,直立,高50～90 cm,具2～4节。

叶：叶鞘平滑或糙涩,长于其节间,并较其叶片为长;叶舌膜质,长1～2 mm,蘖生者较短;叶片线形,扁平或内卷,长30 cm左右,宽3～5 mm,顶端渐尖,平滑或边缘与上面微粗糙,蘖生叶片较狭长。

草地早熟禾——全株

草地早熟禾——根

草地早熟禾——小穗

草地早熟禾——茎、叶

草地早熟禾——穗

花：圆锥花序金字塔形或卵圆形，长10～20 cm，宽3～5 cm；分枝开展，每节3～5枚，微粗糙或下部平滑，二次分枝，小枝上着生3～6枚小穗，基部主枝长5～10 cm，中部以下裸露；小穗柄较短；小穗卵圆形，绿色至草黄色，含3～4小花，长4～6 mm；颖卵圆状披针形，顶端尖，平滑，有时脊上部微粗糙，第一颖长2.5～3 mm，具1脉，第二颖长3～4 mm，具3脉；外稃膜质，顶端稍钝，具少许膜质，脊与边脉在中部以下密生柔毛，间脉明显，基盘具稠密长绵毛；第一外稃长3～3.5 mm；内稃较短于外稃，脊粗糙至具小纤毛；花药长1.5～2 mm；花期5～6月。

果：颖果纺锤形，具3棱，长约2 mm，果期7～9月。

生物学特征：

分布于我国的黑龙江、吉林、辽宁、内蒙古、河北、山西、河南、山东、陕西、甘肃、青海、新疆、西藏、四川、云南、贵州、湖北、安徽、江苏、江西。生于湿润草甸、沙地、草坡，从低海拔到高海拔500～4 000 m山地均有。广泛分布于欧亚大陆温带和北美，为重要牧草和草坪水土保持资源，世界各地普遍引种栽植。草地早熟禾适宜气候冷凉，湿度较大的地区生长，抗寒能力强，耐旱性稍差，耐践踏。根茎繁殖迅速，再生力强，耐修剪，常成为山地草甸的建群种，或为其他草甸性草原群落的伴生种，是北温带广泛利用的优质冷季草坪草。水分缺乏和暖热的生境，新枝和走茎的生长都要受到限制，在干热气候结束数周以后，生长又可以恢复。在日温5 ℃时，开始生长，15～32 ℃时，生长充分。温度较高或较低都能降低生长速度，特别不能抵抗高温干燥。在全日照的条件下，可以生长良好，如土壤湿度和营养充分，在轻度的荫蔽下，也能正常生长。对土壤的适应广泛，适宜中性到微酸性土壤，也能耐pH7.0～8.7的盐碱土。最适宜肥沃、结构和排水良好的土壤，也能耐瘠薄土壤。增施氮肥和磷、钾肥，可以促进新枝和走茎的发生，提高产量。根系集中在15～20 cm土层中，在耕作的土壤中，部分根系可深达30～40 cm土层中。

饲用价值：

草地早熟禾是重要的放牧型草。从早春到秋季，营养丰富，各种家畜喜食。在种子乳熟期前，马、牛、羊喜食；成熟后期，茎秆下部变粗硬，适口性降低，但上部茎叶，牛、羊仍喜食。夏秋青草期是牦牛、藏羊、山羊的抓膘草；干草为家畜优良的补饲草，也是禽和猪的良好饲料。草地早熟禾耐牧性强，从春到秋可以放牧利用。但过牧或重牧会影响新枝的发生和走茎的生长，应适当轻牧或限制放牧。喜肥沃的土壤，施用氮肥和灌水，能促进新枝发生和生长。茎叶生长茂盛，叶片不易脱落，也用以调制干草，但成熟草秆叶调制的干草消化率降低。

园林价值：

草地早熟禾持绿期长，观赏效果好，再生力强，耐修剪，成为草坪绿化的重要草种，主要用于铺建运动场、高尔夫球场、公园、路旁草坪、铺水坝地等，是重要的草坪草。

药用价值：

草地早熟禾可降血糖。

散穗早熟禾

学　　名：*Poa subfastigiata* Trin.

采集地点：乌裕尔河中游草甸草原，北纬47°51′，东经124°52′，土壤主要为草甸沼泽土，其次是潜育草甸土和碳酸盐草甸土，气候为温带湿润大陆性季风气候。年平均降水量为427.4 mm，最少只有284 mm，降水最多的月份一般在7月，最少的月份一般在1月。年平均气温3.1 ℃，最低气温出现在1月，平均气温-19.2 ℃，极端最低气温-39.5 ℃。最高气温出现在7月，平均气温22.8 ℃，平均最高气温27.8 ℃，极端最高气温39.9 ℃。平均无霜期为130 d左右，降雪期为150 d左右。雪量平均20～30 cm，积雪日期为120 d左右，最大可出现50 cm以上积雪。冻土日期最短年份为182 d，最长年份为216 d。冻土深度，最大深度为1.8 m，最小深度为1.2 m，年平均深度为1.5 m。

植物学特征：

散穗早熟禾为被子植物门Angiospermae、单子叶植物纲Monocotyledoneae、禾本目Graminales、禾本科Gramineae、早熟禾亚科Pooideae、早熟禾族POEAE、早熟禾属Poa、类早熟禾组Sect. Arctopoa。散穗早熟禾为多年生草本植物，具有以下植物学特征：

根：须根系。

茎：匍匐根状茎粗壮，直径2～3 mm。秆直立，单生，高50～100 cm，径约4 mm，平滑，具2～3节。

散穗早熟禾——全株

散穗早熟禾——根

叶：叶鞘松弛，光滑无毛，顶生者长达20 cm，长于其叶片；叶舌长2～3 mm，顶端截平；叶片线形，质硬，扁平或对折，长4～20 cm，宽2～5 mm，顶端渐尖，上面脉粗糙，下面平滑。

花：圆锥花序大型开展，金字塔形，长15～25 cm，宽达20 cm，每节具2～3分枝；分枝粗糙，中部以上具小枝，基部主枝长10～20 cm；小穗紫色或草黄色，卵状披针形，含3～5小花，长6～10 mm，宽2～4 mm；颖宽披针形，脊微粗糙，第一颖长3～4 mm，具1脉，第二颖长4～5 mm，具3脉；外稃宽披针形，全部无毛或基部贴生微毛，间脉不明显，边缘有时具小纤毛，基盘无绵毛，第一外稃长4～5.5(～6) mm；内稃等长或稍短于外稃，脊具纤毛；花药黄白色，长约3 mm。

果：花果期6～7月。

散穗早熟禾——穗

散穗早熟禾——穗

生物学特征：

分布于我国黑龙江、吉林、辽宁和内蒙古。生于沙漠湖盆地带、河滩湿草地、盐渍化沙地和草甸。俄罗斯西伯利亚和远东、蒙古也有分布。散穗早熟禾为大型根茎型中生禾草，喜光，耐潮湿，多生长在草原地带和森林地带的河谷草甸，也常生长在盐碱化草甸和河边沙地上。

饲用价值：

散穗早熟禾返青早，苗期青嫩，牛喜采食，马也食，羊较喜食。抽穗期粗蛋白质含量和营养价值较高，为良等牧草。

生态价值：

散穗早熟禾植株粗大，根状茎发达，为固沙环保植物。

洽　草

学　　名：*Koeleria macrantha* (Ledebour) Schultes

别　　名：[艹/洽]草、大花[艹/洽]草。

采集地点：乌裕尔河中游草甸草原，北纬47°51′，东经124°52′，土壤主要为草甸沼泽土，其次是潜育草甸土和碳酸盐草甸土，气候为温带湿润大陆性季风气候。年平均降水量为427.4 mm，最少只有284 mm，降水最多的月份一般在7月，最少的月份一般在1月。年平均气温3.1 ℃，最低气温出现在1月，平均气温−19.2 ℃，极端最低气温−39.5 ℃。最高气温出现在7月，平均气温22.8 ℃，平均最高气温27.8 ℃，极端最高气温39.9 ℃。平均无霜期为130 d左右，降雪期为150 d左右。雪量平均20～30 cm，积雪日期为120 d左右，最大可出现50 cm以上积雪。冻土日期最短年份为182 d，最长年份为216 d。冻土深度，最大深度为1.8 m，最小深度为1.2 m，年平均深度为1.5 m。

植物学特征：

洽草为被子植物门Angiospermae、单子叶植物纲Monocotyledoneae、禾本目Graminales、禾本科Gramineae、早熟禾亚科Pooideae、燕麦族Aveneae、洽草属Koeleria。洽草为多年生草本植物，具有以下植物学特征：

洽草——全株

洽草——茎、叶

根： 须根系，根系发达，常结成致密的根网。

茎： 秆直立，具2~3节，高25~60 cm，在花序下密生绒毛。

叶： 叶鞘灰白色或淡黄色，无毛或被短柔毛，枯萎叶鞘多撕裂残存于秆基；叶舌膜质，截平或边缘呈细齿状，长0.5~2 mm；叶片灰绿色，线形，常内卷或扁平，长1.5~7 cm，宽1~2 mm，下部分蘖叶长5~30 cm，宽约1 mm，被短柔毛或上面无毛，上部叶近于无毛，边缘粗糙。

花： 圆锥花序穗状，下部间断，长5~12 cm，宽7~18 mm，有光泽，草绿色或黄褐色，主轴及分枝均被柔毛；小穗长4~5 mm，含2~3小花，小穗轴被微毛或近于无毛，长约1 mm；颖倒卵状长圆形至长圆状披针形，先端尖，边缘宽膜质，脊上粗糙，第一颖具1脉，长2.5~3.5 mm，第二颖具3脉，长3~4.5 mm；外稃披针形，先端尖，具3脉，边缘膜质，背部无芒，稀顶端具长约0.3 mm之小尖头，基盘钝圆，具微毛，第一外稃长约4 mm；内稃膜质，稍短于外稃，先端2裂，脊上光滑或微粗糙；花药长1.5~2 mm。

果： 坚果椭圆状或近球形，长或宽2~2.5 mm，淡绿色，表面有明显、隆起的网脉，顶端的宿存花被近球形，长约2 mm；果柄长3.5 mm，花果期5~9月。

洽草——根

洽草——穗

生物学特征：

分布于我国东北、华北、西北、华中、华东和西南等地区诸省。生于山坡、草地或路旁。分布于欧亚大陆温带地区。洽草耐牧性强，耐寒、耐旱性强，广布在壤质、沙壤质的黑钙土、栗钙土。

饲用价值：

草质柔软，适口性好，营养价值高。羊最喜食，牛和马乐食，为优等饲用禾草。洽草被放牧利用的时间较长，对家畜抓膘有良好的效果，牧民称之"细草"。

茵 草

学　　名：*Beckmannia syzigachne* (Steud.) Fern.

别　　名：茵米、水稗子。

采集地点：乌裕尔河中游草甸草原,北纬47°51′,东经124°52′,土壤主要为草甸沼泽土,其次是潜育草甸土和碳酸盐草甸土,气候为温带湿润大陆性季风气候。年平均降水量为427.4 mm,最少只有284 mm,降水最多的月份一般在7月,最少的月份一般在1月。年平均气温3.1 ℃,最低气温出现在1月,平均气温−19.2 ℃,极端最低气温−39.5 ℃。最高气温出现在7月,平均气温22.8 ℃,平均最高气温27.8 ℃,极端最高气温39.9 ℃。平均无霜期为130 d左右,降雪期为150 d左右。雪量平均20~30 cm,积雪日期为120 d左右,最大可出现50 cm以上积雪。冻土日期最短年份为182 d,最长年份为216 d。冻土深度,最大深度为1.8 m,最小深度为1.2 m,年平均深度为1.5 m。

植物学特征：

茵草为被子植物门Angiospermae、单子叶植物纲Monocotyledoneae、禾本目Graminales、禾本科Gramineae、早熟禾亚科Pooideae、剪股颖族Agrostideae、茵草属Beckmannia。茵草为一年生草本植物,具有以下植物学特征：

根：须根系,根皮黄白色。

茎：株高15~90 cm,秆直立,具2~4节。

叶：叶鞘无毛,多长于节间；叶舌透明膜质,长3~8 mm；叶片扁平,长5~20 cm,

茵草——全株

茵草——根

宽3～10 mm，粗糙或下面平滑。

花：圆锥花序长10～30 cm，分枝稀疏，直立或斜升；小穗扁平，圆形，灰绿色，常含1小花，长约3 mm；颖草质；边缘质薄，白色，背部灰绿色，具淡色的横纹；外稃披针形，具5脉，常具伸出颖外之短尖头；花药黄色，长约1 mm。

果：颖果黄褐色，长圆形，长约1.5 mm，先端具丛生短毛，花果期4～10月。

茵草——叶　　　　　茵草——穗　　　　　茵草——穗

生物学特征：

产于我国各地，广布于全世界。生于海拔3 700 m以下的湿地、水沟边及浅的流水中。适生于水边及潮湿处，为长江流域及西南地区稻茬麦和油菜田主要杂草，在安徽、江苏、浙江三省的长江附近地区大量生长。

饲用价值：

茵草春、夏两季生长迅速，枝叶繁茂，宜早期收割，贮制干草，草质柔软，营养价值较高，后期或结果后调制干草，营养价值显著降低。因此，要注意适时收割利用，一般在抽穗期为最佳。每顷可产干草约650～1 000 kg。干草率为32.5%。青草在开花前，马、牛、羊均喜食，开花结实后，马、牛、羊均乐食，但适口性降低。果后枯黄，家畜放牧时基本不采食。草的果实可作为精料，亦可食用。

药用价值：

茵草味甘、性寒；可清热，利胃肠，益气。主治感冒发热、食滞胃肠、身体乏力。

鹤甫碱茅

学　　名：*Puccinellia hauptiana* (Trin.) Krecz.

采集地点：乌裕尔河中游草甸草原，北纬47°51′，东经124°52′，土壤主要为草甸沼泽土，其次是潜育草甸土和碳酸盐草甸土，气候为温带湿润大陆性季风气候。年平均降水量为427.4 mm，最少只有284 mm，降水最多的月份一般在7月，最少的月份一般在1月。年平均气温3.1 ℃，最低气温出现在1月，平均气温-19.2 ℃，极端最低气温-39.5 ℃。最高气温出现在7月，平均气温22.8 ℃，平均最高气温27.8 ℃，极端最高气温39.9 ℃。平均无霜期为130 d左右，降雪期为150 d左右。雪量平均20~30 cm，积雪日期为120 d左右，最大可出现50 cm以上积雪。冻土日期最短年份为182 d，最长年份为216 d。冻土深度，最大深度为1.8 m，最小深度为1.2 m，年平均深度为1.5 m。

植物学特征：

鹤甫碱茅为被子植物门Angiospermae、单子叶植物纲Monocotyledoneae、禾本目Graminales、禾本科Gramineae、早熟禾亚科Pooideae、早熟禾族Poeae、碱茅属Puccinellia、碱茅组Sect. Puccinellia。鹤甫碱茅为多年生疏丛型草本植物，具有以下植物学特征：

根：须根系，多数。

茎：株高20~60 cm，直径1~2 mm。

叶：叶舌长1~1.5 mm；叶片扁平，长2~6 cm，宽1~2 mm，上面与边缘微粗糙。

花：圆锥花序开展，长15~20 cm；分枝微粗糙，长3~5 cm，下部裸露不具小枝，平展或反折；小穗含5~8小花，长4~5 mm；颖卵形，第一颖长0.7~1 mm，第二颖长

鹤甫碱茅——全株

1.2～1.5 mm；外稃倒卵形，长1.6～1.8 mm，先端宽圆而钝，具纤毛状细齿，绿色，脉不明显，基部具短柔毛；内稃等长或长于其外稃，脊上具纤毛状粗糙；花药狭椭圆形，长0.5～0.6 mm。

果：颖果小，长圆形，无沟槽，与内外稃分离，花果期6～7月。

鹤甫碱茅——根　　　　鹤甫碱茅——叶　　　　鹤甫碱茅——穗

生物学特征：

产自我国内蒙古(巴彦淖尔市、锡林郭勒盟、通辽市、乌兰布和、巴丹吉林)、黑龙江、吉林、辽宁、河北、山西、陕西、甘肃、青海(格尔木、德令哈)、新疆(伊吾、阿克苏、清河、塔什库尔干)、山东、江苏。生于河滩、湖畔沼泽地、田边沟旁、低湿盐碱地及河谷沙地，海拔(900～)1 600～2 900(～4 800)m。分布于俄罗斯西伯利亚、中亚、蒙古、朝鲜、日本和北美。

饲用价值：

鹤甫碱茅是各种家畜喜食的牧草。

朝鲜碱茅

学　　名：*Puccinellia chinampoensis* Ohwi

采集地点：乌裕尔河中游草甸草原，北纬47°51′，东经124°52′，土壤主要为草甸沼泽土，其次是潜育草甸土和碳酸盐草甸土，气候为温带湿润大陆性季风气候。年平均降水量为427.4 mm，最少只有284 mm，降水最多的月份一般在7月，最少的月份一般在1月。年平均气温3.1 ℃，最低气温出现在1月，平均气温-19.2 ℃，极端最低气温-39.5 ℃。最高气温出现在7月，平均气温22.8 ℃，平均最高气温27.8 ℃，极端最高气温39.9 ℃。平均无霜期为130 d左右，降雪期为150 d左右。雪量平均20～30 cm，积雪日期为120 d左右，最大可出现50 cm以上积雪。冻土日期最短年份为182 d，最长年份为216 d。冻土深度，最大深度为1.8 m，最小深度为1.2 m，年平均深度为1.5 m。

植物学特征：

朝鲜碱茅为被子植物门Angiospermae、单子叶植物纲Monocotyledoneae、禾本目Graminales、禾本科Gramineae、早熟禾亚科Pooideae、早熟禾族POEAE、碱茅属Puccinellia、早碱茅组Sect. Xerotropis。朝鲜碱茅为多年生草本植物，具有以下植物学特征：

根：须根系，须根密集发达。

茎：秆丛生，直立或膝曲上升，高60～80 cm，直径约1.5 mm，具2～3节，顶节位于下部1/3处。

叶：叶鞘灰绿色，无毛，顶生者长达15 cm；叶舌干膜质，长约1 mm；叶片线形，扁平或内卷，长4～9 cm，宽1.5～3 mm，上面微粗糙。

花：圆锥花序疏松，金字塔形，长10～15 cm，宽5～8 cm，每节具3～5分枝；分枝

朝鲜碱茅——全株

朝鲜碱茅——根

朝鲜碱茅——穗

斜上，花后开展或稍下垂，长6～8 cm，微粗糙，中部以下裸露；侧生小穗柄长约1 mm，微粗糙；小穗含5～7小花，长5～6 mm；颖先端与边缘具纤毛状细齿裂，第一颖长约1 mm，具1脉，第二颖长约1.4 mm，具3脉，先端钝；外稃长1.6～2 mm，具不明显的5脉，近基部沿脉生短毛，先端截平，具不整齐细齿裂，膜质，其下黄色，后带紫色；内稃等长或稍长于外稃，脊上部微粗糙，下部有少许柔毛；花药线形，长1.2 mm。

果：颖果卵圆形，千粒重约0.134 g，花果期6～8月。

朝鲜碱茅——茎、叶

生物学特征：
产于我国黑龙江、吉林、辽宁、内蒙古、河北、山西、山东、江苏、安徽、青海、宁夏、新疆、甘肃。生于较湿润的盐碱地和湖边、滨海的盐渍土上，海拔500～2 500（～3 500）m。分布于日本、蒙古、俄罗斯西伯利亚。朝鲜碱茅喜冷凉、湿润气候条件，为盐生中生植物。中国已有驯化栽培。朝鲜碱茅耐寒、耐盐碱、抗涝。一般生长在湿润的盐碱土上。在次生盐渍化土、盐渍化低产田、盐碱湖滩地、低湿盐渍、撂荒地、盐碱草地均可种植，土壤pH达9.0～10时仍可生存。喜湿润，也能耐旱，严重干旱时发育较差，株内分蘖很少萌发，株丛外围只有少数分蘖萌发，但成活良好，表现出明显的耐旱性。种子落粒性强，全部成熟时会一夜全部落光。

饲用价值：
朝鲜碱茅为盐碱地优良牧草。朝鲜碱茅是泌盐植物，富含咸味，故有盐化牧草之称。在草原上，春季到来之时，萌发较快，鲜绿幼嫩，密丛生长，大小牲畜相争采食，此时营养期的适口性最强。开花结实期间，放牧牲畜不爱采食，落果以后的草质较粗硬，适口性差。在夏秋之际(8月中下旬)，第二次新萌发的嫩草，又是牲畜进入初冬枯黄草时期最喜采食的对象，但往往重复啃食多次，只留茬3～6.5 cm高，对草原破坏较重。朝鲜碱茅是放牧场的优良牧草，因分散丛生，刈割不便，干草产量较低，不适于作为采草用，但草质和牲畜利用率皆较羊草为高。朝鲜碱茅抽穗期干物质中含粗蛋白质

8.28%、粗脂肪2.03%、粗纤维32.66%、无氮浸出物49.77%、粗灰分7.26%；开花期干物质中含粗蛋白质9.0l%、粗脂肪2.05%、粗纤维28.64%、无氮浸出物54.76%、粗灰分5.54%、可消化蛋白质63 g/kg、总能17.60 MJ/kg、消化能11.66 MJ/kg、代谢能9.57 MJ/kg。

生态价值：

朝鲜碱茅亦是改良碳酸盐盐渍土的良好植物，利用其耐盐碱性改良草原碱斑植被，是不可替代的植物。

星 星 草

学　　名：*Puccinellia tenuiflora* (Turcz.) Scribn. et Merr.
别　　名：小花碱茅。
采集地点：乌裕尔河中游草甸草原，北纬47°51′，东经124°52′，土壤主要为草甸沼泽土，其次是潜育草甸土和碳酸盐草甸土，气候为温带湿润大陆性季风气候。年平均降水量为427.4 mm，最少只有284 mm，降水最多的月份一般在7月，最少的月份一般在1月。年平均气温3.1 ℃，最低气温出现在1月，平均气温-19.2 ℃，极端最低气温-39.5 ℃。最高气温出现在7月，平均气温22.8 ℃，平均最高气温27.8 ℃，极端最高气温39.9 ℃。平均无霜期为130 d左右，降雪期为150 d左右。雪量平均20～30 cm，积雪日期为120 d左右，最大可出现50 cm以上积雪。冻土日期最短年份为182 d，最长年份为216 d。冻土深度，最大深度为1.8 m，最小深度为1.2 m，年平均深度为1.5 m。

植物学特征：

星星草为被子植物门Angiospermae、单子叶植物纲Monocotyledoneae、禾本目Graminales、禾本科Gramineae、早熟禾亚科Pooideae、早熟禾族POEAE、碱茅属Puccinellia、光稃碱茅组 Sect. Hiphelochloa的多年生疏丛型草本植物，具有以下植物学特征：

根：须根系，根茎横生，根系发达。
茎：茎秆直立，高30～60 cm，直径约1 mm，具3～4节，节膝曲，顶节位于下部1/3处。
叶：叶鞘短于其节间，顶生者长5～10 cm，平滑无毛；叶舌膜质，长约1 mm，钝圆；

星星草——全株

星星草——根

叶片长2～6 cm，宽1～3 mm，对折或稍内卷，上面微粗糙。

花：圆锥花序长10～20 cm，疏松开展，主轴平滑；分枝2～3枚生于各节，下部裸露，细弱平展，微粗糙；小穗柄短而粗糙；小穗含2～3(～4)小花，长约3 mm，带紫色；小穗轴节间长约0.6 mm；颖质地较薄，边缘具纤毛状细齿裂，第一颖长约0.6 mm，具1脉，顶端尖，第二颖长约1.2 mm，具3脉，顶端稍钝；外稃具不明显5脉，长1.5～1.8 mm，宽约0.8 mm，顶端钝，基部无毛；内稃等长于外稃，平滑无毛或脊上有数个小刺；花药线形，长1～1.2 mm；花果期6～8月。

星星草——茎、叶

星星草——穗

生物学特征：

产于我国黑龙江、吉林、辽宁、内蒙古(毛乌素沙漠)、河北、山西、安徽、甘肃、青海(西宁、民和、都兰)、新疆(清河、布尔津、玛纳斯、塔城、巩留、伊吾、巴里坤、和静、阿克陶、塔什库尔干、策勒)。生于草原盐化湿地、固定沙滩、沟旁渠岸草地上，海拔500～4 000 m，是形成盐生草甸的建群种。中亚、俄罗斯西伯利亚、蒙古、伊朗、日本、北美均有分布。

饲用价值：

星星草茎秆直立，繁茂，叶量大，营养枝多，茎秆柔软、鲜嫩无味，全株质地优良富含营养成分，饲用价值高，抽穗期、开花期粗蛋白质含量为17.00%和16.22%，可与紫苜蓿媲美。粗灰分含量少，粗纤维含量亦低。各个生育期都含有较高的粗蛋白质。星星草为中等或中上等牧草，营养丰富，青草马、牛、羊、驴、兔最喜食；开花前期的青草马、牛、羊最喜食，此时调制的青干草适口性也强。枯黄草及收种后的秸秆下部稍硬，马、牛、羊仍喜食；锈病不易发生，对越冬和来年产量并无影响。

羊　草

学　　名： *Leymus chinensis* (Trin.) Tzvel.

采集地点： 乌裕尔河中游草甸草原,北纬47°51′,东经124°52′,土壤主要为草甸沼泽土,其次是潜育草甸土和碳酸盐草甸土,气候为温带湿润大陆性季风气候。年平均降水量为427.4 mm,最少只有284 mm,降水最多的月份一般在7月,最少的月份一般在1月。年平均气温3.1 ℃,最低气温出现在1月,平均气温-19.2 ℃,极端最低气温-39.5 ℃。最高气温出现在7月,平均气温22.8 ℃,平均最高气温27.8 ℃,极端最高气温39.9 ℃。平均无霜期为130 d左右,降雪期为150 d左右。雪量平均20～30 cm,积雪日期为120 d左右,最大可出现50 cm以上积雪。冻土日期最短年份为182 d,最长年份为216 d。冻土深度,最大深度为1.8 m,最小深度为1.2 m,年平均深度为1.5 m。

植物学特征：

羊草为被子植物门Angiospermae、单子叶植物纲Monocotyledoneae、禾本目Graminales、禾本科Gramineae、早熟禾亚科Pooideae、小麦族Triticeae、赖草属Leymus。羊草为多年生草本植物,具有以下植物学特征：

根： 须根系,具下伸或横走根茎；须根具沙套。

茎： 茎秆散生,直立,高40～90 cm,具4～5节。

叶： 叶鞘光滑,基部残留叶鞘呈纤维状,枯黄色；叶舌截平,顶具裂齿,纸质,长0.5～1 mm；叶片长7～18 cm,宽3～6 mm,扁平或内卷,上面及边缘粗糙,下面较平滑。

花： 穗状花序直立,长7～15 cm,宽10～15 mm；穗轴边缘具细小睫毛,节间

羊草——全株

羊草——茎、叶

羊草——穗

长6～10 mm，最基部的节长可达16 mm；小穗长10～22 mm，含5～10小花，通常2枚生于1节，或在上端及基部者常单生，粉绿色，成熟时变黄；小穗轴节间光滑，长1～1.5 mm；颖锥状，长6～8 mm，等于或短于第一小花，不覆盖第一外稃的基部，质地较硬，具不显著3脉，背面中下部光滑，上部粗糙，边缘微具纤毛；外稃披针形，具狭窄膜质的边缘，顶端渐尖或形成芒状小尖头，背部具不明显的5脉，基盘光滑，第一外稃长8～9 mm；内稃与外稃等长，先端常微2裂，上半部脊上具微细纤毛或近于无毛；花药长3～4 mm；花期6～8月。

果：颖果扁长圆形，果期6～8月。

羊草——根

生物学特征：

产自我国东北、内蒙古、河北、山西、陕西、新疆等省区。生于平原绿洲。俄罗斯、日本、朝鲜也有分布。羊草抗寒、抗旱、耐盐碱、耐土壤瘠薄，适应范围很广。多生于开阔平原、起伏的低山丘陵、河滩及盐碱低地。在冬季-40.5 ℃可安全越冬，年降水量250 mm的地区生长良好。羊草喜湿润的沙壤质栗钙土和黑钙土，在pH5.5～9.4时皆可生长，最适于pH6～8。在排水不良的草甸土或盐化土、碱化土中亦生长良好，但不耐水淹，长期积水会大量死亡。羊草在湿润年份，茎叶茂盛常不抽穗；干旱年份，草高叶茂，能抽穗结实。羊草根茎发达，根茎上具有潜伏芽，有很强的无性更新能力。早春返青早，生长速度快，秋季休眠晚，青草利用时间长。生育期可达150 d左右。生长年限长达10～20年。其耐寒、耐旱、耐碱、更耐牛马践踏，为内蒙古东部和东北西部天然草场上的重要牧草之一，也可割制干草。

饲用价值：
　　羊草叶量多、营养丰富、适口性好，各类家畜一年四季均喜食，有"牲口的细粮"之美称。牧民形容说："羊草有油性，用羊草喂牲口，就是不喂料也上膘。"花期前粗蛋白质含量一般占干物质的11%以上，分蘖期高达18.53%，且矿物质、胡萝卜素含量丰富。每千克干物质中含胡萝卜素49.5～85.87 mg。羊草调制成干草后，粗蛋白质含量仍能保持在10%左右，且气味芳香、适口性好、耐贮藏。羊草产量高，增产潜力大，在良好的管理条件下，一般每公顷产干草3 000～7 500 kg，产种子150～375 kg。

生态价值：
　　羊草根茎穿透侵占能力很强，且能形成强大的根网，盘结固持土壤作用很大，是很好的水土保持植物。

经济价值：
　　羊草的茎秆也是良好的造纸原料。

小 叶 章

学　　名：*Deyeuxia angustifolia* (Kom.) Y. L. Chang.

采集地点：乌裕尔河中游草甸草原,北纬47°51′,东经124°52′,土壤主要为草甸沼泽土,其次是潜育草甸土和碳酸盐草甸土,气候为温带湿润大陆性季风气候。年平均降水量为427.4 mm,最少只有284 mm,降水最多的月份一般在7月,最少的月份一般在1月。年平均气温3.1 ℃,最低气温出现在1月,平均气温-19.2 ℃,极端最低气温-39.5 ℃。最高气温出现在7月,平均气温22.8 ℃,平均最高气温27.8 ℃,极端最高气温39.9 ℃。平均无霜期为130 d左右,降雪期为150 d左右。雪量平均20～30 cm,积雪日期为120 d左右,最大可出现50 cm以上积雪。冻土日期最短年份为182 d,最长年份为216 d。冻土深度,最大深度为1.8 m,最小深度为1.2 m,年平均深度为1.5 m。

植物学特征：

小叶章为被子植物门Angiospermae、单子叶植物纲Monocotyledoneae、禾本目Graminales、禾本科Gramineae、早熟禾亚科Pooideae、剪股颖族Agrostideae、野青茅属Deyeuxia。小叶章为多年生草本植物,具有以下植物学特征：

根：须根系,褐色,根系繁茂。

茎：具短根状茎,株高30～100 cm,秆直立,平滑无毛,具3～4节。叶鞘平滑,常短于节间。

叶：叶舌膜质,长3～5 mm,顶端钝或碎裂;叶片纵卷,线形,长10～25 cm,宽1.5～2

小叶章——全株

(4)mm,两面微粗糙。

花：圆锥花序稍疏松，长5～12 cm，宽约5 cm，分枝粗糙，斜向上升；小穗长2～3.5 mm，黄绿色或淡紫色；颖片窄披针形，先端渐尖，平滑，似膜质，两颖近等长，第一颖具1脉，第二颖具3脉，中脉粗糙；外稃长1.5～2.5 mm，膜质，顶端具细齿，基盘两侧的柔毛等长或稍长于稃体，芒自稃体背中部附近伸出，细直、长1～2 mm；内稃约短于外稃1/2；延伸小穗轴长0.8～1 mm，与其所被柔毛共长2～3 mm；花药长1～1.5 mm；花期7～8月。

果：颖果常包于稃内，种脐线形；胚小型，复合淀粉粒。

小叶章——根

小叶章——茎、叶

小叶章——穗

生物学特征：

产自我国黑龙江、吉林(珲春、安图)、辽宁。生于海拔680～2 300 m的山坡草地、林间草地、路旁及沟边湿地。

饲用价值：

小叶章在林区、山地的沟塘、低洼地处生长，非常茂盛，有的地方成片生长，似种植的麦田一样，产量很高。据测定，小叶章含粗蛋白10%～16%、粗脂肪1%～2%、无氮浸出物30%以上，是奶牛的好饲料。

其他：

过去经常用小叶章苫草房房顶。

大 油 芒

学　　名：*Spodiopogon sibiricus* Trin.
别　　名：大荻(《河北植物栽培名录》)、山黄管(《农业科学通讯》1953年)。
采集地点：乌裕尔河中游草甸草原，北纬47°51′，东经124°52′，土壤主要为草甸沼泽土，其次是潜育草甸土和碳酸盐草甸土，气候为温带湿润大陆性季风气候。年平均降水量为427.4 mm，最少只有284 mm，降水最多的月份一般在7月，最少的月份一般在1月。年平均气温3.1 ℃，最低气温出现在1月，平均气温-19.2 ℃，极端最低气温-39.5 ℃。最高气温出现在7月，平均气温22.8 ℃，平均最高气温27.8 ℃，极端最高气温39.9 ℃。平均无霜期为130 d左右，降雪期为150 d左右。雪量平均20～30 cm，积雪日期为120 d左右，最大可出现50 cm以上积雪。冻土日期最短年份为182 d，最长年份为216 d。冻土深度，最大深度为1.8 m，最小深度为1.2 m，年平均深度为1.5 m。

植物学特征：

大油芒为被子植物门Angiospermae、单子叶植物纲Monocotyledoneae、禾本目Graminales、禾本科Gramineae、早熟禾亚科Pooideae、高粱族Trib. Andropogoneae、甘蔗亚族Subtrib. Saccharinae、大油芒属Spodiopogon的多年生草本植物，具有以下植物学特征：

根：具质地坚硬密被鳞状苞片之长根状茎。

大油芒——全株

大油芒——根

大油芒——茎　　　　　　大油芒——叶　　　　　　大油芒——穗

茎：秆直立，通常单一，高70～150 cm，具5～9节。

叶：叶鞘大多长于其节间，无毛或上部生柔毛，鞘口具长柔毛；叶舌干膜质，截平，长1～2 mm，叶片线状披针形，长15～30 cm（顶生者较短），宽8～15 mm，顶端长渐尖，基部渐狭，中脉粗壮隆起，两面贴生柔毛或基部被疣基柔毛。

花：圆锥花序长10～20 cm，主轴无毛，腋间生柔毛；分枝近轮生，下部裸露，上部单纯或具2小枝；总状花序长1～2 cm，具有2～4节，节具髯毛，节间及小穗柄短于小穗的1/3～2/3，两侧具长纤毛，背部粗糙，顶端膨大成杯状；小穗长5～5.5 mm，宽披针形，草黄色或稍带紫色，基盘具长约1 mm之短毛；第一颖草质，顶端尖或具2微齿，具7～9脉，脉粗糙隆起，脉间被长柔毛，边缘内折膜质；第二颖与第一颖近等长，顶端尖或具小尖头，无柄者具3脉，除脊与边缘具柔毛外余无毛，有柄者5～7脉，脉间生柔毛；第一外稃透明膜质，卵状披针形，与小穗等长，顶端尖，具1～3脉，边缘具纤毛。雄蕊3枚，花药长约2.5 mm，第二小花两性，外稃稍短于小穗，无毛，顶端深裂达稃体长度的2/3，自2裂片间伸出一芒；芒长8～15 mm，中部膝曲，芒柱栗色，扭转无毛，稍露出于小穗之外，芒针灰褐色，微粗糙，下部稍扭转；内稃顶端尖，下部宽大，短于其外稃，无毛；雄蕊3枚，花药长约3 mm；柱头棕褐色，长2～3 mm，帚刷状，近小穗顶部之两侧伸出。

果：颖果长圆状披针形，棕栗色，长约2 mm，胚长约为果体之半，花果期7～10月。

生物学特征：

产于我国黑龙江、吉林、辽宁、内蒙古、河北、山西、河南、陕西、甘肃、山东、江苏、安徽、浙江、江西、湖北、湖南等省区，以华北地区生长最为普遍；通常生于山坡、路旁林荫之下。也分布于日本、西伯利亚，在亚洲北部的温带区域广布。

偃 麦 草

学　　名：*Elytrigia repens* (L.) Nevski

采集地点：乌裕尔河中游草甸草原，北纬47°51′，东经124°52′，土壤主要为草甸沼泽土，其次是潜育草甸土和碳酸盐草甸土，气候为温带湿润大陆性季风气候。年平均降水量为427.4 mm，最少只有284 mm，降水最多的月份一般在7月，最少的月份一般在1月。年平均气温3.1 ℃，最低气温出现在1月，平均气温-19.2 ℃，极端最低气温-39.5 ℃。最高气温出现在7月，平均气温22.8 ℃，平均最高气温27.8 ℃，极端最高气温39.9 ℃。平均无霜期为130 d左右，降雪期为150 d左右。雪量平均20~30 cm，积雪日期为120 d左右，最大可出现50 cm以上积雪。冻土日期最短年份为182 d，最长年份为216 d。冻土深度，最大深度为1.8 m，最小深度为1.2 m，年平均深度为1.5 m。

植物学特征：

偃麦草为被子植物门Angiospermae、单子叶植物纲Monocotyledoneae、禾本目Graminales、禾本科Gramineae、早熟禾亚科Pooideae、小麦族Triticeae、偃麦草属Elytrigia的多年生草本植物，具有以下植物学特征：

根：须根系，具横走的根茎。

茎：秆直立，光滑无毛，绿色或被白霜，具3~5节，高40~80 cm。

叶：叶鞘光滑无毛，而基部分蘖叶鞘具向下柔毛；叶舌短小，长约0.5 mm；叶耳膜质，细小；叶片扁平，上面粗糙或疏生柔毛，下面光滑，长10~20 cm，宽5~10 mm。

偃麦草——全株

偃麦草——根

花：穗状花序直立，长 10～18 cm，宽 8～15 mm；穗轴节间长 10～15 mm，基部者长达 30 mm，光滑而仅于棱边具短刺毛；小穗含 5～7(10) 小花，长 10～18 mm，宽 6～10 mm；小穗轴节间长约 1.5 mm，无毛；颖披针形，具 5～7 脉，光滑无毛，有时脉间粗糙，边缘膜质，长 10～15 mm (连同长 1～2 mm 的尖头)；外稃长圆状披针形，具 5～7 脉，顶端渐尖，具短尖头，芒长约 2 mm，基盘钝圆，第一外稃长约 12 mm；内稃稍短于外稃，具 2 脊，脊上生短刺毛；花药黄色，长约 5 mm；花果期 6～8 月。

偃麦草——茎、叶　　　　　　偃麦草——穗

生物学特征：

抗寒性较强，不耐夏季高温，适宜冷凉较干旱的气候，在年降雨量为 360～400 mm 的地区可以生长。它也较耐湿，可在地下水位较高的地带生长。也常生长在盐碱化草甸和滨海盐碱地上，因此，它最突出的优点是能够在其他作物不能忍耐的中度和重度盐碱地上生长的牧草。主要产于新疆、甘肃、青海、西藏等省区。生于山谷草甸及平原绿洲。俄罗斯、蒙古也有分布。

饲用价值：

偃麦草茎叶较粗糙，其适口性仍然很好，尤其早春、晚秋营养生长期更是如此。晒制干草如掌握好刈割时期，亦可保证饲用和营养价值，牛、羊均喜食。

芦苇

学　　名：*Phragmites australis* (Cav.) Trin. ex Steud.

别　　名：芦、苇、葭（《名医别录》），兼（《诗经·秦风》）。

采集地点：乌裕尔河中游草甸草原，北纬47°51′，东经124°52′，土壤主要为草甸沼泽土，其次是潜育草甸土和碳酸盐草甸土，气候为温带湿润大陆性季风气候。年平均降水量为427.4 mm，最少只有284 mm，降水最多的月份一般在7月，最少的月份一般在1月。年平均气温3.1 ℃，最低气温出现在1月，平均气温-19.2 ℃，极端最低气温-39.5 ℃。最高气温出现在7月，平均气温22.8 ℃，平均最高气温27.8 ℃，极端最高气温39.9 ℃。平均无霜期为130 d左右，降雪期为150 d左右。雪量平均20~30 cm，积雪日期为120 d左右，最大可出现50 cm以上积雪。冻土日期最短年份为182 d，最长年份为216 d。冻土深度，最大深度为1.8 m，最小深度为1.2 m，年平均深度为1.5 m。

植物学特征：

芦苇为被子植物门Angiospermae、单子叶植物纲Monocotyledoneae、禾本目Graminales、禾本科Gramineae、芦竹亚科Arundinoideae、芦苇属Phragmites的多年生草本植物，具有以下植物学特征：

根：根状茎十分发达。

芦苇——全株

芦苇——根

芦苇——叶　　　　　　　　　　　芦苇——花序

茎：秆直立，高1～3(8)m，直径1～4 cm，具20多节，基部和上部的节间较短，最长节间位于下部第4～6节，长20～25(40)cm，节下被腊粉。

叶：叶鞘下部者短于节间而上部者长于节间；叶舌边缘密生一圈长约1 mm的短纤毛，两侧缘毛长3～5 mm，易脱落；叶片披针状线形，长30 cm，宽2 cm，无毛，顶端长渐尖成丝形。

花：圆锥花序大型，长20～40 cm，宽约10 cm，分枝多数，长5～20 cm，着生稠密下垂的小穗；小穗柄长2～4 mm，无毛；小穗长约12 mm，含4花；颖具3脉，第一颖长4 mm；第二颖长约7 mm；第一不孕外稃雄性，长约12 mm，第二外稃长11 mm，具3脉，顶端长渐尖，基盘延长，两侧密生等长于外稃的丝状柔毛，与无毛的小穗轴相连接处具明显关节，成熟后易自关节上脱落；内稃长约3 mm，两脊粗糙；雄蕊3，花药长1.5～2 mm，黄色；颖果长约1.5 mm。芦苇为高多倍体和非整倍体的植物。

生物学特征：
产于全国各地。生于江河湖泽、池塘沟渠沿岸和低湿地。为全球广泛分布的多型种。除森林生境不生长外，各种有水源的空旷地带，常以其迅速扩展的繁殖能力，形成连片的芦苇群落。

饲用价值：
芦苇是一种适应性广、抗逆性强、生物量高的作物。芦叶、芦花、芦茎、芦根、芦笋均可入药，为良等牧草，饲用价值高。嫩茎、叶为各种家畜所喜食。大多数都作为放牧地利用，也有用作割草地或放牧与割草兼用，往往作为早春放牧地。芦苇草地有季节性积水或过湿，加之是高草地，适宜马、牛大畜放牧。芦苇地上部分植株高大，又有较强的再生力，以芦苇为主的草地，生物量也是牧草类较高的，在自然条件下，产鲜草3.9～13.9吨/公顷。每年可刈割2～3次。除放牧利用外，可晒制干草和青贮。青贮后，草青色绿，香味浓，羊很喜食，牛、马亦喜食。

药用价值：

根状茎叫作芦根，中医学上入药，性寒、味甘，适合用于清胃火，除肺热，健胃、镇呕、利尿之功效。《本草纲目》谓芦叶"治霍乱呕逆，痈疽"。

经济价值：

芦苇秆含有纤维素，可以用来造纸和人造纤维。中国从古代就用芦苇编制"苇席"铺炕、盖房或搭建临时建筑。古代各国都有用芦苇的空茎制造的乐器——芦笛，芦苇茎内的薄膜做笛子的笛膜使用。芦苇穗可以做扫帚，花絮可以充填枕头。

园林价值：

芦苇种在公园湖边开花季节特别美观。在欧洲国家的公园，经常可以看到芦苇优雅的身影。

植物文化：

蒹葭（《诗经秦风》）

蒹葭苍苍，白露为霜。所谓伊人，在水一方。溯洄从之，道阻且长。溯游从之，宛在水中央。 蒹葭凄凄，白露未晞。所谓伊人，在水之湄。溯洄从之，道阻且跻。溯游从之，宛在水中坻。 蒹葭采采，白露未已。所谓伊人，在水之涘。溯洄从之，道阻且右。溯游从之，宛在水中沚。

江村即事（司空曙）

钓罢归来不系船，江村月落正堪眠。纵然一夜风吹去，只在芦花浅水边。

江村晚眺（戴复古）

江头落日照平沙，潮退渔船阁岸斜。白鸟一双临水立，见人惊起入芦花。

青溪主客歌（汪崇亮）

野王手奏淮氾捷，门外归来有旌节。伸眉一笑紫髯秋，袖中犹挟柯亭月。山阴主人载雪舟，掀篷系缆青溪头。平生耳热欠一识，若为牵挽行云留。一声横玉西风里，芦花不动鸥飞起。马蹄依旧入青山，柳梢浸月天如水。

咏芦苇（余亚飞）

浅水之中潮湿地，婀娜芦苇一丛丛；迎风摇曳多姿态，质朴无华野趣浓。

长 芒 稗

学　　名：*Echinochloa caudata* Roshev.

采集地点：乌裕尔河中游草甸草原，北纬47°51′，东经124°52′，土壤主要为草甸沼泽土，其次是潜育草甸土和碳酸盐草甸土，气候为温带湿润大陆性季风气候。年平均降水量为427.4 mm，最少只有284 mm，降水最多的月份一般在7月，最少的月份一般在1月。年平均气温3.1 ℃，最低气温出现在1月，平均气温−19.2 ℃，极端最低气温−39.5 ℃。最高气温出现在7月，平均气温22.8 ℃，平均最高气温27.8 ℃，极端最高气温39.9 ℃。平均无霜期为130 d左右，降雪期为150 d左右。雪量平均20～30 cm，积雪日期为120 d左右，最大可出现50 cm以上积雪。冻土日期最短年份为182 d，最长年份为216 d。冻土深度，最大深度为1.8 m，最小深度为1.2 m，年平均深度为1.5 m。

植物学特征：

长芒稗为被子植物门Angiospermae、单子叶植物纲 Monocotyledoneae、禾本目 Graminales、禾本科Gramineae、黍亚科 Panicoideae、黍族Trib. Paniceae、雀稗亚族 Subtrib. Paspalinae、稗属Echinochloa、旱稗组Sect. Hispidula。长芒稗为一年生草本植物，具有以下植物学特征：

根：须根系，多数丛生。

长芒稗——全株

长芒稗——根

长芒稗——茎

长芒稗——穗

长芒稗——叶

茎：秆高 1~2 m。

叶：叶鞘无毛或常有疣基毛（或毛脱落仅留疣基），或仅有粗糙毛或仅边缘有毛；叶舌缺；叶片线形，长 10~40 cm，宽 1~2 cm，两面无毛，边缘增厚而粗糙。

花：圆锥花序稍下垂，长 10~25 cm，宽 1.5~4 cm；主轴粗糙，具棱，疏被疣基长毛；分枝密集，常再分小枝；小穗卵状椭圆形，常带紫色，长 3~4 mm，脉上具硬刺毛，有时疏生疣基毛；第一颖三角形，长为小穗的 1/3~2/5，先端尖，具 3 脉；第二颖与小穗等长，顶端具长 0.1~0.2 mm 的芒，具 5 脉；第一外稃草质，顶端具长 1.5~5 cm 的芒，具 5 脉，脉上疏生刺毛，内稃膜质，先端具细毛，边缘具细睫毛；第二外稃革质，光亮，边缘包着同质的内稃；鳞被 2，楔形，折叠，具 5 脉；雄蕊 3；花柱基分离。

果：阔椭圆形而圆头，腹面扁平；脐粒状，乳白色，无光泽；花果期 7~10 月。

生物学特征：

主产于我国黑龙江、吉林、内蒙古、河北、山西、新疆、安徽、江苏、浙江、江西、湖南、四川、贵州及云南等省区；多生于田边、路旁及河边湿润处。分布于日本、朝鲜、俄罗斯。

园林价值：

外观漂亮，可用作景观草，是摄影爱好者的素材之选。

植物文化：

长芒稗通体修长，穗染红晕，状如赤眉。但因常生于水田，与谷物争肥，故为人所恶。草木本无心，可一旦被贴上"杂草"的标签，便少有人欣赏她的美。草木之美无关善恶，世人却将是非优劣冠于万物之上。可喜的是，长芒稗仍赤眉倒立，对天妖娆。

稗

学　　名：*Echinochloa crus-galli* (L.) P. Beauv.

别　　名：稗子(《救荒草本》)、扁扁草(江苏)、旱稗。

采集地点：乌裕尔河中游草甸草原，北纬47°51′，东经124°52′，土壤主要为草甸沼泽土，其次是潜育草甸土和碳酸盐草甸土，气候为温带湿润大陆性季风气候。年平均降水量为427.4 mm，最少只有284 mm，降水最多的月份一般在7月，最少的月份一般在1月。年平均气温3.1 ℃，最低气温出现在1月，平均气温-19.2 ℃，极端最低气温-39.5 ℃。最高气温出现在7月，平均气温22.8 ℃，平均最高气温27.8 ℃，极端最高气温39.9 ℃。平均无霜期为130 d左右，降雪期为150 d左右。雪量平均20～30 cm，积雪日期为120 d左右，最大可出现50 cm以上积雪。冻土日期最短年份为182 d，最长年份为216 d。冻土深度，最大深度为1.8 m，最小深度为1.2 m，年平均深度为1.5 m。

植物学特征：

稗为被子植物门Angiospermae、单子叶植物纲Monocotyledoneae、禾本目Graminales、禾本科Gramineae、黍亚科Panicoideae、黍族Trib. Paniceae、雀稗亚族Subtrib. Paspalinae、稗属Echinochloa、稗组Sect. Echinochloa的一年生草本植物，具有以下植物学特征：

根：须根系，密生。

稗——全株

稗——茎、叶

茎：秆高50～150 cm，光滑无毛，基部倾斜或膝曲。

叶：叶鞘疏松裹秆，平滑无毛，下部者长于而上部者短于节间；叶舌缺；叶片扁平，线形，长10～40 cm，宽5～20 mm，无毛，边缘粗糙。

花：圆锥花序直立，近尖塔形，长6～20 cm；主轴具棱，粗糙或具疣基长刺毛；分枝斜上举或贴向主轴，有时再分小枝；穗轴粗糙或生疣基长刺毛；小穗卵形，长3～4 mm，脉上密被疣基刺毛，具短柄或近无柄，密集在穗轴的一侧；第一颖三角形，长为小穗的1/3～1/2，具3～5脉，脉上具疣基毛，基部包卷小穗，先端尖；第二颖与小穗等长，先端渐尖或具小尖头，具5脉，脉上具疣基毛；第一小花通常中性，其外稃草质，上部具7脉，脉上具疣基刺毛，顶端延伸成一粗壮的芒，芒长0.5～1.5(～3) cm，内稃薄膜质，狭窄，具2脊；第二外稃椭圆形，平滑，光亮，成熟后变硬，顶端具小尖头，尖头上有一圈细毛，边缘内卷，包着同质的内稃，但内稃顶端露出；花果期夏秋季。

稗——根　　　　　　　　　　　　稗——穗

生物学特征：

分布几遍全国，以及全世界温暖地区。多生于沼泽地、沟边及水稻田中，是沟渠和水田及其四周较常见的杂草。平均气温12 ℃以上即能萌发。最适发芽温度为25～35 ℃，10 ℃以下、45 ℃以上不能发芽，土壤湿润，无水层时，发芽率最高。土深8 cm以上的稗籽不发芽，可进行二次休眠。在旱作土层中出苗深度为0～9 cm，0～3 cm出苗率较高。东北、华北稗草于4月下旬开始出苗，生长到8月中旬，一般在7月上旬开始抽穗开花，生育期76～130 d。在上海地区5月上、中旬出现一个发生高峰，9月还可出现一个发生高峰。

饲用价值：

稗适应性强，生长茂盛，品质良好，饲草及种子产量均高，营养价值也较高，粗蛋白质含量为6.282%~9.419%，粗脂肪含量为1.921%~2.45%。鲜草马、牛、羊均最喜吃；用稗草养草鱼，生长速度快，肉味非常鲜美；干草牛最喜食；谷粒可作家畜和家禽的精饲料。

药用价值：

根及幼苗可药用，能止血，主治创伤出血。

经济价值：

谷粒可酿酒及食用，在湖南有稗子酒为最好之酒之说；茎叶纤维可作造纸原料。

无芒稗

学　　名：*Echinochloa crus-galli* var. *mitis* (Pursh) Petermann

采集地点：乌裕尔河中游草甸草原，北纬47°51′，东经124°52′，土壤主要为草甸沼泽土，其次是潜育草甸土和碳酸盐草甸土，气候为温带湿润大陆性季风气候。年平均降水量为427.4 mm，最少只有284 mm，降水最多的月份一般在7月，最少的月份一般在1月。年平均气温3.1 ℃，最低气温出现在1月，平均气温-19.2 ℃，极端最低气温-39.5 ℃。最高气温出现在7月，平均气温22.8 ℃，平均最高气温27.8 ℃，极端最高气温39.9 ℃。平均无霜期为130 d左右，降雪期为150 d左右。雪量平均20~30 cm，积雪日期为120 d左右，最大可出现50 cm以上积雪。冻土日期最短年份为182 d，最长年份为216 d。冻土深度，最大深度为1.8 m，最小深度为1.2 m，年平均深度为1.5 m。

植物学特征：

无芒稗为被子植物门Angiospermae、单子叶植物纲Monocotyledoneae、禾本目Graminales、禾本科Gramineae、黍亚科Panicoideae、黍族Trib. Paniceae、雀稗亚族Subtrib. Paspalinae、稗属Echinochloa、稗组Sect. Echinochloa的一年生草本植物，具有以下植物学特征：

无芒稗——全株

无芒稗——茎、叶

根：须根系，丛生。

茎：秆高50~120 cm，直立，粗壮。

叶：叶片长20~30 cm，宽6~12 mm。

花：圆锥花序直立，长10~20 cm，分枝斜上举而开展，常再分枝；小穗卵状椭圆形，长约3 mm，无芒或具极短芒，芒长常不超过0.5 mm，脉上被疣基硬毛。

无芒稗——根

无芒稗——穗

生物学特征：

产于我国东北、华北、西北、华东、西南及华南等省区。多生于水边或路边草地上。分布于全世界温暖地区。

饲用价值：

可作饲料。

狐 尾 藻

学　　名：*Myriophyllum verticillatum* L.

别　　名：轮叶狐尾藻（《中国高等植物图鉴》）。

采集地点：乌裕尔河中游草甸草原，北纬47°51′，东经124°52′，土壤主要为草甸沼泽土，其次是潜育草甸土和碳酸盐草甸土，气候为温带湿润大陆性季风气候。年平均降水量为427.4 mm，最少只有284 mm，降水最多的月份一般在7月，最少的月份一般在1月。年平均气温3.1 ℃，最低气温出现在1月，平均气温-19.2 ℃，极端最低气温-39.5 ℃。最高气温出现在7月，平均气温22.8 ℃，平均最高气温27.8 ℃，极端最高气温39.9 ℃。平均无霜期为130 d左右，降雪期为150 d左右。雪量平均20～30 cm，积雪日期为120 d左右，最大可出现50 cm以上积雪。冻土日期最短年份为182 d，最长年份为216 d。冻土深度，最大深度为1.8 m，最小深度为1.2 m，年平均深度为1.5 m。

植物学特征：

狐尾藻为被子植物门Angiospermae、双子叶植物纲 Dicotyledoneae、原始花被亚纲Archichlamydeae、桃金娘目 Myrtiflorae、小二仙草科Haloragidaceae、狐尾藻属Myriophyllum的多年生粗壮沉水草本植物，具有以下植物学特征：

根：根状茎发达，在水底泥中蔓延，节部生根。

茎：茎圆柱形，长20～40 cm，多分枝。

叶：叶通常4片轮生，或3～5片轮生，水中叶较长，长4～5 cm，丝状全裂，无叶柄；裂片8～13对，互生，长0.7～1.5 cm；水上叶互生，披针形，较强壮，鲜绿色，长约1.5 cm，裂片较宽。秋季于叶腋中生出棍棒状冬芽而越冬。苞片羽状篦齿状分裂。

花：花单性，雌雄同株或杂性，单生于水上叶腋内，每轮具4朵花，花无柄，比叶

狐尾藻——全株

狐尾藻——茎、叶

片短。雌花生于水上茎下部叶腋中；萼片与子房合生，顶端4裂，裂片较小，长不到1 mm，卵状三角形；花瓣4，舟状，早落；雌蕊1，子房广卵形，4室；柱头4裂，裂片三角形；花瓣4，椭圆形，长2～3 mm，早落。雄花，雄蕊8，花药椭圆形，长2 mm，淡黄色，花丝丝状，开花后伸出花冠外。

果：果实广卵形，长3 mm，具4条浅槽，顶端具残存的萼片及花柱。

生物学特征：

为世界广布种，中国南北各地池塘、河沟、沼泽中常有生长，常与穗状狐尾藻混在一起。夏季生长旺盛。冬季生长慢，能耐低温，一年四季可采收。

生态价值：

狐尾藻既可以通过根吸收底质中的氮、磷营养也可通过茎叶利用水中的营养物质，氮、磷被吸收后用以合成植物自身的结构组成物质，而对狐尾藻有毒害作用的某些重金属和有机物则是脱毒后被储存于其体内或在其体内被降解。当狐尾藻被收割运移出水生生态系统时，大量的营养物质也随之从水体中输出，从而达到净化水体的作用。大量研究表明狐尾藻对受污染的水体(含底泥)中铵态氮、硝态氮、总氮的去除效率都达到了90%以上，表现出显著的去除效果。随着时间的延长，水体中总氮浓度呈负指数形式衰退。而且在不同的季节，狐尾藻对富营养化水中的氮、磷均有较好的净化作用，对天气温度变化的耐受性好。所以是湖泊等生态修复工程中作为净水工具种和植被恢复先锋物种。水生高等植物是人工湿地系统的重要组成部分，通过引种水生高等植物、重建水生植被来改善水质，是对污水、湖泊生态修复的重要手段。沉水植物在其高光合作用活性期间大量消耗水中的溶解性无机碳，增加溶解氧(DO)浓度，升高pH值，利于氨的挥发和磷的化学沉淀，可对N、P做短期储存，利于水中有机物的矿化。

观赏价值：

狐尾藻可作为观赏植物。

饲用价值：

全草可作养猪、养鸭的饲料。在鱼、虾、蟹养殖中作为饵料、避难和产卵场所。

粗根鸢尾

学　　名：*Iris tigridia* Bunge

别　　名：粗根马莲、拟虎鸢尾、甘肃鸢尾。

采集地点：乌裕尔河中游草甸草原，北纬47°51′，东经124°52′，土壤主要为草甸沼泽土，其次是潜育草甸土和碳酸盐草甸土，气候为温带湿润大陆性季风气候。年平均降水量为427.4 mm，最少只有284 mm，降水最多的月份一般在7月，最少的月份一般在1月。年平均气温3.1 ℃，最低气温出现在1月，平均气温-19.2 ℃，极端最低气温-39.5 ℃。最高气温出现在7月，平均气温22.8 ℃，平均最高气温27.8 ℃，极端最高气温39.9 ℃。平均无霜期为130 d左右，降雪期为150 d左右。雪量平均20～30 cm，积雪日期为120 d左右，最大可出现50 cm以上积雪。冻土日期最短年份为182 d，最长年份为216 d。冻土深度，最大深度为1.8 m，最小深度为1.2 m，年平均深度为1.5 m。

植物学特征：

粗根鸢尾为被子植物门Angiospermae、单子叶植物纲 Monocotyledoneae、百合目Liliflorae、百合亚目Subordo Liliineae、鸢尾科Iridaceae、鸢尾属Iris、须毛状附属物亚属Subgen. Iris、果实侧裂组Sect. Hexapogon。粗根鸢尾为多年生草本植物，具有以下植物学特征：

根：须根系，植株基部常有大量老叶叶鞘残留的纤维，不反卷，棕褐色。

茎：根状茎不明显，短而小，木质；须根肉质，直径3～4 mm，有皱缩的横纹，黄白色或黄褐色，顶端渐细，基部略粗，不分枝或少分枝。

叶：叶深绿色，有光泽，狭条形，花期叶长5～13 cm，宽1.5～2 mm，果期可长达30 cm，宽约3 mm，顶端长渐尖，基部鞘状，膜质，色较淡，无明显的中脉。花茎细，长2～4 cm，不伸出或略伸出地面。

花：苞片2枚，黄绿色，膜质，狭披针形，顶端短渐尖，内包含有1朵花；花蓝紫色，直径3.5～3.8 cm；花梗长约5 mm；花被管长约2 cm，上部逐渐变粗，外花被裂片狭倒

粗根鸢尾——全株

粗根鸢尾——根

卵形，长约 3.5 cm，宽约 1 cm，有紫褐色及白色的斑纹，爪部楔形，中脉上有黄色须毛状的附属物，内花被裂片倒披针形，长 2.5～2.8 cm，宽 4～5 mm，顶端微凹，花盛开时略向外倾斜；雄蕊长约 1.5 cm；花柱分枝扁平，长约 2.3 cm，顶端裂片狭三角形，子房绿色，狭纺锤形，长约 1.2 cm，花期 5 月。

果： 蒴果卵圆形或椭圆形，长 3.5～4 cm；直径 1.5～2 cm，果皮革质，顶端渐尖成喙，枯萎的花被宿存其上，成熟的果实只沿室背开裂至基部，果期 6～8 月。

种子： 种子棕褐色，梨形，有黄白色的附属物。

粗根鸢尾——叶

粗根鸢尾——花

生物学特征：

产于我国黑龙江、吉林、辽宁、内蒙古、山西。生于固定沙丘、沙质草原或干山坡上。也产于俄罗斯、蒙古。在野生状态下生长于灌木林缘、阳坡地、林缘及水边湿地。种植环境喜湿润且排水良好，富含腐殖质的沙壤土或轻黏土，有一定的耐盐碱能力，在 pH 值为 8.7、含盐量 0.2% 的轻度盐碱土中能正常生长。喜光，也较耐阴，在半阴环境下也可正常生长。喜温凉气候，耐寒性强。

药用价值：

粗根鸢尾的根及种子有养血安胎，根治毒蛇咬伤，跌打损伤，瘀血肿痛的功效。

园林价值：

粗根鸢尾具有很高的观赏价值，花色鲜艳，栽培容易，且春季萌发早，绿叶成丛极为美观。园林中多丛植或于花境、路旁栽植。其花卉具有叶色优美以及花枝挺拔的特点，可以用以花群、花丛以及花境。捆扎后应浸入 2 ℃的冷水中并放入 2 ℃的冷藏室至少两小时。

囊花鸢尾

学　　名：*Iris ventricosa* Pall.
别　　名：巨苞鸢尾(《中国植物学杂志》)。
采集地点：乌裕尔河中游草甸草原，北纬47°51′，东经124°52′，土壤主要为草甸沼泽土，其次是潜育草甸土和碳酸盐草甸土，气候为温带湿润大陆性季风气候。年平均降水量为427.4 mm，最少只有284 mm，降水最多的月份一般在7月，最少的月份一般在1月。年平均气温3.1 ℃，最低气温出现在1月，平均气温-19.2 ℃，极端最低气温-39.5 ℃。最高气温出现在7月，平均气温22.8 ℃，平均最高气温27.8 ℃，极端最高气温39.9 ℃。平均无霜期为130 d左右，降雪期为150 d左右。雪量平均20～30 cm，积雪日期为120 d左右，最大可出现50 cm以上积雪。冻土日期最短年份为182 d，最长年份为216 d。冻土深度，最大深度为1.8 m，最小深度为1.2 m，年平均深度为1.5 m。

植物学特征：

囊花鸢尾为被子植物门Angiospermae、单子叶植物纲Monocotyledoneae、百合目Liliflorae、百合亚目Subordo Liliineae、鸢尾科Iridaceae、鸢尾属Iris、无附属物亚属Subgen. Limniris、无附属物组Sect. Limniris。囊花鸢尾为多年生密丛草本植物，具有以下植物学特征：

根茎：须根系，地下生有不明显的木质块状根状茎；须根灰黄色，坚韧，上下近等粗。

叶：叶条形，灰绿色，长20～35 cm，宽3～4 mm，顶端渐尖，纵脉多条，无明显的中脉。

花：花茎高10～15 cm，圆柱形，有1～2枚茎生叶；苞片3枚，草质，边缘膜质，卵

囊花鸢尾——全株

囊花鸢尾——根

囊花鸢尾——叶

圆形或宽披针形，长6～8 cm，宽2.5～4 cm，顶端长渐尖，平行脉间横脉相连成网状；花蓝紫色，直径6～7 cm；花梗长1～1.5 cm；花被管细长，丝状，长2.5～4 cm，上部略膨大，外花被裂片细长，匙形，长4.5～5 cm，宽0.8～1 cm，爪部狭楔形，中央下陷呈沟状，中脉上有稀疏的单细胞的纤毛，无附属物，内花被裂片宽条形或狭披针形，长3.5～4 cm，宽7～8 mm，爪部狭楔形，直立；雄蕊长3～3.5 cm，花药黄紫色；花柱分枝片状，略弯曲成拱形，长3.5～3.8 cm，宽约6 mm，顶端裂片条状狭三角形，子房圆柱形，中部略膨大，长1.5 cm，直径2.5～3 mm。

果：蒴果三棱状卵圆形，长2.5～4 cm，直径约1 cm，基部圆形，顶端长渐尖，喙长2～4.5 cm，6条肋明显，成熟时顶端向下开裂至1/3处。

囊花鸢尾——花

生物学特征：

产自我国黑龙江、吉林、辽宁、内蒙古、河北。生于固定沙丘或沙质草甸。也产于俄罗斯和蒙古。

园林价值：

囊花鸢尾具有很高的观赏价值，花色鲜艳，栽培容易，且春季萌发早，绿叶成丛极为美观。园林中多丛植或于花境、路旁栽植。其花卉具有叶色优美以及花枝挺拔的特点，可以用以花群、花丛以及花境。根据地段进行种植，对花色、花期以及株高的各不相同的鸢尾类观赏草进行搭配选择，也可以对其他种类的花卉进行选择。切花：当花顶以下3 cm均着色时便可采收。在春夏两季，花顶展开1 cm时就可切下，花顶指花蕾完全着色的部分。采收时连根拔起，采收后将花朵立即扎成捆，并尽快放入冷藏室。采收后，首先切掉球根，除去过长的叶尖和影响美观的黄褐色叶子，然后分级和捆扎。以5 cm一个等级为宜，捆扎在一束中的鸢尾，最长枝与最短枝最好不超过3 cm，花顶部对齐。采收后立即送入预先调到2 ℃的冷藏室。秋冬季采收的花茎柔软易曲，捆扎后应浸入2 ℃的冷水中并放入2 ℃的冷藏室至少两小时。

植物文化：

传说鸢尾的属名iris为希腊语"彩虹"之意，因此鸢尾花有个音译过来的俗称就叫"爱丽丝"。爱丽丝在希腊神话中是彩虹女神，她是众神与凡间的使者。希腊人把鸢尾称为彩虹花，是因为它色彩绚烂，像天上彩虹一样美丽。

燕 子 花

学　　名：*Iris laevigata* Fisch.
别　　名：平叶鸢尾（《北京植物园栽培植物名录》）、光叶鸢尾（《中国植物学杂志》）。
采集地点：乌裕尔河中游草甸草原，北纬47°51′，东经124°52′，土壤主要为草甸沼泽土，其次是潜育草甸土和碳酸盐草甸土，气候为温带湿润大陆性季风气候。年平均降水量为427.4 mm，最少只有284 mm，降水最多的月份一般在7月，最少的月份一般在1月。年平均气温3.1 ℃，最低气温出现在1月，平均气温-19.2 ℃，极端最低气温-39.5 ℃。最高气温出现在7月，平均气温22.8 ℃，平均最高气温27.8 ℃，极端最高气温39.9 ℃。平均无霜期为130 d左右，降雪期为150 d左右。雪量平均20～30 cm，积雪日期为120 d左右，最大可出现50 cm以上积雪。冻土日期最短年份为 182 d，最长年份为216 d。冻土深度，最大深度为1.8 m，最小深度为1.2 m，年平均深度为1.5 m。

植物学特征：

燕子花为被子植物门Angiospermae、单子叶植物纲 Monocotyledoneae、百合目Liliflorae、百合亚目Subordo Liliineae、鸢尾科Iridaceae、鸢尾属Iris、无附属物亚属Subgen. Limniris、无附属物组Sect. Limniris。燕子花为多年生草本植物，具有以下植物学特征：

根茎：植株基部围有棕褐色毛发状的老叶残留纤维。根状茎粗壮，斜伸，棕褐色，直径约1 cm；须根黄白色，有皱缩的横纹。

叶：叶灰绿色，剑形或宽条形，长40～100 cm，宽0.8～1.5 cm，顶端渐尖，基部鞘

燕子花——全株

状，无明显的中脉。

花：花茎实心，光滑，高 40～60 cm，有不明显的纵棱，中、下部有 2～3 枚茎生叶；苞片 3～5 枚，膜质，披针形，长 6～9 cm，宽 1～1.5 cm，顶端渐尖或短渐尖，中脉明显，内包含有 2～4 朵花；花大，蓝紫色，直径 9～10 cm；花梗长 1.5～3.5 cm；花被管上部稍膨大，似喇叭形，长约 2 cm，直径 5～7 mm；外花被裂片倒卵形或椭圆形，长 7.5～9 cm，宽 4～4.5 cm，上部反折下垂，爪部楔形，中央下陷呈沟状，鲜黄色，无附属物，内花被裂片直立，倒披针形，长 5～6.5 cm，宽 4.8～1.5 cm；雄蕊长约 3 cm，花药白色；花柱分枝扁平，花瓣状，拱形弯曲，长 5～6 cm，宽约 1.2 cm，顶端裂片半圆形，长 1.5～2 cm，边缘有波状的牙齿，子房钝三角状圆柱形，上部略膨大，长 2～2.2 cm，直径约 6 mm；花期 5～6 月。

果：蒴果椭圆状柱形，长 6.5～7 cm，直径 2～2.5 cm，有 6 条纵肋，其中 3 条较粗，果期 7～8 月。

种子：种子扁平，半圆形，褐色，有光泽，长约 6.5 mm，宽约 5 mm。

燕子花——根

燕子花——叶

燕子花——花

生物学特征：

主产于我国黑龙江、吉林、辽宁及云南。生于沼泽地、河岸边的水湿地，云南生于海拔 1 890～3 200 m 的高山湿地。也产于日本、朝鲜及俄罗斯。燕子花在野生状态下生长于灌木林缘、阳坡地、林缘及水边湿地。种植环境喜湿润且排水良好，富含腐殖质的沙壤土或轻黏土，有一定的耐盐碱能力，在 pH 值为 8.7、含盐量 0.2% 的轻度盐碱土中能正常生长。喜光，也较耐阴，在半阴环境下也可正常生长。喜温凉气候，耐寒性强。

观赏价值：

燕子花为著名的观赏花卉，世界各地植物园广泛栽培。用于园林水景园及鸢尾专类园布置。适植于水池中或栽于盛有黏土的水缸中。其花期与荷花逢时，将其植于池周围浅滩，与荷花相配，使水生花坛独具风格。燕子花花期较长，单株先后花开长达 20 多天，是鲜切花的较好素材。

溪 荪

学　　名：*Iris sanguinea* Donn ex Horn.
别　　名：东方鸢尾(《中国植物学杂志》)、西伯利亚鸢尾东方变种(中国东北部植物检索表)。

采集地点：乌裕尔河中游草甸草原，北纬47°51′，东经124°52′，土壤主要为草甸沼泽土，其次是潜育草甸土和碳酸盐草甸土，气候为温带湿润大陆性季风气候。年平均降水量为427.4 mm，最少只有284 mm，降水最多的月份一般在7月，最少的月份一般在1月。年平均气温3.1 ℃，最低气温出现在1月，平均气温-19.2 ℃，极端最低气温-39.5 ℃。最高气温出现在7月，平均气温22.8 ℃，平均最高气温27.8 ℃，极端最高气温39.9 ℃。平均无霜期为130 d左右，降雪期为150 d左右。雪量平均20~30 cm，积雪日期为120 d左右，最大可出现50 cm以上积雪。冻土日期最短年份为182 d，最长年份为216 d。冻土深度，最大深度为1.8 m，最小深度为1.2 m，年平均深度为1.5 m。

植物学特征：

溪荪为被子植物门Angiospermae、单子叶植物纲Monocotyledoneae、百合目Liliflorae、百合亚目Subordo Liliineae、鸢尾科Iridaceae、鸢尾属Iris、无附属物亚属Subgen. Limniris、无附属物组Sect. Limniris的多年生草本植物，具有以下植物学特征：

根茎：根状茎粗壮，斜伸，外包有棕褐色老叶残留的纤维；须根绳索状，灰白色，有皱缩的横纹。

叶：叶条形，长20~60 cm，宽0.5~1.3 cm，顶端渐尖，基部鞘状，中脉不明显。

花茎：花茎光滑，实心，高40~60 cm，具1~2枚茎生叶；苞片3枚，膜质，绿色，披针形，长5~7 cm，宽约1 cm，顶端渐尖，内包含有2朵花。

花：花天蓝色，直径6~7 cm；花被管短而粗，长0.8~1 cm，直径约4 mm，外花被裂片倒卵形，长4.5~5 cm，宽约1.8 cm，基部有黑褐色的网纹及黄色的斑纹，爪部楔形，中央下陷呈沟状，无附属物，内花被裂片直立，狭倒卵形，长约4.5 cm，宽约1.5 cm；雄蕊长约3 cm，花药黄色，花丝白色，丝状，花柱分枝扁平，长约3.5 cm，宽约5 mm，顶端裂片钝三角形，有细齿，子房三棱状圆柱形，长1.5~2 cm，直径3~4 mm；花期5~6月。

果：果实长卵状圆柱形，长3.5~5 cm，直径1.2~1.5 cm，长约为宽的3~4倍，有6条明显的肋，成熟时自顶端向下开裂至1/3处，果期7~9月。

生物学特征：

产于我国黑龙江、吉林、辽宁、内蒙古。生于沼泽地、湿草地或向阳坡地。也产于日本、朝鲜及俄罗斯。

溪荪——全株　　　　　　　　　溪荪——根

溪荪——茎、叶　　　　　　　　溪荪——花

鸢尾科 Iridaceae

野 鸢 尾

学　　名：*Iris dichotoma* Pall.

别　　名：白射干（《华北经济植物志要》《中国高等植物图鉴》）、二歧鸢尾（《中国植物学杂志》）、扇子草（河北）、羊角草（江苏）、老鹳扇（山西）、扁蒲扇（陕西）。

采集地点：乌裕尔河中游草甸草原，北纬47°51′，东经124°52′，土壤主要为草甸沼泽土，其次是潜育草甸土和碳酸盐草甸土，气候为温带湿润大陆性季风气候。年平均降水量为427.4 mm，最少只有284 mm，降水最多的月份一般在7月，最少的月份一般在1月。年平均气温3.1 ℃，最低气温出现在1月，平均气温-19.2 ℃，极端最低气温-39.5 ℃。最高气温出现在7月，平均气温22.8 ℃，平均最高气温27.8 ℃，极端最高气温39.9 ℃。平均无霜期为130 d左右，降雪期为150 d左右。雪量平均20～30 cm，积雪日期为120 d左右，最大可出现50 cm以上积雪。冻土日期最短年份为182 d，最长年份为216 d。冻土深度，最大深度为1.8 m，最小深度为1.2 m，年平均深度为1.5 m。

植物学特征：

野鸢尾为被子植物门Angiospermae、单子叶植物纲Monocotyledoneae、百合目Liliflorae、百合亚目Subordo Liliineae、鸢尾科Iridaceae、鸢尾属Iris、野鸢尾亚属Subgen. Pardanthopsis的多年生草本植物，具有以下植物学特征：

根茎：根状茎为不规则的块状，棕褐色或黑褐色；须根发达，粗而长，黄白色，分枝

野鸢尾——全株

野鸢尾——叶

野鸢尾——花蕾

少。

叶：叶基生或在花茎基部互生，两面灰绿色，剑形，长 15～35 cm，宽 1.5～3 cm，顶端多弯曲呈镰刀形，渐尖或短渐尖，基部鞘状抱茎，无明显的中脉。

花：花茎实心，高 40～60 cm，上部二歧状分枝，分枝处生有披针形的茎生叶，下部有 1～2 枚抱茎的茎生叶，花序生于分枝顶端；苞片 4～5 枚，膜质，绿色，边缘白色，披针形，长 1.5～2.3 cm，内包含有 3～4 朵花；花蓝紫色或浅蓝色，有棕褐色的斑纹，直径 4～4.5 cm；花梗细，常超出苞片，长 2～3.5 cm；花被管甚短，外花被裂片宽倒披针形，长 3～3.5 cm，宽约 1 cm，上部向外反折，无附属物，内花被裂片狭倒卵形，长约 2.5 cm，宽 6～8 mm，顶端微凹；雄蕊长 1.6～1.8 cm，花药与花丝等长；花柱分枝扁平，花瓣状，长约 2.5 cm，顶端裂片狭三角形，子房绿色，长约 1 cm；花期 7～8 月。

野鸢尾——根

果：蒴果圆柱形或略弯曲，长 3.5～5 cm，直径 1～1.2 cm；果皮黄绿色，革质，成熟时自顶端向下开裂至 1/3 处，果期 8～9 月。

种子：种子暗褐色，椭圆形，有小翅。

生物学特征：

产于我国黑龙江、吉林、辽宁、内蒙古、河北、山西、山东、河南、安徽、江苏、江西、陕西、甘肃、宁夏、青海。生于沙质草地、山坡石隙等向阳干燥处。也分布于俄罗斯、蒙古。本种植物的根状茎不可代替射干入药。

园林价值：

鸢尾属植物作为观赏地被植物，成片种植时在提高城市生物群落的层次感上能获得显著效果。城市生态园林的重要作用就是具有良好的生态功能。作为生态园林中观赏地被植物的鸢尾属植物不仅具有良好的景观性价值，同时在调节小气候、水土保持、防风降尘、维护生态平衡、改善城市生态环境和增强群落稳定性等方面也具有明显的作用。由于适应性较强，因此适合栽培的范围较广，如公园、公路绿化带、住宅小区绿化及企事业、工厂和学校环境美化等均可种植或盆栽摆放。

乳头灯心草

学　　名：*Juncus papillosus* Franch et Sav.

采集地点：乌裕尔河中游草甸草原，北纬47°51′，东经124°52′，土壤主要为草甸沼泽土，其次是潜育草甸土和碳酸盐草甸土，气候为温带湿润大陆性季风气候。年平均降水量为427.4 mm，最少只有284 mm，降水最多的月份一般在7月，最少的月份一般在1月。年平均气温3.1 ℃，最低气温出现在1月，平均气温-19.2 ℃，极端最低气温-39.5 ℃。最高气温出现在7月，平均气温22.8 ℃，平均最高气温27.8 ℃，极端最高气温39.9 ℃。平均无霜期为130 d左右，降雪期为150 d左右。雪量平均20～30 cm，积雪日期为120 d左右，最大可出现50 cm以上积雪。冻土日期最短年份为182 d，最长年份为216 d。冻土深度，最大深度为1.8 m，最小深度为1.2 m，年平均深度为1.5 m。

植物学特征：

乳头灯心草为被子植物门Angiospermae、单子叶植物纲Monocotyledoneae、百合目Liliflorae、灯心草亚目Subordo Juncineae、灯心草科Juncaceae、灯心草属Juncus、隔膜亚属Subgen. Septati、小花组Sect. Articulati、小花系Ser. Articulati。乳头灯心草为多

乳头灯心草——全株

乳头灯心草——根

年生草本植物,具有以下植物学特征:

根:须根系,根状茎短。

茎:株高15~50 cm,植株屡有细小乳状突起;茎直立,圆柱形,直径1~2 mm。

叶:基生叶2~3枚,茎生叶通常2枚;叶片细长圆柱形,中空,有明显的横隔,长3~10 cm,宽1~2 mm,顶端近针形;叶鞘长2~4 cm,松弛抱茎,边缘膜质,其顶端具狭窄的叶耳。

花:复聚伞花序顶生,较紧密,分枝直立,由多数小头状花序组成;小头状花序常倒圆锥形,通常含2~4朵花;叶状总苞片1枚,常短于花序;苞片卵形,边缘膜质;花被片狭披针形,长约2 mm,顶端锐尖,内轮者比外轮稍长;雄蕊3枚;花药长圆形,长0.5~0.8 mm;花丝长1.4~1.6 mm;花期7~8月。

果:蒴果三棱状披针形或披针状三角锥形,长3~3.5 mm,顶端长渐尖,果期8~9月。

种子:种子狭椭圆形或倒卵形,长约0.5 mm,黄色,基部棕色,表面具网纹。

生物学特征:

产自我国东北、内蒙古、河北、山东、河南。生于海拔1 200~1 500 m的湿草甸。朝鲜、日本也有分布。

药用价值:

乳头灯心草入药宜用生草,因其性味淡渗,故有利水之功。

乳头灯心草——穗

乳头灯心草——茎

植物文化：

灯心草：南人夏秋间采之，剥皮以为蓑衣。因其心能燃灯，故名灯心草。

传说，在广东信宜有个灯心塘，住着一个妇女陈氏。陈氏为人正直善良，心灵手巧，勤劳能干，父亲是远近闻名的医生。陈氏自幼受到父亲的熏陶，学到不少医学知识。父母亡故后，陈氏继承父业，开始行医。谁家有人生病，陈氏有求必应，可谓药到病除，没有治不好的。她嫁给一个老实巴交的农民，婚后生下一子，日子过得还算不错。邻村有一对夫妻，喜添一女。女孩白白胖胖，夫妻视为掌上明珠。可是没过多久，女孩生病了，不吃奶，不哭也不动。继而，双目紧闭，口角流水，面色苍白，心跳微弱，不省人事。夫妻俩急得像热锅上的蚂蚁，四处求医问药，请来村里、乡里、州里的医生，也用了好多方剂，可就是治不好。眼看小女儿快活不成了，夫妻俩非常难过，天天以泪洗面。

这时候，一个村里人跟他们说，听说灯心塘有个陈氏，能治疑难杂症，让他们赶快去请陈氏。陈氏听了孩子的症状，便带上一些白色细长柔软的草药，急忙来到小孩家里。陈氏看过孩子的病情后，便对孩子的爹妈说："你们不用担心，我能治好这孩子的病。"于是，叫人找来一个浴盆，烧了一锅热水，把带来的药物搓碎，浸入热水盆中，用药水给小儿洗头、擦身。之后，又在小儿身上烫灸。她将一段白色草药，放在油里蘸蘸，又移到火上烧红，再放到小孩身上烫。先是额头两点，最后是手掌心两点，总共烫了十四个点。不一会儿，烫点就红起来了。然而，小孩却还是毫无声响，一动不动。孩子爹妈和村里人，都对陈氏能否治好孩子的病，在心里打鼓，持怀疑态度。只见陈氏沉着冷静，安慰孩子的父母说："没事了，再过几天，小孩的病就会好的。"嘱咐孩子的爹妈，要细心照顾，说完便告辞要走。小孩的爹妈，再三挽留，陈氏推辞不过，便吃了一顿便饭。

一天以后，小孩苏醒过来了，面色也渐渐红润了，嘴里还发出了咿咿呀呀的声音，孩子的病奇迹般地好了。后来，陈氏又来过几次，见小孩没事了，也就放心了。当时，有一个邻居心细，见陈氏带来的草药纤细柔软，便拾起一绺用过废弃的草药，拿回家去试着点灯。他发现，点燃的灯光十分明亮。由此，这种草药可以点灯，就在十里八村传开了。由于陈氏家住灯心塘，就给它取了个名字——灯心草。

细灯心草

学　　名：*Juncus gracillimus* V. Krecz. et Gontsch.

采集地点：乌裕尔河中游草甸草原,北纬47°51′,东经124°52′,土壤主要为草甸沼泽土,其次是潜育草甸土和碳酸盐草甸土,气候为温带湿润大陆性季风气候。年平均降水量为427.4 mm,最少只有284 mm,降水最多的月份一般在7月,最少的月份一般在1月。年平均气温3.1 ℃,最低气温出现在1月,平均气温−19.2 ℃,极端最低气温−39.5 ℃。最高气温出现在7月,平均气温22.8 ℃,平均最高气温27.8 ℃,极端最高气温39.9 ℃。平均无霜期为130 d左右,降雪期为150 d左右。雪量平均20～30 cm,积雪日期为120 d左右,最大可出现50 cm以上积雪。冻土日期最短年份为182 d,最长年份为216 d。冻土深度,最大深度为1.8 m,最小深度为1.2 m,年平均深度为1.5 m。

植物学特征：

细灯心草为被子植物门Angiospermae、单子叶植物纲Monocotyledoneae、百合目Liliflorae、灯心草亚目Subordo Juncineae、灯心草科Juncaceae、灯心草属Juncus。细灯心草为多年生草本植物,具有以下植物学特征:

根：须根系,根状茎横走,具黄褐色稍粗的须根。

茎：茎高25～75 cm,圆柱形,中空。

叶：有基生叶和茎生叶,叶线形,扁平,长8～16 cm,宽约1 mm,基部叶鞘边缘膜质,有叶耳,叶片边缘卷曲,先端稍硬质尖。

花：聚伞花序上的花单生,花序由6～12个头状花序组成,头状花序倒圆锥形或半球形,含4～8朵花。

细灯心草——全株

细灯心草——根

细灯心草——穗

果：蒴果卵状球形，红褐色，稍有光泽。花果期6～8月。
种子：种子近椭圆形，黑褐色。

细灯心草——茎、叶

生物学特征：
　　分布于我国黑龙江省、吉林省、辽宁省、内蒙古自治区、河北省、山西省、山东省、河南省、甘肃省、青海省、江苏省、江西省，生于塘边潮湿地。

参考文献

[1] 中国植物志编辑委员会. 中国植物志[M]. 北京：科学出版社, 2004.
[2] 李杨汉. 中国杂草志[M]. 北京：中国农业出版社, 1999.
[3] 张泽博, 伸田广七. 中国杂草原色图鉴[M]. 笹德印刷株式会社, 2000.
[4] 王辰, 王英伟. 中国湿地植物图鉴[M]. 重庆：重庆大学出版社, 2011.